本书受国家社科基金项目“学术创业失败修复机制及扶持政策的动态追踪研究”（19BGL035）资助

中国高校学术创业成功的机理与路径

——基于失败修复的视角

易高峰◎著

中国社会科学出版社

图书在版编目(CIP)数据

中国高校学术创业成功的机理与路径：基于失败修复的视角 / 易高峰著. —北京：中国社会科学出版社，2021.9

ISBN 978-7-5203-8898-6

Ⅰ.①中… Ⅱ.①易… Ⅲ.①高等学校—创业—研究—中国 Ⅳ.①G647.38

中国版本图书馆 CIP 数据核字(2021)第 159638 号

出 版 人 赵剑英
责任编辑 宫京蕾 周怡冰
责任校对 李 剑
责任印制 郝美娜

出 版 中国社会科学出版社
社 址 北京鼓楼西大街甲 158 号
邮 编 100720
网 址 http://www.csspw.cn
发 行 部 010-84083685
门 市 部 010-84029450
经 销 新华书店及其他书店

印刷装订 北京君升印刷有限公司
版 次 2021 年 9 月第 1 版
印 次 2021 年 9 月第 1 次印刷

开 本 710×1000 1/16
印 张 16
插 页 2
字 数 275 千字
定 价 85.00 元

序　言

《中共中央关于制定国民经济和社会发展第十四个五年规划和二〇三五年远景目标的建议》明确要求“大幅提高科技成果转化效率”。习近平总书记指出：“要加快创新成果转化应用，彻底打通关卡，破解实现技术突破、产品制造、市场模式、产业发展‘一条龙’转化的瓶颈。”加强高校的科学研究和技术研发，主动服务国家重大战略需求，是新时代高等学校的重要使命，也是建设高质量高等教育体系的重要内涵。

我国高校潜在的学术创业者数量庞大。2019 年，有 44 万名研究与发展人员，研发经费支出达 967 亿元，专利授权 18.5 万项。然而，专利的有效转化率较低。2019 年，我国高校专利产业化率仅为 3.7%，远远低于全国 38.6%的水平（国家知识产权局，2020）。如何破解高校科技成果转化困境，激活“沉睡”的科技成果？学术创业作为国家创新体系的重要组成部分，是解决这一难题的有效途径。已有大量研究聚焦创业成功经验，而少有研究关注创业失败的重要价值。因此，开展我国高校学术创业失败研究具有重要的现实意义。

易高峰教授一直致力于“学术创业”研究，先后出版学术专著《崛起中的创业型大学：基于研究型大学模式变革的视角》《中国高校学术创业：影响因素·实现机制·政策设计》，并在主持研究国家社科基金项目“学术创业失败修复机制及扶持政策的动态追踪研究”（19BGL035）取得成果的基础上，撰写并即将出版专著《中国高校学术创业成功的机理与路径：基于失败修复的视角》。

本书具有鲜明的特点和重要价值。一是视角独特。本书围绕高校学术创业实践的痛点、难点和堵点问题，从创业失败的视角切入，以修复高校学术创业失败、提升创业绩效为目的，是一项面向国家重大需求、瞄准国内外学术前沿的重要成果。二是价值突出。本书注重理论与实践相结合，旨在探索符合中国情境的高校学术创业失败修复的理论、路径与策略，提出中国高校学术创业困境破解方案，指导解决高校科技成果转化的“卡脖子”问题；以科技创新创业重大实际问题为导向，提出高校学术创业修复的路径与策略，为我国科技创新创业政策的顶层设计和推进科技成果转化，提供实证支持和路径参考。三是脉络清晰。本书构建了学术创业失败“归因—修复—后续创业”理论架构，统领整个研究内容，围绕高校学术创业如何从失败到成功的核心内容开展了系统性研究。首先，通过数据挖掘和可视化手段，揭示了国际国内创业失败研究的热点和演化趋势，为后续研究奠定基础（第一章）；其次，通过实地调研、动态案例追踪和数理统计分析，从“个体—组织”跨层级研究了学术创业失败修复的关键变量及其作用机制（第二章至第八章）；再次，构建了高校学术创业失败扶持的政策工具（第九章）；最后，在对前文研究内容进行总结的基础上，阐述了本书的主要结论，并展望了未来研究方向（第十章）。四是创新性强。本书构建了“多重角色平衡”“失败学习”“情绪修复”和“资源整合”四种学术创业失败修复模式，提出了学术创业失败修复的基本路径，即“角色认同与失败归因”的修复开始阶段、“角色平衡与归因平衡”的失败管理阶段、“情绪修复、失败学习、再创业行动”的修复深化阶段、“角色期望与再创业目的”的承诺阶段，相应形成了“识别机制—平衡机制—行动机制—承诺机制”。探寻了学术创业失败修复历程中创业能力提升的机理，提出了失败情绪修复、再创业动机形成是触发后续创业能力提升的重要前置变量，连续创业事件中积极和消极的关键事件的强度和空间属性的交互作用不断促进学术创业能力提升的观点。构建了“心理—财务—能力”创业失败扶持政策体系，并围绕“人、物、能力”要素，设计了提供创业失败者的“心理帮扶”“创业资金帮扶”“创业能力帮扶”的政策工具。

易高峰教授一直扎根于中国高等教育和创新创业管理交叉研究领域，笔耕不辍。我希望并相信，本书的出版将对促进我国高校的学术创新与创业、解决科技成果转化“卡脖子”问题产生积极的作用。

是为序。

国家教育咨询委员会委员
国务院学位委员会委员
北京师范大学教育学部教授

2021年3月24日

目　　录

第一章　创业失败研究的热点领域与演化路径 ……………………（1）

第一节　创业失败研究的时空分布 ……………………（3）

一　数据来源与研究方法 ……………………（3）

二　创业失败研究的时空分布 ……………………（4）

第二节　创业失败研究的热点 ……………………（8）

一　创业失败归因 ……………………（8）

二　创业失败学习 ……………………（11）

三　创业失败修复 ……………………（14）

四　科技创新失败 ……………………（15）

五　大学生创业失败 ……………………（15）

六　后续创业 ……………………（15）

第三节　创业失败研究的演化路径 ……………………（16）

一　国际创业失败研究演化路径 ……………………（17）

二　国内创业失败研究演化路径 ……………………（18）

第四节　已有研究的启示与本书研究内容设计 ……………………（18）

一　创业失败研究热点领域与演化路径的研究结论与启示 ……（18）

二　本书的研究思路 ……………………（21）

三　本书的研究创新与价值 ……………………（23）

第二章　高校学术创业失败归因、创业失败学习对连续创业绩效的作用机制 ……………………（26）

第一节　学术创业失败归因 ……………………（26）

一　创业失败归因内涵 ……………………（26）

二　失败归因稳定性研究 ……………………（27）

三　创业自我效能感研究 ……………………（27）

四　失败归因对学习方式的研究 …………………… (28)

第二节　创业失败学习对自我效能感的作用机制 …………………… (28)

一　理论基础与研究假设 …………………… (29)

二　研究设计 …………………… (31)

三　实证分析 …………………… (35)

四　研究结论 …………………… (38)

第三节　创业失败学习、创业能力对连续创业绩效的作用机制 …………………… (39)

一　理论综述与假设提出 …………………… (40)

二　数据收集与变量测量 …………………… (47)

三　实证分析 …………………… (49)

四　研究结论与展望 …………………… (51)

第三章　高校学术创业失败修复过程释意 …………………… (55)

第一节　理论基础与研究设计 …………………… (55)

一　文献回顾与理论基础 …………………… (56)

二　研究设计 …………………… (59)

第二节　“多重角色平衡”为主修复创业失败的案例 …………………… (61)

一　释意过程 …………………… (62)

二　创业失败修复的主要过程 …………………… (63)

第三节　“失败学习”为主修复创业失败的案例 …………………… (64)

一　释意过程 …………………… (64)

二　创业失败修复的主要过程 …………………… (65)

第四节　“情绪修复”为主修复创业失败的案例 …………………… (67)

一　释意过程 …………………… (68)

二　创业失败修复的主要过程 …………………… (69)

第五节　“资源整合”为主修复创业失败的案例 …………………… (70)

一　释意过程 …………………… (70)

二　创业失败修复的主要过程 …………………… (71)

第六节　学术创业失败修复过程的释意要素与作用路径 …………………… (73)

一　释意过程的要素内涵 …………………… (73)

二　释意要素之间的动态关系与作用路径 …………………… (76)

三　对实践的启示 …………………………………………………………（77）

第四章　高校学术创业失败修复的关键事件作用机制 ………………（80）

第一节　理论基础与研究设计 ………………………………………………（81）

一　研究进展与理论基础 ………………………………………………（82）

二　研究设计 ……………………………………………………………（87）

第二节　关键事件对学术创业失败修复的作用机制 ………………（92）

一　关键事件对连续学术创业者失败情绪修复、创业动机形成的作用机制 ……………………………………………………………（92）

二　关键事件对连续学术创业者创业学习、创业能力关系的作用机制 ……………………………………………………………（94）

三　政策对连续学术创业者的创业能力提升的作用机制 ………（97）

四　积极事件与消极事件对学术连续创业者创业能力演进的交互影响 ……………………………………………………………（98）

第三节　基于事件系统理论的连续学术创业者的创业能力形成路径 ……………………………………………………………（98）

一　连续学术创业者关键事件发展脉络 ……………………………（99）

二　提升学术创业能力的策略 ……………………………………（100）

第五章　高校学术创业能力的时空演进与影响因素研究 …………（103）

第一节　理论基础与研究设计 ……………………………………………（103）

一　研究背景 ……………………………………………………………（103）

二　研究区概况 …………………………………………………………（108）

三　研究方法 ……………………………………………………………（108）

四　评价指标体系构建 …………………………………………………（110）

第二节　长江经济带高校学术创业能力时空演进特征 ……………（112）

一　高校学术创业能力发展概况 ……………………………………（112）

二　高校学术创业能力密度分布演变特征 …………………………（114）

三　高校学术创业能力时空格局 ……………………………………（114）

四　高校学术创业能力空间集聚性 …………………………………（116）

第三节　长江经济带高校学术创业能力时空演进的影响因素 ……………………………………………………………（117）

一 核心影响因素 …… (119)
二 次级影响因素 …… (119)
三 一般影响因素 …… (120)
四 研究结论与建议 …… (120)

第六章 工业互联网平台赋能破解高校学术创业困境 …… (122)
第一节 高校学术创业的困境与工业互联网平台 …… (122)
一 高校学术创业的困境 …… (123)
二 工业互联网平台的内涵与建设应用 …… (125)
第二节 工业互联网平台赋能高校学术创业的应用场景 …… (128)
一 高校学术创业的研究与发展阶段 …… (129)
二 高校学术创业的企业创建与运营阶段 …… (130)
第三节 工业互联网平台赋能高校学术创业的实现路径 …… (133)
一 高校教师学术创业方式的数字化智能化转型 …… (134)
二 高校学术创业管理的数字化智能化转型 …… (134)
三 政府支持高校学术创业数字化智能化转型 …… (135)
四 工业互联网平台赋能大学生数智创业 …… (136)

第七章 数字技术赋能高校学术创业失败修复 …… (140)
第一节 理论模型与研究设计 …… (141)
一 理论模型 …… (141)
二 研究设计 …… (143)
第二节 高校学术创新创业链“断裂带”修复案例分析 …… (145)
一 深圳虚拟大学园 …… (145)
二 南山智园 …… (149)
三 深港产学研基地 …… (152)
第三节 高校学术创新创业链“断裂带”修复策略 …… (154)
一 构建学术创业动机协同机制 …… (155)
二 构建高校学术创业组织协同机制 …… (156)
三 构建高校学术创业政策协同机制 …… (156)
第四节 数字技术赋能高校科技成果转化 …… (156)
一 强前台：助力科技成果与市场衔接 …… (157)

二　大中台：赋智知识管理与研发生产 ……………………（159）
三　稳后台：强化数字支撑与数据标准化 …………………（162）

第八章　创业教育模式创新赋能高校学术创业 ……………（164）
第一节　创业教育的现状与问题 ………………………………（164）
一　研究现状 …………………………………………………（164）
二　实践状况 …………………………………………………（168）
三　主要问题 …………………………………………………（172）
第二节　"创新创业+"产教融合教学团队建设 ……………（175）
一　"创新创业+"产教融合教学团队形成背景 ……………（175）
二　"创新创业+"产教融合教学团队主要特色和创新 ………（175）
三　"创新创业+"产教融合教学团队的创客型人才
培养案例 ………………………………………………………（178）
第三节　高校创业教育赋能学术创业的路径 ………………（182）
一　以课程改革为突破口，提升创业教育质量赋能
学术创业 ………………………………………………………（182）
二　以教学方法和教学手段改革为重点，提升创业
教育能力赋能学术创业 ……………………………………（183）
三　以实践教学改革为基础，提升创业教育效果赋能
学术创业 ………………………………………………………（184）

第九章　高校学术创业失败扶持政策工具构建 ……………（186）
第一节　创业政策研究基础与发展现状 ……………………（186）
一　创业政策研究现状 ……………………………………（186）
二　学术创业扶持政策发展现状 …………………………（189）
第二节　创业扶持政策的演化特征与政策工具 ……………（192）
一　演进时间阶段划分 ……………………………………（192）
二　具体政策 …………………………………………………（194）
第三节　高校学术创业失败扶持政策工具的构建 …………（197）
一　高校学术创业扶持政策工具案例分析 ………………（197）
二　高校学术创业政策工具存在的问题 …………………（204）
三　高校学术创业失败的扶持政策工具构建 ……………（206）

第十章　结语 ………………………………………………………… (215)
　第一节　研究结论 ………………………………………………… (215)
　第二节　研究展望 ………………………………………………… (218)
附录　调查问卷 ………………………………………………………… (219)
主要参考文献 ………………………………………………………… (229)
后　记 ………………………………………………………………… (248)

第一章

创业失败研究的热点领域与演化路径

中国高校教师创业始于20世纪80年代，创业内容包括决策咨询、技术服务、专利许可、合作开发研究、创办企业等。与之相应的研究，主要有大学技术转移、产学研究合作、衍生企业研究等。近年来，国家颁发了一系列支持高校教师创业的政策文件，促进高校科技成果转移转化。高校教师，尤其是科研人员的创业行为也日益增多和越发普遍。与之相应的研究，主要以“学术创业”（Academic Entrepreneurship）概念统称高校教师、科研人员的这类创业行为①。

创业失败已成为我国高校学术创业的“卡脖子”问题，造成科技成果转化率明显偏低。2019年，我国高校有44万名研究与发展人员，研发经费支出达967亿元，专利授权18.5万项。但是，我国高校专利产业化率仅为3.7%，远低于全国38.6%的水平②。国家出台“加强高校科技成果转化”“打造‘双创’升级版”等系列政策，鼓励创业，失败率却居高不下。大量研究聚焦创业成功经验而忽视创业失败研究，但失败的创业能为创业者提供经验和学习的机会，修复和提高再创业绩效③④。如何让创业者在失败后能有效修复进而再创业，是我国创新创业管理的关键内容和亟待解决的重大问题。

---

① 易高峰：《中国高校学术创业：影响因素·实现机制·政策设计》，人民出版社2017年版。

② 中华人民共和国教育部科学技术司编：《2019年高等学校科技统计资料汇编》，高等教育出版社2019年版。

③ Cardon, M. S., Stevens, C. E., Potter, D. R., "Misfortunes or Mistakes? Cultural Sensemaking of Entrepreneurial Failure", *Journal of Business Venturing*, Vol. 26, No. 1, January 2011, pp. 79-92.

④ 郝喜玲、张玉利、刘依冉：《创业失败学习对新企业绩效的作用机制研究》，《科研管理》2017年第10期。

学术创业一词最早由美国学者罗伯茨（Roberts）于1991年在《高科技创业者》著作中使用，他认为学术创业是学术机构的科研人员基于研发成果创建企业，进行科研成果的商业化活动①。学者基于自身创新研究的成果进行创业，这是学术创业不同于社会一般创业的最大区别。2019年，研究者对我国600位高校教师学术创业情况进行问卷调查，发现高校教师更倾向于认为学术创业集中于创业者与企事业单位合作开发新技术、新产品和新商业模式；或者创办新企业，使自身研究成果商业化②。创业方式包括企业创建、技术许可、咨询服务，以及将研发产品商业化等。学界对创业失败的定义主要包括过程观与结果观两类。持过程观的学者，通常将创业失败界定为创业企业实际绩效没有达到预期的目标③；持结果观的学者，通常认为创业失败是指新创企业由于各种原因而破产或倒闭。但有时候创业者因为退休或者发现别的商业机会而退出经营，这并不是创业失败④。因此，本研究的学术创业失败主要是指高校科研人员学术创业绩效持续走低而陷入发展困境，同时创业目标受挫感明显。

我国创业失败研究相对于国外起步较晚。在20世纪90年代末期开始引入创业失败的研究，经过20年左右的发展，学者们对创业失败的概念、失败归因、失败学习、再创业意愿等相关问题进行了探讨⑤⑥。也有个别学者对创业失败文献进行综述，为相关学者开展创业失败的研究与实践工作提供了重要参考⑦，但在创新创业国家战略背景下，对创业失败研究的迫切性日益增强，目前的文献梳理仍存在一些不足。一是对最近几年来国

---

① Roberts, E. B., *Entrepreneurs in High Technology: Lessons from MIT and Beyond*, New York, Oxford University Press, 1991, p. 323.

② 陈耀、李远煦：《大学教师的学术创业意向及其影响因素——基于浙江省高校的实证研究》，《浙江工业大学学报》（社会科学版）2019年第2期。

③ Ucbasaran, D., Shepherd, D. A., Lockett, A., et al., "Life After Business Failure: the Process and Consequences of Business Failure for Entrepreneurs", *Journal of Management*, Vol. 39, No. 1, 2013, pp. 163-202.

④ Headd, B., Redefining Business Success, "Distinguishing between Closure and Failure", Vol. 21, No. 1, *Small Business Economics*, 2003, pp. 51-61.

⑤ 倪宁、杨玉红、蒋勤峰：《创业失败学习研究的若干基本问题》，《现代管理科学》2009年第5期。

⑥ 丁桂凤、候亮、张露：《创业失败与再创业意向的作用机制》，《心理科学进展》2016年第7期。

⑦ 于晓宇：《创业失败研究评介与未来展望》，《外国经济与管理》2011年第9期。

际国内创业失败研究文献总结梳理不足，对国际学术研究动态把握不够。因此，及时总结并把握创业失败研究的最新进展，对于进一步丰富创业失败研究内容和推动创业失败修复实践均具有重要价值。二是国内已有创业失败文献综述，主要基于定性的文献描述，缺乏系统科学的定量分析和可视化技术分析，对掌握创业失败研究全貌还不够。三是缺乏国际和国内文献的比较性综述分析，创业失败研究的演化路径和发展趋势不明晰。为此，本研究通过知识图谱可视化技术，深度挖掘数据并进行国际国内间的比较，客观形象地展示其发展现状、研究热点和演化路径，并基于此，探讨创业失败中国情境化的研究方向，为我国创业失败研究和创业实践提供理论指导①。

第一节　创业失败研究的时空分布

掌握创业失败研究的时间分布特征，有助于了解创业失败研究的缘起、发展的过程和趋势。掌握创业失败研究的空间分布特征，有助于了解创业失败研究的主要国家和地区，以及所在国家、地区的主要研究机构、作者，并且可以在一定程度上掌握不同机构之间、作者之间的科研合作情况，从而整体上把握创业失败研究的基本概况。

一　数据来源与研究方法

国际上的英文文献，以 Web of Science 核心合集（WoS），即以 SCI-Expanded, SSCI, CPCI-S, CPCI-SSH 数据库为检索源，截至 2019 年 12 月 31 日，按论文标题名称 = “entrepreneurship failure” 或者 “Business failure” 或者 “Technology Entrepreneurship Failure” 或者 “Venture failure”，检索到 413 篇文章，阅读摘要后逐一排除研究与创业失败研究主题不相符的文献，最终得到 362 篇有效文献作为文献计量分析的样本。在 CNKI 数据库中，以“创业失败、创新创业失败、研发失败、商业化失败”为标题词。截至 2019 年 12 月 31 日，共计 319 篇，通过逐条对文献的完整题目的分析，剔除与学术创业无关的文献，剩下 266 篇文献作为分

① 易高峰:《创业失败研究的热点领域、演化路径与启示》,《中国科技论坛》2021 年第 1 期。

析对象。本研究采用 Citespace 软件为工具进行分析，研究内容包括对国际国内创业研究论文的基本特征、研究热点、演化路径的比较分析。

二　创业失败研究的时空分布

（一）时间分布特征

图 1-1 表明，整体上国际、国内的创业失败研究论文发表数量呈持续上升的趋势，尤其是近年来增速快，增长趋势明显，说明创业失败逐渐成为学者们关注的热门研究领域。

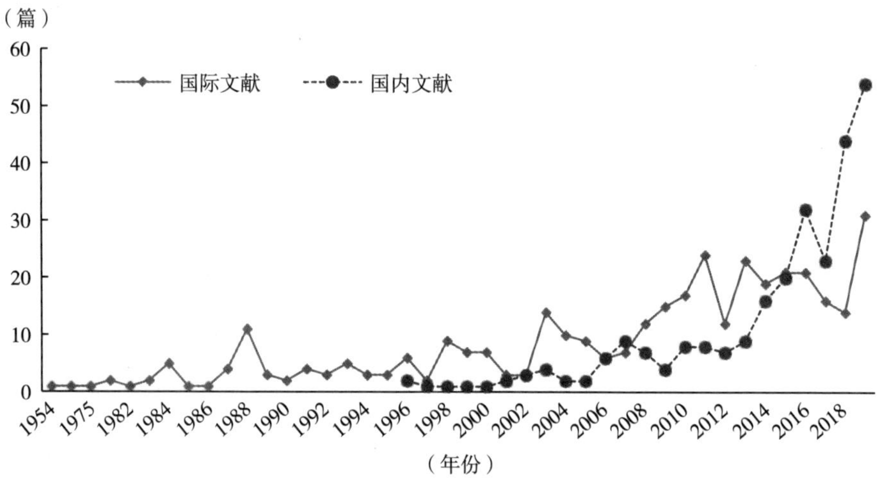

图 1-1　国际国内创业失败研究论文发表趋势

国际上研究创业失败早于国内，在 20 世纪 50 年代就有相关文献发表，国内直到 90 年代才有相关研究文献发表，且早期研究在数量上整体低于国外。例如，有研究者于 1954 年，就在 *Journal of the American Statistical Association* 上发表了《Business Failures-Another Example of the Analysis of Failure Data》①，在 WoS 中被引用了 135 次；1999 年在 *Academy of Management Review* 期刊上发表了《Falling Forward：Real Options Reasoning and

① Lomax，K. S.，"Business Failures：Another Example of the Analysis of Failure Data"，*Publications of the American Statistical Association*，Vol. 49，No. 268，1954，pp. 847-852.

Entrepreneurial Failure》①，在 WoS 中被引用了 560 次。国内早期发表与创业失败相关的论文有 2001 年在《科学学与科学技术管理》上发表的《风险投资鼓励创业，宽容失败》② 和 2003 年发表在《科技创业》上的《科技创业企业失败的主要原因》③ 一文，这两位作者都是来自创新创业的第一线，分别来自天津市新技术产业园区和上海杨浦高新科技产业服务中心，而早期来自学术界的研究者很少。

（二）空间分布特征

Citespace Ⅴ可将各国家（地区）、机构以及作者发表的文献数量、合作情况通过“年轮”与连线的形式呈现出来。国内外创业失败研究文献空间分布结果如图 1-2 和图 1-3 所示。

图 1-2　国际上创业失败研究文献空间分布

由图 1-2 可见，国际上对创业失败研究形成了比较明显的 5 个聚类。首先是美国（107 篇）发文数量最多，远超其他国家，其次是英国（57 篇），紧随其后的是中国（50 篇，不含中国台湾地区发文数量）、西班牙

① Mcgrath，G. R.，“Falling Forward：Real Options Reasoning and Entrepreneurial Failure”，Vol. 24，No. 1，*Academy of Management Review*，1999，pp. 13-30.

② 庞金华：《风险投资鼓励创业，宽容失败》，《科学学与科学技术管理》2001 年第 3 期。

③ 吴寿仁：《科技创业企业失败的主要原因》，《科技创业》2003 年第 10 期。

（27 篇）、澳大利亚（17 篇）、中国台湾地区（14 篇）等。根据节点之间的连线可以看出，美国与比较多的国家和地区开展了创业失败的相关研究。美国与我国也有相关的合作研究，但非常少，仅仅有浙江师范大学与俄亥俄州立大学（Ohio State University）的合作。在英国和美国发表创业失败研究学术论文数量多的机构中，分别是以美国印第安纳大学的 SHEPHERD 教授为中心的学术合作网络，以及以英国肯特大学 AMANKWAH-AMOAH 教授为中心的学术合作网络，他们两位都是知名的创业失败研究学者。这一研究结论与彭伟等的研究结果类似①（见图 1-2 中的三角形）。图 1-2 也表明，我国在国际上发表学术创业失败的文献也在近年来增加，在图 1-2 右上角形成了一个比较明显的聚类。

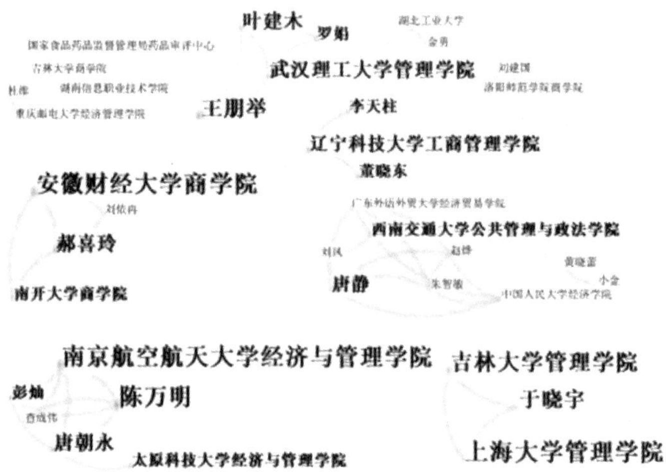

图 1-3　国内学术创业失败研究文献空间分布

根据图 1-3 可知，国内创业失败领域发文量较高的大学，依次为上海大学和南京航空航天大学均为 12 篇、安徽财经大学和南开大学均为 10 篇，吉林大学则为 8 篇。同时形成了以上海大学和吉林大学为主、于晓宇团队为中心的合作网络；以南开大学和安徽财经大学为主，包含了张玉利、郝喜玲等主要作者在内的合作网络。在最近 10 年的研究中，于晓宇

① 彭伟、赵栩、赵帅、郑庆龄：《基于文献计量的国内外创业失败比较研究》，《研究与发展管理》2019 年第 4 期。

及其团队先后发表十多篇有关创业失败研究的论文，其中，创业失败学习是重点研究主题[①][②]。陈万明、唐朝永、彭灿、查成伟等组成的团队，主要研究组织衰落、失败学习和企业绩效的关系[③][④][⑤]。郝喜玲与张玉利等则从创业者认知的角度构建失败学习的理论框架[⑥][⑦]。武汉理工大学的叶建木、王朋举，主要研究科技创新失败项目的补偿问题[⑧]。辽宁科技大学的董晓东和李天柱主要研究技术创新失败挽救的问题[⑨][⑩]。

（三）论文刊发的主要期刊

分析创业失败论文发表的期刊情况，可以了解该研究领域涉及的范围、论文学术质量基本情况，从而更加具体地掌握创业失败研究情况。表 1-1 为国际上和国内学术期刊发表创业失败论文数量前 10 名的刊物。在英文期刊中，创业失败论文发表数量最多的是 *Journal of Business Research*、*Journal of Small Business Management*、*Entrepreneurship Theory and Practice*、*Journal of Business Venturing* 等商业领域、创业领域的国际高水平期刊。但在管理学领域高质量期刊 *Academy of Management Journal*、*Academy of Management Review* 上分别只发表过 1 篇相关文章，这表明创业失败研究提升质量，冲击顶尖刊物仍有比较大的空间。在中文期刊中，国

---

① 于晓宇、蔡莉：《失败学习行为、战略决策与创业企业创新绩效》，《管理科学学报》2013 年第 12 期。

② 于晓宇、蒲馨莲：《中国式创业失败：归因、学习和后续决策》，《管理科学》2018 年第 4 期。

③ 唐朝永、陈万明、林琳：《组织衰落、失败学习和战略柔性对组织创新的影响：被中介的调节模型》，《预测》2018 年第 6 期。

④ 唐朝永、陈万明、陈圻、牛冲槐：《组织衰落与组织创新的关系：失败学习与组织惯例更新的影响》，《管理评论》2018 年第 10 期。

⑤ 唐朝永、陈万明、彭灿：《外部创新搜寻、失败学习与组织创新绩效》，《研究与发展管理》2014 年第 5 期。

⑥ 郝喜玲、张玉利、刘依冉、杨俊：《庆幸还是后悔：失败后的反事实思维与创业学习关系研究》，《南开管理评论》2018 年第 2 期。

⑦ 郝喜玲、张玉利：《认知视角下创业失败研究述评和未来展望》，《外国经济与管理》2016 年第 8 期。

⑧ 王朋举、叶建木、罗娟：《政府资金补偿对科技创新失败项目的作用机理研究》，《科学学与科学技术管理》2014 年第 1 期。

⑨ 董晓东、李天柱、宋丹荣：《生物制药创新失败药物挽救路径研究及其管理启示》，《科技管理研究》2019 年第 6 期。

⑩ 李天柱、董晓东：《技术创新失败挽救的理论界定》，《自然辩证法通讯》2019 年第 2 期。

内创业失败文献主要刊发于《科技进步与对策》《管理学报》《科学学与科学技术管理》《科研管理》等高水平刊物上。在国内管理学高质量期刊如《管理世界》《南开管理评论》上也只分别发表1篇文章。国内学者对于创业失败的研究还处于探索与发展阶段，需要进一步加强研究。

表1-1　国内外创业失败文献期刊来源

中文期刊	发文数量(篇)	占比(%)	英文期刊	发文数量(篇)	占比(%)
科技进步与对策	8	5	JOURNAL OF BUSINESS RESEARCH	10	5
管理学报	5	3	BUSINESS HISTORY	9	4
科学学与科学技术管理	5	3	JOURNAL OF BUSINESS VENTURING	8	4
科研管理	5	3	SMALL BUSINESS ECONOMICS	7	3
自然辩证法通讯	5	3	JOURNAL OF SMALL BUSINESS MANAGEMENT	7	3
技术经济	5	3	BUSINESS HISTORY REVIEW	6	3
科学学研究	4	2	ENTREPRENEURSHIP THEORY AND PRACTICE	5	2
外国经济与管理	4	2	JOURNAL OF FORECASTING	5	2
科技创业	4	2	JOURNAL OF MANAGEMENT STUDIES	4	2
华东科技	4	2	JOURNAL OF BUSINESS ETHICS	4	2

第二节　创业失败研究的热点

一　创业失败归因

Citespace V 可以统计出文献的高频关键词，并结合其计算出来的关键词中心性，形成国际上、国内创业失败研究关键词共现知识图谱（见图1-4、图1-5），两者研究热点有相似也有不同。如图1-4表明，国际上创业失败领域的研究热点，包括“失败归因、失败修复、失败学习、后续创业”4个主题。图1-5表明，国内创业失败领域的研究热点，包括“失败归因与后续创业、失败学习、科技创新失败、大学生创业失败、宽容失败”5个主题。

国际国内都对创业失败归因进行了研究。创业失败之后能否进行再创业，一个重要的影响因素是创业失败者如何理解创业失败的原因。对一系列创业失败归因研究文献分析总结发现，创业失败归因研究经历了以下演

图 1-4　国际上创业失败研究热点的共词图谱

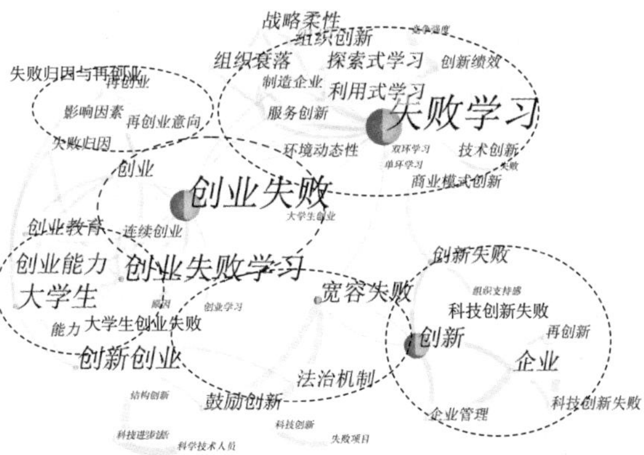

图 1-5　国内创业失败研究热点的共词图谱

化路径：①"内因、外因"二分法框架①②。如 Zacharakis 等通过比较研究创业者与风险投资者对创业失败解释的差异发现，大多数创业者会将失败归于内因，如自身能力和努力③；Franco 和 Haase 通过对 8 家葡萄牙中小企业的定性研究发现，创业者多将失败归于外因，如融资困难、市场状

① Eggers, J. P., Song, L., "Dealing with Failure: Serial Entrepreneurs and the Costs of Changing Industries between Ventures", *Academy of Management Journal*, Vol. 58, No. 6, 2015, pp. 1785-1803.

② Jenkins, A., "After Firm Failure: Emotions, Learning and Re - entry", Jönköping International Business School, 2012.

③ Zacharakis, A. L., Meyer, G. D., Decastro, J., "Differing Perceptions of New Venture Failure: A Matched Exploratory Study of Venture Capitalists and Entrepreneurs", *Journal of Small Business Management*, Vol. 37, No. 3, 1999, pp. 1-14.

况不佳、劳动力市场疲软以及支持机构缺乏等因素①。②“内因、外因、稳定性”三维度分析阶段，并衍生出基于对创业失败性质、创业者特质与先前经验以及创业失败发生的环境维度的归因分析②。③现阶段开始重视对平衡归因研究的重视，强调创业者应在内部和外部归因之间取得平衡，不仅要从内部找原因，也要从外部找原因；同时开始关注情境下的归因研究，识别归因的干扰因素③。对干扰失败归因因素的研究还未引起足够重视，目前主要是定性研究，认为主要包括以下干扰因素：负面情绪干扰，会影响创业者的自信和自尊，阻碍创业者的认知过程；自我服务偏见（self-serving bias），倾向于将成功归因于内部因素，而将失败归因于外部因素，可能蒙蔽创业者的双眼；回溯偏见（retrospective bias），创业者倾向于忘记导致创业失败的负面事件；不同的文化，如对创业失败的容忍度和谅解度，上述因素都可能导致创业失败者难以对失败进行客观、全面的归因④。

近年来国内也开展了失败归因研究，一是大都基于国外的“内部—外部”失败归因两分法探讨内外部因素对失败学习、情绪修复和后续创业绩效的影响⑤⑥，缺乏多维度的研究。二是国内有关创业失败归因的研究主要基于定性的研究，缺乏大样本的定量研究，或者深度的个案研究，对其内在机理揭示还不足。三是缺乏基于中国情境的失败归因研究，如基于中国创业文化的归因研究。四是对平衡归因的研究正在成为重要的研究方向，但还未引起足够的重视。

---

① Franco, M., Haase, H., “Failure Factors in Small and Medium-sized Enterprises: Qualitative Study from an Attributional Perspective”, *International Entrepreneurship and Management Journal*, No. 4, 2010, pp. 503-521.

② 于晓宇、李厚锐、杨隽萍：《创业失败归因、创业失败学习与随后创业意向》，《管理学报》2013年第8期。

③ 于晓宇、蒲馨莲、李宁等：《内因？外因？别急着对创业失败归因》，《清华管理评论》2017年第5期。

④ 于晓宇、蒲馨莲、李宁等：《内因？外因？别急着对创业失败归因》，《清华管理评论》2017年第5期。

⑤ 于晓宇、李厚锐、杨隽萍：《创业失败归因、创业失败学习与随后创业意向》，《管理学报》2013年第8期。

⑥ 彭伟、赵栩、赵帅、郑庆龄：《基于文献计量的国内外创业失败比较研究》，《研究与发展管理》2019年第4期。

二　创业失败学习

创业失败学习是国际国内学者都关注的研究主题。创业者从失败中重新崛起是一个具有特殊意义的学习过程，它能够产生一系列更高层次的学习成果①。已有研究主要关注创业失败学习影响因素、学习内容和学习结果三个方面。①制约失败学习因素。一是失败“归因”和失败“情绪”是学者关注较多的影响创业失败学习的因素。Cardon 和 McGrath 认为将失败归因于努力是有利于学习的②。归因于能力是否有利于学习有争议③，可能是因为忽略了能力观的调节作用所致。二是失败的损失程度对于创业学习的影响。一种观点认为损失越大，学习的可能性越大④，另一种观点则认为损失越小，越有利于学习⑤。产生分歧的原因可能在于，判断创业失败损失的程度不能只用客观标准来衡量，失败者的主观感受也需要考虑。②创业失败学习内容。创业者能从创业失败中学到什么？一种代表性观点认为创业学习内容包括“企业管理”与“新机会识别”两类知识⑥。另一种代表性观点认为创业学习内容包括“自我学习”、“新企业管理”与“创业网络管理”等⑦，以及经验学习和认知学习等内容。最新的趋势

---

① Eggers, J. P., Song, L., "Dealing with Failure: Serial Entrepreneurs and the Costs of Changing Industries between Ventures", *Academy of Management Journal*, Vol. 58, No. 6, 2015, pp. 1785-1803.

② Cardon, M., McGrath, R. G. When the Going Gets Tough ... Toward A Psychology of Entrepreneurial Failure and Remotivation. Paper presented at the Frontiers of Entrepreneurship Research Conference, Babson College, Wellesley, MA. 1999.

③ Jenkins, A. S., "Attributions, Learning and the Motivation to Reenter After Firm Failure (summary)", *Frontiers of Entrepreneurship Research*, Vol. 31, No. 4, 2011, pp. 1-12.

④ Madsen, P. M., Desai, V., "Failing to Learn? The Effects of Failure and Success on Organizational Learning in the Global Orbital Launch Vehicle Industry", *Academy of Management Journal*, Vol. 53, No. 3, 2010, pp. 451-476.

⑤ Baumard, P., Starbuck, W. H., "Learning from Failures: Why it May not Happen", *Long Range Planning*, Vol. 38, No. 3, 2005, pp. 281-298.

⑥ Schutjens, V., Stam, E., "Starting A New: Entrepreneurial Intentions and Realizations Subsequent to Business Closure", ERIM Report Series Reference No, ERS-2006-015-ORG, 2006.

⑦ Cope, J., "Toward a Dynamic Learning Perspective of Entrepreneurship", *Entrepreneurship: Theory and Practice*, Vol. 29, No. 4, 2005, pp. 373-397.

认为创业学习最重要的是识别和利用创业机会①。③失败学习方式。借助组织学习、成人学习、行动学习等相关成果，提出创业者经历失败后可能采取的学习方式，包括单环学习（Single Loop Learning）和双环学习（Double Loop Learning）②，探索式和利用式学习③，“双环学习、变革型学习和创造性学习”④（见表 1-2）。④学习的结果分析。失败情境下的创业学习可以帮助创业者更好利用创业失败经历，将失败通过自身努力转化为知识结构完善、创业思维改变、创业技能提升⑤⑥。

从以上文献的梳理来看，总体上，目前创业失败学习研究处于早期探索阶段，多为质性研究，缺乏定量研究，缺乏对失败学习和其前因以及后果的关系研究⑦。一是创业失败归因对于创业失败学习的影响是一个复杂的机制，从失败到学习之间可能还存在一些重要的变量及路径需要进一步被揭示。二是创业失败学习研究虽然已经从理论框架的构建，拓展到学习内容的多样性和丰富性的论证，但对于失败后具体的学习内容和学习方式是如何进行的，仍缺乏更深入地理解⑧。例如，学习方式的研究主要停留在概念层面，缺乏中国情境的实证研究。同时，现有研究对于失败带来的痛苦等情绪，对创业者后续的学习行为的影响仍旧不清楚。

---

① Atsan, N., "Failure Experiences of Entrepreneurs: Causes and Learning Outcomes", *Procedia-Social and Behavioral Sciences*, No. 235, 2016, pp. 435-442.

② Argyris, C., "Theories of Action that Inhibit Individual Learning", *American Psychologist*, Vol. 31, No. 9, 1976, pp. 638-654.

③ Politis, D., "The Process of Entrepreneurial Learning: A Conceptual Framework", *Entrepreneurship Theory and Practice*, Vol. 29, No. 4, 2005, pp. 399-424.

④ Cope, J., "Entrepreneurial Learning from Failure: An Interpretative Phenomenological Analysis", *Journal of Business Venturing*, Vol. 26, No. 6, 2011, pp. 604-623.

⑤ Isenberg, D., "Entrepreneurs and the Cult of Failure", *Harvard Business Review*, Vol. 89, No. 4, 2011, p. 36.

⑥ Ucbasaran, D., Shepherd, D. A., Lockett, A., et al., "Life after Business Failure: the Process and Consequences of Business Failure for Entrepreneurs", *Journal of Management*, Vol. 39, No. 1, 2013, pp. 163-202.

⑦ 陈万明、安宁、朱广华：《创业失败研究的演化路径与热点领域——基于科学知识图谱》，《技术经济》2017 年第 5 期。

⑧ Boso, N., Adeleye, I., Donbesuur, F., et al., "Do Entrepreneurs Always Benefit from Business Failure Experience?", *Journal of Business Research*, No. 98, 2019, pp. 370-379.

表 1-2　　创业失败学习方式比较

探索式学习和利用式学习特征比较			单环学习和双环学习特征比较	
类别	探索式学习	利用式学习	单环学习	双环学习
定义	企业通过创造或获取新知识以实现发展的学习行为①-②	企业利用现有的知识通过快速创建新的组织产品和流程来发展能力的学习行为③-④	个体不改变行动理论和价值观，通过修正自己的行动策略以达成目标或解决最初问题的学习⑤	个体价值观、行为策略和假设都发生改变的学习⑥-⑦
关键活动	搜寻、变化、风险承担、实验、计划、灵活性、发现和创新⑧	精练、选择、生产、效率、挑选、实施和执行⑨	在既有的价值系统以及行动框架内收集创业失败的有关信息	失败后创业者更新或重新定义目标和发展战略，强调对造成现状的原因以及未来如何更好发展的内在反思⑩

① Bierly Ⅲ, P. E., Daly, P. S., "Alternative Knowledge Strategies, Competitive Environment and Organizational Performance in Small Manufacturing Firms", *Entrepreneurship Theory and Practice*, Vol. 31, No. 4, 2007, pp. 493-516.

② 黄杜鹃、陈松:《探索还是利用: 失败学习模式选择与创新绩效》,《科研管理》2018 年第 1 期。

③ Bierly Ⅲ, P. E., Daly, P. S., "Alternative Knowledge Strategies, Competitive Environment and Organizational Performance in Small Manufacturing Firms", *Entrepreneurship Theory and Practice*, Vol. 31, No. 4, 2007, pp. 493-516.

④ 杨特、赵文红、吕斯尧:《创业失败经历对失败学习行为的影响: 失败归因的作用》,《研究与发展管理》2019 年第 4 期。

⑤ Argyris, C., "Theories of Action that Inhibit Individual Learning", *American Psychologist*, Vol. 31, No. 9, 1976, pp. 638-654.

⑥ Argyris, C., "Theories of Action that Inhibit Individual Learning", *American Psychologist*, Vol. 31, No. 9, 1976, pp. 638-654.

⑦ 郝喜玲、张玉利、刘依冉、杨俊:《庆幸还是后悔: 失败后的反事实思维与创业学习关系研究》,《南开管理评论》2018 年第 2 期。

⑧ March, J. G., "Exploration and Exploitation in Organizational Learning", *Organization Science*, Vol. 2, No. 1, 1991, pp. 71-87.

⑨ March, J. G., "Exploration and Exploitation in Organizational Learning", Organization Science, Vol. 2, No. 1, 1991, pp. 71-87.

⑩ Argyris, C., Sch, N. D. A. *Organizational Learning*: *A Theory of Action Research*, MA: Addison-Wesley, 1978.

三　创业失败修复

创业失败修复主要是国际上学者关注的主题。为什么有的创业者在经历失败后能从失败中学习进而成功？许多学者认为，创业失败的情绪恢复和管理问题至关重要，创业企业家借助创业失败情绪修复从而能“从创业失败中学习”与增强“后续创业意愿”①②。失败情绪修复的机理，关键在于个体主观上对失败的认知评价及其对失败意义的重构③。Shepherd（2015）研究发现消极负面情绪会诱发创业者将失败事件和情绪放大，积极正向情绪则有助于创业者在认知上反思失败实践，而情绪应对和调整能力则是创业者化解消极负面情绪的重要手段④。失败情绪修复的策略主要有“采用诙谐幽默的态度，及时从失败中学习⑤”，“自我决定、自我同情，提升压力应对能力⑥”，“失败意义重构，变革思维方式，提升元认知监控能力等”⑦。

① Shepherd, D. A., Cardon, M. S., "Negative Emotional Reactions to Project Failure and the Self-compassion to Learn from the Experience", *Journal of Management Studies*, Vol. 46, No. 6, 2009, pp. 923-949.

② Yamakawa, Y., Peng, M. W., Deeds, D. L., "Rising from the Ashes: Cognitive Determinants of Venture Growth After Entrepreneurial Failure", *Entrepreneurship Theory and Practice*, Vol. 39, No. 2, 2015, pp. 209-236.

③ Jenkins, A. S., Wiklund, J., Brundin, E., "Individual Responses to Firm Failure: Appraisals, Grief, and the Influence of Prior Failure Experience", *Journal of Business Venturing*, Vol. 29, No. 1, 2014, pp. 17-33.

④ Shepherd, D., "Party On! A Call for Entrepreneurship Research that is More Interactive, Activity Based, Cognitively Hot, Compassionate, and Prosocial", *Journal of Business Venturing*, Vol. 30, No. 4, 2015, pp. 489-507.

⑤ Cannon, M. D., Edmondson, A. C., "Confronting Failure: Antecedents and Consequences of Shared Beliefs About Failure in Organizational Work Groups", *Journal of Organizational Behavior*, Vol. 22, No. 2, 2001, pp. 161-177.

⑥ Shepherd, D. A., Cardon, M. S., "Negative Emotional Reactions to Project Failure and the Self-compassion to Learn from the Experience", *Journal of Management Studies*, Vol. 46, No. 6, 2009, pp. 923-949.

⑦ Orla, B., "Different Strokes for Different folks: Entrepreneurial Narratives of Emotion, Cognition, and Making Sense of Business Failure", *Entrepreneurship Theory and Practice*, Vol. 39, No. 2, 2015, pp. 375-405.

四　科技创新失败

科技创新失败主要是国内学者关注的研究内容。研究者主要探讨了科技创新失败项目的政府补偿机制问题，失败项目再创新补偿及风险分担机制等问题。但总体上对创新失败补偿方式的研究比较少。也有将企业科技创新失败项目分为研发阶段失败和成果转化阶段失败两种，研究发现研发阶段失败项目应优先选择政府资金直接补偿，成果转化阶段失败项目应优先选择税收优惠补偿①。也有研究建议引入专业的第三方风险分担组织转移再创新风险，有效弥补政府补偿机制资源不足②。开发出多样化的政府补偿科技创新失败项目政策工具，并研究其与创新失败项目的匹配性，有针对性地选择补偿方式，提高政府补偿效率，正在成为研究的重点方向。

五　大学生创业失败

大学生创业失败主要是国内学者的研究内容。采用基于案例的质性研究范式，发现大学生创业失败可归因为创业智能不足、创业抱负低、资源缺乏和市场环境制约③。大学生创业失败的后续问题更需要引起足够的重视，需要国家政策帮扶，需要高校在大学生创业失败中充当缓冲剂的角色，构建创业失败辅导机制④，加强创业教育和创业能力培养，提供创业资源，或者构建心理、财务和信息三个方面的援助机制⑤。

六　后续创业

国际上和国内学者都对后续创业（再创业）开展了研究。在图 1-4

---

① 王朋举：《企业科技创新失败项目政府补偿方式选择》，《科技进步与对策》2016 年第 9 期。

② 张帆、叶建木：《企业技术创新失败项目再创新补偿及风险分担机制探究》，《财会月刊》2018 年第 20 期。

③ 徐悦、段锦云、王国轩：《大学生创业失败归因分析：基于案例的扎根研究》，《珞珈管理评论》2018 年第 4 期。

④ 吴宇驹、刘丽群、罗达、迟云平、吴伟生、黄牧乾、康勇军、朱震、猛犸项目团队：《创业失败：大学生"双创"热背后的冷思考——基于创业行为问卷调查数据的分析》，《教育现代化》2019 年第 46 期。

⑤ 毛盾、刘凤、何诣寒、刘耀谦：《大学生创业失败援助机制的构建》，《创新创业理论研究与实践》2018 年第 13 期。

中，国际上学者对再创业研究更加关注“绩效”问题，探讨失败经历对后续创业的作用，是否有利于创业项目或企业的发展。国内学者关注影响再创业的因素，并与“创业失败学习”紧密相连。探讨失败学习在失败与再创业之间的作用机制。但目前国内对再创业的研究主要停留在再创业意愿的研究，由于数据获得比较难，对再创业企业或项目绩效的研究还非常少，因为对“失败学习”等重要变量在失败与再创业之间的实质性作用的揭示还需进一步研究。

此外，国际上创业失败研究引入了 Discriminant analysis（判别分析）和 Neural network（神经网络）研究方法，成为一个比较明显的聚类。国内研究中，宽容失败是一个比较明显的聚类，强调要通过法治机制，鼓励创新，宽容失败，开展创业失败学习（见图 1-5）。

第三节　创业失败研究的演化路径

CiteSpace V 软件的时区视图（time-zone）的功能，可以展示某一研究主题随着时间演进的趋势。运用 Citespace 软件得到国际国内创业失败研究的关键词共现时区图谱图 1-6 和图 1-7。根据图 1-6 和图 1-7 展示的信息，结合高被引文献情况，可以概括创业失败研究的演化路径如下。

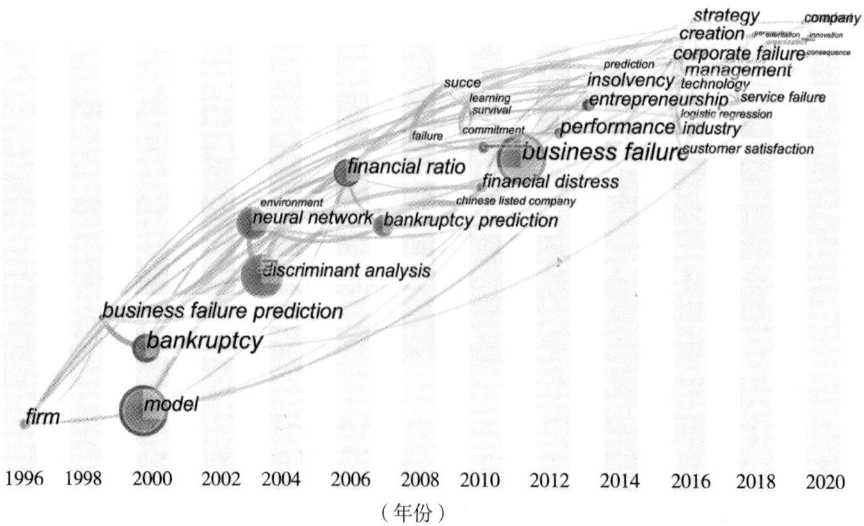

图 1-6　国际上创业失败文献时区图谱展示的研究热点演进

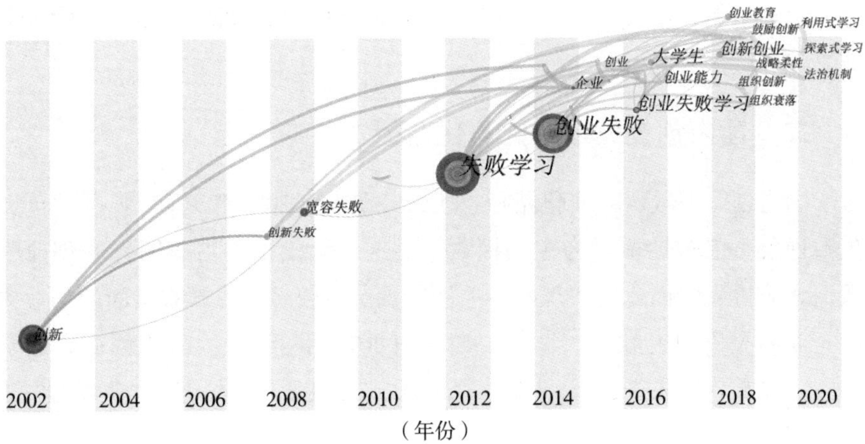

图 1-7　国内创业失败文献时区图谱展示的研究热点演进

一　国际创业失败研究演化路径

国际创业失败研究演化路径：①第一阶段（1954—1998）：以“什么是创业失败”为主题的探索期。主要从宏观层面、定性的角度描述创业失败的现象，探讨创业失败的内涵与原因，逐步引起研究人员和实践工作者对创业失败现象的关注，直接研究创业失败现象的文献很少。②第二阶段（1999—2010）：以“为什么创业失败”为主题的发展期。对创业失败的归因进行了比较系统的研究，并从中提出“创业失败学习”的重要性。经典文献如 MCGRATH（1999）的研究，指出要积极从创业失败中学习，避免偏见①。探索失败事件价值从此得到学者们的关注，创业失败学习开始成为重要的研究内容，也推动了下一阶段创业失败研究内容的深化。③第三阶段（2011 年至今）：以“创业失败管理”为主题的深化期。这一时期，节点越来越多，包括创业失败产生的负面情绪研究，创业失败带来的污名与财务问题研究，后续创业如何实现及其管理问题研究，并由此产生的基于情绪管理的创业失败修复研究等。经典文献如出现了“创业失败归因—失败学习—后续创业绩效”的整合研究框架②，以及“失败事

① McGrath, R. G., “Falling forward: Real Options Reasoning and Entrepreneurial Failure”, Academy of Management review, Vol. 24, No. 1, 1999, pp. 13-30.

② Yamakawa, Y., Peng, M. W., Deeds, D. L., “Rising from the ashes: Cognitive determinants of Venture Growth After Entrepreneurial Failure”, *Entrepreneurship Theory and Practice*, Vol. 39, No. 2, 2015, pp. 209-236.

件—短期结果—社会心理过程—最终后果”四阶段模型①，为有效管理创业失败提供了研究框架。

二 国内创业失败研究演化路径

国内创业失败研究演化路径：①第一阶段（2011 年之前）：以“创业失败现象”宏观性描述为主的探索期。这一阶段主要借鉴国外的创业失败概念分析我国创业失败现象，关注宏观层面较多，对微观层面的创业失败企业和个体研究较少。②第二阶段（2012 年至今）：以“创业失败学习”为主要内容的发展期。图 1-6 表明“创业失败学习”“失败学习”“利用式学习”“探索式学习”是研究的重点。这与国际上创业失败研究发展的路径不同，一是整体上滞后于国际上的研究，但近年追赶趋势明显，关注国际研究热点。二是主要基于国际上创业失败的有关概念和理论框架开展研究，缺乏基于中国情境的拓展和丰富，尤其是中国情境下，如文化、制度、市场经济特点下的创业失败学习行为特征、创业失败修复情绪管理和后续创业绩效的研究。

第四节 已有研究的启示与本书研究内容设计

通过对已有文献的系统性、可视化梳理分析，形成对本研究的相关启示。在此基础上，进行本书研究内容的设计，明确本书的研究思路和主要章节的内容。

一 创业失败研究热点领域与演化路径的研究结论与启示

（一）结论

本研究在分析创业失败的背景与内涵的基础上，运用 Citespace 软件，对国际国内创业失败研究文献进行数据挖掘和可视化知识图谱分析，对创业失败研究文献的时空分布特征、研究热点及其演化路径进行了比较分析，得到以下主要结论。

---

① Ucbasaran D., Shepherd D. A., Lockett A., et al., “Life after Business Failure: the Process and Consequences of Business Failure for Entrepreneurs”, *Journal of Management*, Vol. 39, No. 1, 2013, pp. 163-202.

第一，创业失败已成为国际国内创业研究领域的热点，但研究状况有所不同。国际上创业失败研究领域发文数量及实力比较强的是美英两国，并且形成了比较明显的国际合作聚类。中国在国际上的发文数量也逐年增加，但相对较少，且国际合作少。国内创业失败研究起步晚于国外，但近年上升速度快，有一批学者持续性地开展创业失败研究，形成了一定程度上的国内合作。国际国内研究成果在创业领域重要刊物相继发表，但是在顶尖刊物上发表的论文数量少，有较大上升空间。

第二，国际国内创业失败研究的热点有相似也有不同。相似的研究热点包括“失败归因、失败学习、后续创业”等。不同的研究热点，国际上研究失败修复、后续创业的绩效问题偏多，国内偏重于研究科技创新失败、大学生创业失败、宽容失败、后续创业的意愿等主题。国内对创业失败修复、后续创业绩效，以及相应的定量研究偏少，这些为未来的中国创业失败研究提供了重要启发。

第三，国际国内创业失败研究的演化路径有所不同。国际创业失败研究演化路径主要包括三个阶段，以“什么是创业失败”为主题的探索期（1954—1998），以“为什么创业失败”为主题的发展期（1999—2010），以“创业失败管理”为主题的深化期（2011 年至今）。国内创业失败研究演化路径只包括两个阶段：以“创业失败现象”宏观性描述为主的探索期（2011 年之前）和以“创业失败学习”为主要内容的发展期（2012 年至今）。国内主要基于国际上创业失败的有关概念和理论框架开展研究，缺乏基于中国情境的拓展和丰富。

（二）启示

总体上看，我国创业失败研究还处于探索与发展阶段，研究主题从创业失败现象的描述，到创业失败原因的分析和对失败学习的关注，开始逐步深化，但整体上还不够成熟。在创新创业国家战略背景下，探索中国情境下的创业失败问题对丰富学术理论研究和指导创新创业实践均具有重要价值。

第一，构建符合中国情境的创业失败研究框架。我国正处在经济社会发展的转型期，创业具有特殊的中国情境，因此必须基于中国情境的特点，如结合中国的文化、制度、市场等因素来界定创业失败的概念，判断失败的标准。并基于此，构建中国情境的创业失败研究框架，例如，可以在“失败归因—失败学习—再创业”的一般性理论框架下，将我国在转型期鼓励创新宽容创业失败的文化、给予创业失败者的扶持政策、悲伤等负面情绪管理等作为重要变量引入研究框架，等等。

第二，加强对创业失败关键内容和前沿的研究。上述分析表明，我国需要加强对“失败平衡归因、失败修复、再创业绩效、创业扶持政策与创业失败补偿方式”等重点内容的研究。一是创业失败的平衡归因研究正在成为创业失败领域的研究前沿，要克服内部、外部简单化归因倾向带来的缺陷，构建平衡归因机制，研究失败者理性、客观归因的内在机理和策略。二是创业失败修复也正在成为创业失败领域的研究前沿，要加强对创业失败修复的研究，拓展失败学习的方式与内容研究。加强对情绪管理及其修复策略的研究。三是加强对再创业绩效的研究。辨识再创业的特点，获取再创业绩效的数据和构建相应的绩效评价指标，实现从再创业意愿的研究到再创业绩效研究内容的转变。四是创业扶持政策与创业失败补偿方式的研究。加强扶持政策与失败补偿方式之间的动态耦合研究，寻求二者之间的高效率匹配。

第三，丰富创业失败研究的视角与方法。动态性视角是创业失败研究的新方向，可以破除现有以静态研究为主，难以揭示创业失败修复过程中差异性和动态性的困境①。可以采用动态追踪研究，探索创业失败修复机制对后续创业绩效的作用机理，突出创业失败修复过程中“差异性和动态性”属性，为研究中国情境创业失败修复过程提供翔实的观察样本。由于创业失败研究对象的特殊性，传统概率抽样方法成本高且难以奏效，可以采用适用于难以接近人群的抽样方法，即同伴推动抽样法进行抽样。选择愿意参与研究的创业者作为“种子”，通过种子不断吸引失败经历者加入研究群体，从而降低调研对象被拒概率和增强信息获取的真实性，确保研究对象获取的代表性。

第四，加强创业失败研究的国际学术合作。一是根据图 1-1 所示，加强与欧美研究创业失败的重点机构、学者开展高质量的国际学术交流与合作。通过参加国际学术会议、短期访问和访学等多途径开展研究合作。通过相互调研和数据共享，开展不同国家地区、跨文化的创业失败比较与国际借鉴研究。二是根据表 1-1 的研究结果提示，国内学者可以加强对

① 刘凤、吴件、唐静：《差异性与动态性并存：大学生创业失败学习内容多案例研究》，《科技进步与对策》2018 年第 9 期。

表中所列期刊刊载文章的跟踪研究，把握国际研究前沿。还可以开展创业失败研究的工作坊活动，邀请一些高水平国际刊物的评审专家来指导研究，许多评审者本身就是本领域中的高水平研究人员，从他们研究者的视角和评审专家的双重视角给予现场指导，不断提升创业失败研究质量，让中国学者发声，增强中国在这一研究领域的话语权。

二　本书的研究思路

上述关于创业失败的研究综述对于学术创业失败具有重要价值。高等教育研究者和经济管理研究者都对学术创业这一交叉研究领域产生了浓厚的兴趣。

（一）研究问题

本书紧扣国家创新创业发展战略，聚焦“高校学术创业失败修复”研究热点问题，采取动态追踪研究，综合定性和定量研究，揭示学术创业失败修复的作用机理。

（二）结构安排

构建学术创业失败“归因—修复—后续创业”理论架构，形成本书总框架，具体章节安排如下。

第一章：创业失败研究的热点领域与演化路径。采用可视化手段，揭示创业失败研究的时空分布、热点领域与演化路径，得到研究结论与启示，为后续研究奠定基础。

第二章：高校学术创业失败归因、创业失败学习对连续创业绩效的作用机制。创业失败归因是学术创业失败修复的基础。从个体的视角，本章首先研究归因的稳定性对创业失败学习的作用机制。其次，研究创业失败学习、创业能力对连续创业绩效的作用机制研究。接着，研究单环学习、双环学习与连续创业生存绩效、成长绩效的关系；单环学习、双环学习对于机会识别能力和资源整合能力的影响，以及机会识别能力和资源整合能力对连续创业生存绩效、成长绩效的影响机理。

第三章：高校学术创业失败修复过程释意。从个体的视角，以四位学术创业失败者为研究对象，构建“释意来源—诠释推移—行动—承诺性诠释”的理论框架，进行动态追踪研究，揭示了学术创业失败修复关键要素及其作用路径。归纳出以“失败学习”“资源整合”“多重角色平衡”“情绪修复”为主的失败修复模式；以及失败修复起步阶段的识别机制、调整阶段的平衡机制、修复阶段的行动机制等内容。

第四章：高校学术创业失败修复的关键事件作用机制。从个体的视角，基于事件系统理论，以连续学术创业者十二年创业经历为纵向研究案例，分析连续创业事件中积极事件和消极事件的强度和空间属性的交互作用，揭示学术创业者在“失败—修复—再创业”的历程中，创业能力塑造的过程机理，揭示出情绪修复、创业失败学习、创业机会识别能力、资源整合能力和商业模式创新能力，以及高校的创业政策在连续创业事件中对学术创业能力提升的作用。

第五章：高校学术创业能力的时空演进与影响因素研究。从组织、区域的角度，运用核密度估计法、因子分析法和地理探测器等方法，探究长江经济带上三大城市群高校学术创业能力的时空演进特征及其影响因素。

第六章：工业互联网平台赋能破解高校学术创业困境。从组织赋能的视角，针对学术创业困境，基于数字经济背景和海尔COSMO平台案例，探讨我国高校学术创业面临的困境和工业互联网平台赋能学术创业的应用场景，研究发现工业互联网平台赋能学术创业的六大应用场景和五种赋能方式。

第七章：数字技术赋能高校学术创业失败修复。以深圳虚拟大学园、南山智园、深港产学研基地三个案例，研究高校学术创新创业链“断裂带”修复机制，发现不同的动机协同、组织协同和政策协同机制加强了高校创新创业链上不同环节的联系与合作。同时研究了数字技术赋能高校科技成果转化，以强前台，助力科技成果与市场衔接；以大中台，赋智知识管理与研发生产；以稳后台，强化数字支撑与数据标准化。通过数字技术的前台、中台、后台三个层面共同发力，实现数字技术与高校科技成果转化有机融合，有效提升科技成果转化效率。

第八章：创业教育模式创新赋能高校学术创业。首先，研究创业教育的现状与问题。其次，系统研究“创新创业+”产教融合教学团队建设案例，总结形成“OECD”创新创业人才培养模式，以及“五双协同”、“三轮驱动”“两化支撑”“一链式”为特色的教改路径，在教学、科研、学科建设、社会服务方面取得成效。最后，提出了高校创业教育赋能学术创业的路径与建议。

第九章：高校学术创业失败扶持政策工具构建。重点研究了创业政策研究的理论基础与发展现状、创业政策的演变阶段、特征；高校学术创业失败扶持政策工具构建，基于学术创业扶持政策工具的四个案例分析，总结存在的问题，提出构建“心理—财务—能力”的高校学术创业失败扶持政策体系。

第十章：结语。总结提炼研究结论，为高校学术创业的理论研究与实践提供借鉴。明确研究展望，为未来研究提供参考。

三　本书的研究创新与价值

本研究以修复高校学术创业失败，提升创业绩效为目的，是一项满足国家重要需求、引领国内外学术前沿的重大课题，无论是理论、实践抑或方法论层面，都亟须进行深入系统研究。

（一）研究创新

1. 研究内容创新

高校学术创业失败修复的路径与策略，是解决我国高校科技成果转化“卡脖子”问题的重要出路，也是科技强国战略的重要组成部分。全书紧扣国家创新创业发展战略，聚焦“高校学术创业失败”研究热点问题。构建学术创业失败“归因—修复—后续创业”理论框架，采取动态追踪研究，揭示学术创业失败归因、失败学习，以及扶持政策对后续创业绩效的作用机理。

（1）揭示学术创业失败修复的关键变量作用机制。从连续创业的角度出发，实证研究失败情境下创业失败学习（单环学习和双环学习）、创业能力（机会识别能力和资源整合能力）对连续创业绩效（生存绩效和成长绩效）的不同影响机制。

（2）归纳学术创业失败的修复模式和修复路径。基于案例追踪研究，提出内因、外因基础上的“平衡归因”机制；揭示出学术创业失败的四种修复模式，包括“多重角色平衡”为主、“失败学习”为主、“情绪修复”和“资源整合”为主的创业失败修复模式。学术创业失败修复的基本路径，即“角色认同与失败归因”的修复开始阶段、“角色平衡与归因平衡”的失败管理阶段、“情绪修复、失败学习、再创业行动”的修复深化阶段、“角色期望与再创业目的”的承诺阶段，与之相应地形成了“识别机制—平衡机制—行动机制—承诺机制”。

（3）揭示出学术创业失败修复历程中创业能力提升的机理。通过动态追踪案例研究，发现失败情绪修复、再创业动机形成是触发后续创业能力提升的重要前置变量，连续创业事件中积极的和消极的关键事件的强度和空间属性的交互作用，不断促进学术创业机会识别能力、资源整合能力和商业模式创新能力的提升。在连续创业事件中，创业学习对创业能力提升起到重要的直接作用，创业政策发挥了调节作用。

（4）总结出学术创业失败修复的几个重要命题。修复的过程中，尽管多重角色动态变化，而技术创新或学术研究角色贯穿始终；企业管理完善、商业模式创新是需解决的共性问题；机会识别和团队建设是普遍采取的创业行动，成为学术型企业家和实现个人价值是共同的追求。

（5）构建“心理—财务—能力”创业失败扶持政策体系。围绕“人、物、能力”的要素设计，分别强化提供创业失败者的“心理帮扶”“创业资金帮扶”“创业能力帮扶”政策工具。

2. 研究方法创新

融合数理分析和质性研究，摈弃“定性+定量”拼凑。多方法综合集成运用是本领域研究的新尝试，将增强研究深度和信度。

（1）研究方法体现多学科交叉融合。基于管理学、经济地理学、高等教育学、情报学等学科，综合多案例追踪、问卷调查、中介模型、数据挖掘与信息系统可视化等定性定量研究法，揭示学术创业失败修复的关键变量及其修复机制情况，并构建学术创业失败扶持政策。

（2）研究工具综合集成。以数理统计（SPSS）、结构方程模型（Amos）、案例质性分析、Citespace 和 GIS 相关软件为分析工具，对问卷调查数据和个案一手资料进行系统性的研究分析，对文献资料进行数据挖掘和可视化呈现。

（二）研究价值

1. 学术价值

（1）本研究旨在从“顶天”高度，探索符合中国情景的高校学术创业失败修复的理论、方法与策略，提出中国高校学术创业困境破解方案，指导解决高校科技成果转化的“卡脖子”问题。

（2）针对中国高校学术创业失败的修复研究，是有关“实施科技强国战略”“大幅提高科技成果转化成效”重要论述的“创新创业理论”学理阐释。

（3）构建学术创业失败“归因—修复—后续创业”理论框架，采取动态追踪研究，揭示学术创业失败归因、失败学习，以及扶持政策对后续创业绩效的作用机理，将推动高等教育管理、科技管理与创业管理的交叉创新研究。

（4）基于动态追踪研究，探究学术创业失败修复机制对后续创业绩效的作用机理，突出创业失败修复过程中动态性属性，为研究中国情境学术创业失败修复过程提供翔实的观察样本；将内外部归因有机结合，失败学习、情绪修复、创业能力、扶持政策有机融合，揭示学术创业失败修复的关键变量作用机制；归纳出学术创业失败的四种修复模式、修复路径和与之相应"识别机制—平衡机制—行动机制—承诺机制"，并且揭示学术创业失败修复历程中创业能力提升的机理，这些内容不仅对补充和丰富学术创业研究，也对创业管理研究具有重要的借鉴价值。

2. 应用价值

（1）本研究以"立地"为基点，以科技创新创业重大实际问题为导向，提出高校学术创业修复的路径与策略，为我国科技创新创业政策的顶层设计和推进科技成果转化，提供实证支持和策略参考。

（2）揭示学术创业失败者的修复行为，对学术创业失败者掌握修复策略，提升创业绩效具有重要的应用价值。

（3）构建"心理—财务—能力"创业失败扶持政策体系，明确学术创业失败修复过程中的扶持政策工具，为学术创业者、政府、高校等相关机构提供创新创业方面的政策建议。

第二章

高校学术创业失败归因、创业失败学习对连续创业绩效的作用机制

创业失败归因，反映了创业者如何看待创业失败，决定其是否开展后续创业。因此，首先开展高校学术创业失败的归因研究具有重要意义。创业失败的积极归因有助于促进创业失败学习，而创业失败学习是提升创业能力，进行再创业的重要途径。

第一节　学术创业失败归因

正确认识创业失败是研究创业失败的前提。学术研究证明，失败的因素是综合的，那么失败的个体如何理解现实生活中的失败呢？归因理论通过对个体的解释和事件的论证，叙述了事件的假设过程，并解释了事件发生的原因。归因使人们能够估计和控制他们的环境。

一　创业失败归因内涵

奥地利社会心理学家 Heider 最早提出归因理论，他认为事件形成的原因有两种，即内部原因和外部原因，成为失败归因研究的重要缘起①。在后续的发展研究中，归因理论不断得到充实发展。例如，在 Weiner 的归因分析框架中，既包括内部归因和外部归因的维度，也包括稳定性与非稳定性的维度②。

归因结果会影响个体的思维、心境和行为。但是，归因不一定是真正

---

① Heider, F., *The Psychology of Interpersonal Relations*, New York: John Wiley & Sons Publishing House, 1958.

② Weiner, B., "An Attributional Theory of Achievement Motivation and Emotion", *Psychology Review*, No. 92, 1985, pp. 548-573.

的原因，它主要是创业者对行为事件的主观意识。创业失败归因是一个复合定义，应该包含多重内涵和不同维度。本研究主要从创业者自身的角度研究创业者自我归因，认为创业失败归因是创业者对创业失败事件的理解，探究失败的原因并寻求失败的合理解释。

二 失败归因稳定性研究

关于创业失败归因对创业意愿的影响，学者们持积极或消极的态度。有积极想法的学者，提出创业失败为个人创造了自我反思和学习的机会，然后加强了重新开始创业的意愿。然而，持消极观点的学者指出，创业失败归因会削弱个体再次创业的积极性。总体而言，创业失败者会考虑从失败中学习并汲取教训，可能会二次创业也可能不再创业，但学习的经验依旧可以累积。产生相反观点的原因是，已有研究关于创业失败归因对再创业意愿的正负影响只进行了粗略的思考，而没有着重从创业失败归因的具体维度来分析创业失败学习的有效性。因此，本研究主要从创业失败归因的稳定性这个维度研究其对学习方式的影响。失败归因的稳定性，即创业者将失败归因为创业过程中的环境变化水平①。

三 创业自我效能感研究

创业自我效能感的概念形成于 20 世纪 80 年代末，是自我效能感与创业领域的结合。自我效能感不仅是个体对未来活动的预测，而且在未来实施活动的过程中起着激励作用。不同领域对技术和能力的要求不同，所以在处理不同任务时，个体会表现出相对不同的自我效能感。因此，对自我效能感的研究需要考虑到各个行业或领域的特殊性。

对于创业自我效能感的定义，学者们普遍认为有两种含义。有研究者认为创业自我效能感是个体对自己能够成功实现创业活动的信心水平②，或对自己影响外部世界的能力和通过奋斗取胜的决心和信心③。对创业自

① 陈万明、钱梦烨、安宁：《大学生创业失败归因、失败学习方式与后续创业意愿的关系》，《数学的实践与认知》2019 年第 11 期。

② Scherer, F. M., Ross, D., "Industrial Market Structure and Economics Performance", *Boston: Houghton Mifflin Company*, No. 53, 1989, pp. 123-127.

③ Luthans, F., Lbrayeva, E., "Environmental and Psychological Challenges Facing Entrepreneurial Development in Transitional Economies", *Psychological Bulletin*, No. 1, 2006, pp. 362-365.

我效能感的理解会存在不同，关键需要将自我效能感和创业的具体情境结合起来。本研究将创业自我效能感定义为创业者在收集资源、发挥能力成功实施特定创业项目方面的自信。此外，创业自我效能感没有统一的测量方法，本研究借鉴赵延昇和周静静划分自我效能感的三个维度，主要研究风险容忍效能感和机会识别效能感这两个维度对学习方式的作用①。风险容忍效能感是指创业者在遇到不确定的情况下能够自我解决困难的信心。机会识别效能感是指创业者能识别市场机会，察觉消费者需求的信心。

四 失败归因对学习方式的研究

根据目前对创业失败归因的研究，对于创业失败归因与创业者再次创业意愿之间的关系存在两种不同的观点。第一种观点属于积极型，可以称为“重组观”，即创业失败归因对促进再创业意愿具有积极作用。如果一个人将创业失败视为一个自我反省和思考的机会，基于一个深远的视角，它将带来乐观的结果。失败只是持续创业过程中的一个暂时阶段，它可以成为学习和提高自身认知的源泉。同时，个人也会相对愿意接受失败，并将其视为一个有待解决的暂时性问题。Cope② 发现，如果个体以未来为导向，主动学习失败，其效果可以显著提高个体未来创业企业的准备水平。第二种观点属于消极类型，创业失败的归因对创业者重新开始创业的意愿有负面影响。本研究采取的是积极型观点，认为失败归因对后续创业有积极作用。上文提到失败学习对后续创业也有正反面影响，以往的研究中多是研究学习方式在失败归因与创业意愿的中介作用，本研究假设失败归因对利用式学习和探索式学习方式有正面作用。

第二节 创业失败学习对自我效能感的作用机制

创业失败学习对修复创业失败具有重要价值，自我效能感在修复创业失败的过程中也发挥着重要作用。同时，创业失败学习对自我效能感可能

① 赵延昇、周静静：《90 后大学生人格特质与创业意向关系研究——以自我认同感为调节变量》，《华南理工大学学报》（社会科学版）2014 年第 1 期。

② Cope，J.，“Entrepreneurial Learning from Failure：An Interpretative Phenomenological Analysis”，*Journal of Business Venturing*，Vol. 26，No. 6，2011，pp. 604-623.

存在相应的作用机制，因此开展创业失败学习对自我效能感的作用机制研究。

一　理论基础与研究假设

（一）失败学习与创业自我效能感

失败学习又分为单环学习和双环学习。其中，单环学习是一种特殊的工具学习方法，它涉及惯例和实时任务。通过对问题的纠正、调整和解决，我们可以保持原有的思维方式和行为理论，这些都发生在现有的价值体系和行动框架中①。双环学习被认为是“对单环学习的学习”，不仅包括对以往行为模式的修正，还包括行为背后思维方式和行为理论的联系、反思、质疑甚至改变，创造出全新的假设和行为策略②。研究者通过对236名高校MBA学员调研分析，发现失败学习能够促进自我效能感的提升，为个体提供情感支持③。对失败的学习源于反思，从反思的深度和强度来看，双环学习要优于单环学习。双环学习相较于单环学习而言是对创业者的基本价值体系，如思维习惯、心理模式、行为逻辑等进行批判和质疑，然后进行创新改变。这种思维方式、认知模式的自我调整甚至自我否定，有助于创业者形成新的认知，帮助其获取更多有价值的创业知识，提高创业自我效能感。基于此，本研究提出以下假设：

H1：单环学习正向显著影响创业自我效能感。

H2：双环学习正向显著影响创业自我效能感。

（二）失败学习与机会识别能力

Ucbasaran等学者认为创业者学习失败创业的经历有助于提高创业者的机会识别能力④。Sardeshmukh等研究发现，创业失败促使创业者利用

① Argyris, C., Sch, N. D. A., *Organizational Learning: A Theory of Action Research*, MA: Addision-Wesley, 1978.

② Reuber, A. R., Dyke, L. S., Fischer, E. M., “Experientially Acquired Knowledge and Entrepreneurial Venture Success”, *Academy of Management Annual Meeting Proceedings*, Vol. 90, No. 1, 1990, pp. 69-73.

③ 唐朝永、陈万明、胡恩华：《变革型领导、心理所有权与失败学习间关系的实证研究》，《技术经济》2016年第9期。

④ Ucbasaran, D., Westhead, P., Wright, M., et al., “The Nature of Entrepreneurial Experience, Business Failure and Comparative Optimism”, *Journal of Business Venturing*, Vol. 25, No. 6, 2010, pp. 541-555.

反事实思维、提高认知水平，从而有助于创造和识别出新的创业机会[①]。因此，创业者需要在失败后及时总结和反思失败的原因，进行失败后的创业学习，从而提高机会识别能力。失败后，创业者第一时间会在原有的价值体系和行为框架内，以单环学习的方式收集并关注导致企业运营不佳和业绩下降导致失败的相关信息。通过对这部分失败信息的收集与分析，对原有认知模型中"目标与结果"之间的关系进行修正，将各种信息之间的关系重新组合与连接，帮助创业者更好地发掘有效机会，进而能够准确地判断出机会的质量，以便有效地识别有价值的机会，提高创业者的机会识别能力。基于此，本研究提出以下假设：

H3：单环学习正向显著影响机会识别能力。

学习是一个连续深化的过程，只有对知识深入理解，才能灵活解决创业过程中的各种问题。与单环学习相比，双环学习更能够提高企业认知的灵活性和适应性，进而发现更多适合企业经营与发展的机会。在创业失败后，创业者只能在特定情形下通过单环学习发现商业机会。但是，如果创业失败原因有高度的不确定性和复杂度，创业者既没有通过"反思性转移"（Reflective Transfer）反思失败情境与新情境之间的异同点，也没有通过双环学习反思与纠正行为背后的原有假设、行动逻辑及价值观，而是简单地通过单环学习发现新机会，极容易导致二次创业失败[②]。而双环学习作为单环学习的学习能够在单环学习所发现的机会上，加以分析创新模式，进而发掘更适合企业的创新型机会。基于此，本研究提出以下假设：

H4：双环学习正向显著影响机会识别能力。

（三）机会识别能力与创业自我效能感

Gist 和 Mitchell 认为创业自我效能感在创业者实现创业成功的过程中具有重要作用，代表了创业人员克服挫折困难的坚定信念[③]。Forbes 进一步指出，创业自我效能感越强，创业者后续学习和信息搜索过程中投入程

① Sardeshmukh, S. R., Smithnelson, R. M., "Educating for an Entrepreneurial Career: Developing Opportunity-Recognition Ability", *Australian Journal of Career Development*, Vol. 20, No. 3, 2011, pp. 47-55.

② 郝喜玲、朱兆珍、刘依冉：《失败情境下创业学习、创业知识与再创业绩效关系研究》，《科技进步与对策》2019 年第 16 期。

③ Gist, M. E., Mitchell, T. R., "Self-Efficacy: A Theoretical Analysis of Its Determinants and Malleability", *Academy of Management Review*, Vol. 17, No. 2, 1992, pp. 183-211.

度越高①。那么，除了通过失败学习提高创业自我效能感，是否还存在其他途径影响创业自我效能感呢？研究者通过实证研究发现，机会识别能力作为最重要的创业能力可以促使创业自我效能感的提升和连续创业意愿的产生②。通过对968名大学生的样本分析，发现机会识别能力与创业自我效能感二者之间存在显著的影响关系③。机会识别能力的高低是创业者是否选择创业的主要依据，也是影响创业自我效能感以及创业意向的关键因素。创业机会识别能力与创业自我效能感和创业活动是紧密相关的。创业失败者通过有效的失败后学习，机会识别能力得到提高，对机会更加敏感，这种对能力的自信一定程度上会增加创业者的创业自我效能感进而产生连续创业意愿。基于此，提出以下假设：

H5：机会识别能力正向显著影响创业自我效能感。

根据假设H1—H5形成了如图2-1所示的研究假设模型。

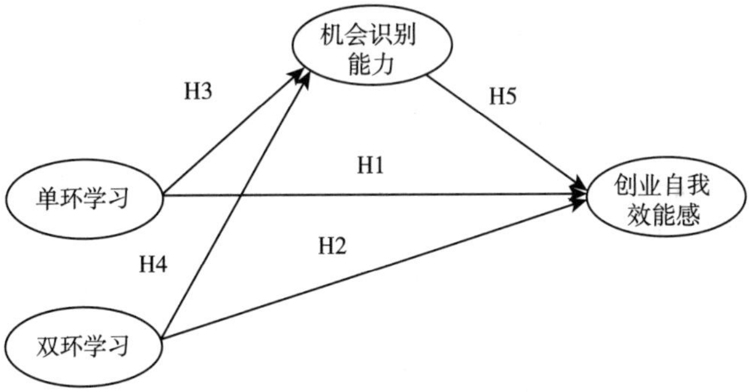

图2-1　本研究假设模型

二　研究设计

（一）样本与数据

本研究以具有创业失败经历的大学生为研究对象。问卷在线上发放完成，调查时间集中在2020年1月11日到2月17日，共回收有效问卷217

① Forbes，D. P.，"The Effects of Strategic Decision Making on Entrepreneurial Self-Efficacy"，*Entrepreneurship Theory and Practice*，Vol. 29，No. 5，2005，pp. 599-626.

② 刘万利、张天华：《主动性人格、感知风险与创业机会识别关系研究》，《科技进步与对策》2014年第3期。

③ 刘建伟、吴剑琳、古继宝：《创业自我效能与机会识别：创业教育的调节效应分析》，《科技管理研究》2018年第12期。

份。其中，男性 113 人（52.1 %），女性 104 人（47.9%）。专业分布情况为工科 51 人，占总样本的 23.5%；理科 70 人，占 32.3%；文科 96 人，占 44.2%。受调查者大都只有 1 次失败经历，占总样本的 52.5%。所创办的企业主要位于长江三角洲城市群和珠江三角洲城市群，占比分别是 56.7%和 21.2%。企业员工最多时数量主要为 10 人及以下规模的占 44.2%，11—50 人规模的占 35.9%。创业失败的类型当中，创业项目未达到预期目标的占总数的 67.3%，因资不抵债而关闭的占 49.8%，非经济原因关闭的占 44.7%。上述数据从多个维度表明，本调查具有较好的典型性和代表性。

（二）变量测量

本研究理论模型主要包括 1 个因变量“创业自我效能感”和 2 个自变量“单环学习”“双环学习”，并以“机会识别能力”为中介变量（见图 2-1）。问卷采用 Likert 5 级量表，填写者根据实际情况从 1—5 选择打分，其中，1 表示完全不同意，5 表示完全同意。为保证测量工具的信度、效度，本研究所涉及的变量测量主要采用国内外文献中已经使用过的量表，并在问卷正式确定之前到一所高校进行问卷的预调查和预分析。

创业失败学习方式量表主要借鉴郝喜玲等（2019）完善并实证检验过的单环学习和双环学习测量量表，实证结果显示该量表具有良好的信度和效度①。单环学习测量题项共 5 个，如“会在已有的目标和行为规范框架下寻找合适的管理方法”等；双环学习测量题项为 5 个，诸如“会持续不断的寻求新的有助未来发展的行动策略”等。机会识别能力量表，主要借鉴 Man（2002）②、张玉利和王晓文（2011）③、谢雅萍等

① 郝喜玲、朱兆珍、刘依冉：《失败情境下创业学习、创业知识与再创业绩效关系研究》，《科技进步与对策》2019 年第 16 期。

② Man, T. W. Y., Lau, T., Chan, K. F., “The Competitiveness of Small and Medium Enterprises: A Conceptualization with Focus on Entrepreneurial Competencies”, *Journal of Business Venturing*, Vol. 17, No. 2, 2002, pp. 123-142.

③ 张玉利、王晓文：《先前经验、学习风格与创业能力的实证研究》，《管理科学》2011 年第 3 期。

(2017)[①] 和陈阳阳 (2018)[②] 的研究，共设置 4 个题项，例如“可以找到具有发展潜力的市场领域”，“能与拥有重要资源的关键人物建立关系”等。创业自我效能感量表包括 6 个题项，主要综合采编自 Chen 等 (1998) 的五个维度[③]、De Noble 等 (1999)[④] 六个维度的自我效能感量表，以及安宁 (2018) 的自我效能感量表[⑤]。

(三) 信度与效度分析

使用 AMOS24.0 软件进行验证性因子分析，以检验测量模型的信效度。第一，信度检验。各变量的 Cronbachα 系数均大于 0.7，说明量表的内在一致性较好。组成信度 (Composite Reliability，CR) 也均在 0.8 以上，说明问卷具有较高的信度 (见表 2-1)。第二，效度检验。所有测量指标的因子负荷量均>0.7，平均变异数萃取量 (Average of Variance Extracted，AVE) 均>0.6，多元相关平方 (Square Multiple Correction，SMC) 都在 0.5 以上 (>0.36 为可接受，>0.5 为理想状态)。通过结构效度分析，将单环学习 (SL)、双环学习 (DL)、机会识别能力 (OA)、创业自我效能感 (EF) 合为一因子，构成单因子模型进行拟合度指数检验；将 SL、DL、OA 合为因子一，EF 为因子二，以二因子模型进行分析；将 SL、DL 合为因子一，OA、EF 各为一因子，以三因子模型加以分析；将四个构念各为一因子进行四因子模型拟合度检验。各检验结果见表 2-2，综上表明四因子模型结构效度最佳。第三，模型的拟合度指数检验。结果为：$\chi^2 = 398.086$，$df = 146$，$\chi^2/df = 2.727 < 5.0$，$CFI = 0.925$，$GFI = 0.838$，$AGFI = 0.790$，$TLI = 0.912$，$RMSEA = 0.089$，基本符合要求。综合上述三个方面的检验结果，表明各变量具有良好的信度、效度，可以进一步做结构方程模型分析。

---

① 谢雅萍、梁素蓉、陈睿君：《失败学习、创业行动学习与创业能力——悲痛恢复取向的调节作用》，《管理评论》2017 年第 4 期。

② 陈阳阳：《创业失败经历、创业能力与后续创业企业成长绩效关系研究》，吉林大学，2018 年。

③ Chen，C. C.，Greene，P. G.，Crick，A.，“Does Entrepreneurial Self-efficacy Distinguish Entrepreneurs from Managers?”，*Journal of Business Venturing*，Vol. 13，No. 4，1998，pp. 295-316.

④ De Noble，A. F.，Jung，D.，Ehrlich，S.，*Entrepreneurial Self-efficacy，the Development of A Measure and Its Relationship to Entrepreneurial Action*，Frontiers of Entrepreneurship Research，Wellesley：Babson college，1999.

⑤ 安宁：《创业失败归因对大学生再创业意愿的影响机制研究》，南京航空航天大学，2018 年。

表 2-1 验证性因素分析

	观察变量	参数测试				标准化因子负荷量	多元相关平方	组成信度	平均变异萃取量	Cronbach α系数
		非标准化系数	标准误	Z值	P		SMC	CR	AVE	
双环学习	DLearn2	1.000				0.789	0.623	0.918	0.691	0.917
	DLearn4	1.101	0.074	14.933	***	0.898	0.806			
	DLearn6	1.051	0.079	13.300	***	0.820	0.672			
	DLearn8	1.014	0.073	13.878	***	0.847	0.717			
	DLearn10	0.985	0.077	12.865	***	0.799	0.638			
单环学习	SLearn1	1.000				0.813	0.661	0.865	0.616	0.863
	SLearn3	0.780	0.070	11.179	***	0.739	0.546			
	SLearn5	0.875	0.075	11.715	***	0.771	0.594			
	SLearn9	1.044	0.084	12.375	***	0.813	0.661			
机会识别能力	OAbility1	1.000				0.874	0.764	0.884	0.657	0.875
	OAbility2	0.997	0.068	14.680	***	0.836	0.699			
	OAbility3	0.881	0.069	12.790	***	0.756	0.572			
	OAbility4	1.172	0.089	13.107	***	0.770	0.593			
创业自我效能感	Efficacy1	1.000				0.857	0.734	0.906	0.616	0.904
	Efficacy2	0.914	0.063	14.529	***	0.814	0.663			
	Efficacy3	0.899	0.074	12.093	***	0.720	0.518			
	Efficacy4	0.868	0.067	12.916	***	0.753	0.567			
	Efficacy5	0.796	0.063	12.708	***	0.745	0.555			
	Efficacy6	1.050	0.072	14.478	***	0.812	0.659			

表 2-2 结构效度分析

模型	组合方式	CMIN	DF	CMIN/DF	GFI	AGFI	CFI	TLI	RMSEA
单因子	SL+DL+OA+EF	563.052	152	3.704	0.768	0.710	0.878	0.862	0.112
二因子	SL+DL+OA：EF	538.995	151	3.570	0.777	0.719	0.884	0.869	0.109
三因子	SL+DL：OA：EF	486.821	149	3.267	0.792	0.734	0.899	0.884	0.102
四因子	SL：DL：OA：EF	398.086	146	2.727	0.838	0.790	0.925	0.912	0.089

注：单因子模型：单环学习（SL）、双环学习（DL）、机会识别能力（OA）、创业自我效能感（EF）合为一因子；二因子模型：SL、DL、OA 合为因子一，EF 为因子二；三因子模型：SL、DL 合为因子一，OA、EF 各为一因子；四因子模型：四个构念各为一因子。

三　实证分析

（一）大学生创业自我效能感现状分析

分析结果显示，创业自我效能感均值为 3.964，表明总体上失败后大学生创业自我效能感较强。单环学习、双环学习、机会识别能力和创业自我效能感中，单环学习得分最高，均值为 4.071。其次是机会识别能力和双环学习，均值分别为 4.039 和 4.032。创业自我效能感在四个自变量中得分最低，均值为 3.964（见表 2-3）。

表 2-3　　大学生创业自我效能感总体特征

	个案数	最小值	最大值	平均值	标准差
单环学习	217	1	5	4.071	0.681
双环学习	217	1	5	4.032	0.619
机会识别能力	217	1	5	4.039	0.685
创业自我效能感	217	1	5	3.964	0.673

（二）主效应检验

在进行自变量对创业自我效能感的总效应检验之前，必须进行结构模型的适配度分析，执行 AMOS 24.0 软件，得到模型的拟合指数：χ^2 = 398.086，df = 146，χ^2/df = 2.727<5.0；其他关键拟合指标 GFI = 0.838，AGFI = 0.790，CFI = 0.838，TLI = 0.912，RMSEA = 0.089，基本符合要求，表明本研究模型具有良好的拟合度。图 2-2 表明，单环学习对创业自我效能感有直接的显著性影响，标准化路径系数分别为 0.23^{*}。因此，假设 H1 成立。双环学习对创业自我效能感影响不显著，标准化路径系数为-0.03，说明假设 H2 不成立。单环学习、双环学习对机会识别能力均有直接的显著性影响，标准化路径系数分别为 0.44^{***}、0.52^{***}，因此，假设 H3、H4 均成立；机会识别能力对创业自我效能感有直接的显著性影响，标准化路径系数为 0.80^{***}，因此，假设 H5 成立。必须检验“机会识别能力”变量和“创业自我效能感”变量是否存在中介效应。

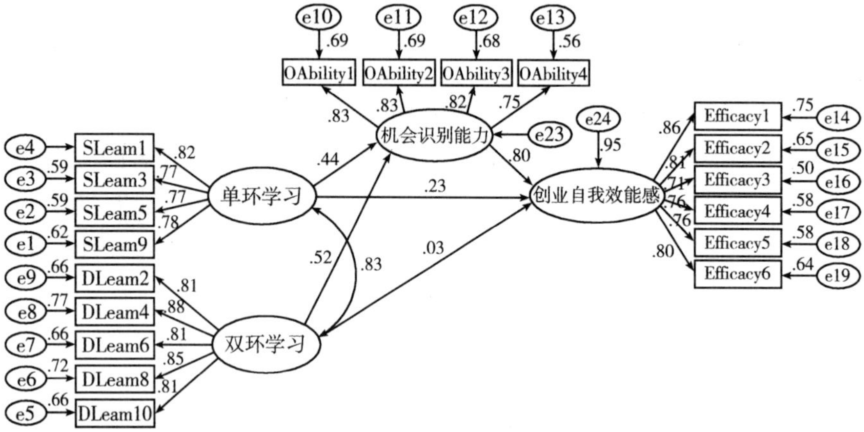

图 2-2 失败学习对大学生创业自我效能感影响模型路径系数

（三）中介效应检验

运用 AMOS24.0 软件，参考 Fritz 和 Mackinnon①、温忠麟和叶宝娟②关于 Bootstrap 置信区间法检验机会识别能力的中介效应。采用 AMOS 软件中的 bootstrap 偏差校正百分位数法（Bias-corrected percentile method）和百分位数法（Percentile method）检验，设置重复抽样 5000 次，计算 95%的置信区间，结果如表 2-4 所示。路径"单环学习→机会识别能力→创业自我效能感"，中介效应的置信区间为［0.164，0.926］（偏差校正百分位数法检验，Bias-corrected percentile）和［0.162，0.906］（百分位数法检验 Percentile），置信区间都不包含 0，因此，判定中介效应显著。路径"双环学习→机会识别能力→创业自我效能感"，中介效应的置信区间为［0.207，0.997］（偏差校正百分位数法检验，Bias-corrected percentile）和［0.205，0.964］（百分位数法检验 Percentile），置信区间都不包含 0，因此，在"双环学习→机会识别能力→创业自我效能感"路径中"机会识别能力"起到了中介作用。同时，经偏差校正百分位数法和百分位数法检验，"单环学习→创业自我效能感"路径和"双环学习→创业自我效能感"路径标准化直接效应的 95%的置信区间包含 0，标准化总效应的 95%的置信区间不包含 0，说明相应路径的直接效应不显著，机会识别能力起完全中介作用。

① Fritz，M. S.，Mackinnon，D. P.，"Required Sample Size to Detect the Mediated Effect"，*Psychol Science*，Vol. 18，No. 3，2007，pp. 233-239.

② 温忠麟、叶宝娟：《中介效应分析：方法和模型发展》，《心理科学进展》2014 年第 5 期。

表 2-4　假设模型中的直接效应、间接效应和总效应

路径关系	点估计值	系数相乘积 Product of Coefficients		Bootstrapping 5000 次，95% CI				
				偏差校正百分位数法（Bias-corrected percentile）		百分位数法（Percentile）		双侧检验（Two-tailed significance）
		标准误 SE	Z 值	下限	上限	下限	上限	
标准化总效果（*Standardized Total Effects*）								
单环学习	0.581	0.103	5.641	0.411	0.812	0.407	0.808	0.000***
双环学习	0.383	0.107	3.579	0.116	0.546	0.140	0.558	0.009**
标准化直接效果（*Standardized Direct Effects*）								
单环学习→创业自我效能感	0.229	0.306	0.748	-0.355	0.556	-0.388	0.550	0.274
双环学习→创业自我效能感	-0.032	0.282	-0.113	-0.486	0.229	-0.574	0.209	0.773
标准化间接效果（*Standardized Indirect Effects*）								
单环学习→机会识别能力→创业自我效能感	0.352	0.279	1.262	0.164	0.926	0.162	0.906	0.002**
双环学习→机会识别能力→创业自我效能感	0.415	0.278	1.493	0.207	0.997	0.205	0.964	0.002**

注：Bootstrap 重复抽样 5000 次。*** 表示 $P<0.001$，** 表示 $P<0.01$，* 表示 $P<0.05$。

四　研究结论

本研究基于经验学习理论，以机会识别能力为中介变量，深入研究失败学习如何通过机会识别能力这个中介变量影响大学生创业自我效能感，为今后创业失败学习和创业自我效能感两个研究领域的研究提供了更多的研究方向和思路，为大学生创业的实践以及如何提升创业自我效能感提供了更多的理论指导。本书研究主要得出以下结论。

首先，失败学习有助于提升大学生创业自我效能感。根据结构方程模型分析结果，单环学习对创业自我效能感正向影响显著，这表明单环学习效果越好，创业自我效能感也相应强烈。根据模型中数据显示，双环学习对创业自我效能感的影响并不显著，但是双环学习较单环学习的学习层次更高，所带来的能力提升也相应更高。在调查过程中发现，很多创业者都十分认同双环学习的学习方式，相比于单环学习对失败直接原因进行探讨，他们认为对创业失败过程整体反思的双环学习更能提升创业效能。纵观以往研究，单环学习与双环学习对创业自我效能感都有一定的影响，尤其是单环学习，单环学习在对创业自我效能感的影响比双环学习更为显著。

其次，失败学习对机会识别能力有显著的正向影响，而机会识别能力对创业自我效能感也有显著正向影响。创业失败学习的效果越好，机会识别能力越强。单环学习将视线集中于造成失败的直接原因加以分析，进而解决当前行为与结果之间的现状问题，而双环学习是聚焦于造成失败的根本原因，进行完整创业过程的更深层次反思，进而谋求对根本问题的解决方法。类似的研究也发现，失败后创业者采取双环学习不仅有利于获取机会识别知识，而且有利于将所获取的信息加以创新运用，提高创业效率①。因此，双环学习的学习效果更加显著，所提高的机会识别能力的效果更好，是创业失败学习的核心。同时也能够表明创业失败学习是提高机会识别能力的重要途径，从而走出失败的阴影，提高创业自我效能感。

最后，机会识别能力在失败学习对创业自我效能感影响中起完全中

① 郝喜玲、朱兆珍、刘依冉：《失败情境下创业学习、创业知识与再创业绩效关系研究》，《科技进步与对策》2019 年第 16 期。

介作用。这表明失败学习对创业自我效能感的提升程度取决于机会识别能力的高低。也就是说，通过单环学习和双环学习可以提升机会识别能力，并进一步影响创业自我效能感，最终推动创业者更好地开展后续创业活动。

第三节 创业失败学习、创业能力对连续创业绩效的作用机制

创业失败的可能在于创业环境的高度不确定性和创业活动的高风险性。如何适应不断变化的环境，应对创业风险，提高创业成功率是创业者们亟须解决的问题，也是影响我国经济持续健康发展的一个重要因素。目前，大部分学者都集中于创业成功的研究而忽视了对创业失败的研究。创业失败虽然给创业主体造成了精神上和物质上的损失，但同时也使创业者在失败中获得了一次有价值的学习机会。怎样从失败中进行有效益的学习是提高创业能力及连续创业绩效的重要因素，是创业失败领域研究的重中之重。

以往学者对创业失败的界定多从财务和法律层面进行。然而，创业失败的界定既需要有客观的财务、法律指标标准，也需要有主观的心理感受指标标准。因此，本研究认为创业失败是指创业绩效持续走低而陷入发展困境，同时创业者自身受挫感明显。经历失败是学习的必要条件①。要想从创业失败学习中有所收获，必须先明白从失败中学习是创业经历中的一个过程而不是终点。随着研究的进一步深入，学者们分别从学习方式、学习内容等与创业失败的关系展开了研究，但相关研究多数是进行现象描述或构建概念模型②，实证研究相对较少，对于失败学习对后续绩效的影响机制（中介变量）的研究则更少③。本研究从连续创业的视角出发，引入创业能力这一中介变量，完善失败学习对连续创业绩效的作用机制。在此

① Sitkin, S. B., Pablo, A. L., "Reconceptualizing the Determinants of Risk behavior", *Academy of Management Review*, Vol. 17, No. 1, 1992, pp. 9-38.

② 郝喜玲、张玉利、刘依冉：《创业失败学习对新企业绩效的作用机制研究》，《科研管理》2017 年第 10 期。

③ 陈阳阳、姚梅芳：《创业失败与后续绩效：一个研究综述》，《税务与经济》2018 年第 2 期。

基础上尝试回答，进行失败学习是否有利于提高后续创业绩效、采取不同的学习方式是否会对连续创业绩效的不同维度产生差异性的影响、采取不同的学习方式是否会对不同的创业能力产生差异性的影响、不同的创业能力是否会对连续创业绩效的不同维度产生差异性的影响以及创业能力在创业失败学习和连续创业绩效之间是否具有显著的中介作用等一系列问题。本研究的研究成果不仅丰富了创业失败情境下失败学习对连续创业绩效影响的理论研究，同时可以使创业失败者明白通过失败学习可以提高相应的创业能力，进而提升连续创业绩效。以此激励创业失败者进行再创业，进而推动我国“三创”事业的进一步发展。

一 理论综述与假设提出

（一）创业失败学习与连续创业绩效

创业企业绩效是量度创业企业目标达成程度的重要指标。它是一个多维度的组合概念，有利于全面衡量企业各方面的成长情况①。纵观以往学者对创业绩效的研究，采取的测量维度各不相同。Venkataraman 和 Ramanujam（1986）认为必须从财务、组织、运营三个因素来衡量企业绩效②。Covin 和 Slevin（1991）认为获利性和成长性是衡量企业创业绩效的两个重要指标③。Chrisman 和 Bauerschmidt（1998）在创业绩效的研究中指出，企业应重视生存绩效和成长绩效④。曹之然等人（2011）将创业绩效分为生存、成长、声誉三个维度，并对实证分析进行了验证⑤。对于新创企业，要先确保自身能够生存，其次就是成长，从这两个维度进行创业

① Lumpkin, G. T., Dess, G. G., “Clarifying the Entrepreneurial Orientation Construct and Linking it to Performance”, *Academy of Management Review*, Vol. 21, No. 1, 1996, pp. 135–172.

② Venkatraman, N., Ramanujam, V., “Measurement of Business Performance in Strategy Research: A Comparison of Approaches”, *Academy of Management Review*, Vol. 11, No. 4, 1986, pp. 801–814.

③ Covin, J. G., Slevin, D. P., “A Conceptual Model of Entrepreneurship As Firm Behavior”, *Entrepreneurship Theory and Practice*, Vol. 16, No. 1, 1991, pp. 7–26.

④ Chrisman, J. J., Bauerschmidt, A., Hofer, C. W., “The Determinants of New Venture Performance: An Extended Model”, *Entrepreneurship Theory and Practice*, Vol. 23, No. 1, 1998, pp. 5–29.

⑤ 曹之然、曹娜娜：《创业绩效结构模型：基于创业绩效测量理论的修正》，《商业研究》2011 年第 2 期。

绩效评价得到了诸多学者的认同，本研究也从这两个维度出发对连续创业绩效进行研究。

较早的研究认为失败是一件会对人造成负面影响的事，但通过近些年的研究发现了失败的价值，它有利于开发创业者的潜力，提升创业者的水平。个体和组织通过从失败中学习可以提升成功的机会①。失败学习是自我价值重建的过程。创业失败能激发创业者进行失败学习，促使创业者们反思之前的行为和决策②。对于失败学习的内容，学者们的观点各不相同。Mueller 和 Shepherd（2014）研究发现失败学习的主要内容就是如何识别和把握新机会③。Schutjens 和 Stam（2013）认为失败学习的内容包括内部知识学习和外部知识学习，内部知识即从自身的创业经历中获得的一些体验；而外部知识包括机会识别和创业警觉性两个方面④。Cope（2011）基于创业失败背景的实证研究发现创业失败学习的内容包括企业管理知识的学习、商业学习、自我学习、网络学习⑤。

本研究的研究背景是创业失败，从失败中进行创业学习不仅是学习适应环境变化，也学习如何获取新的知识以及培养新的能力。创业学习有利于提升创业者自我价值，使其在创业过程中可以不断获得成就感和满足感⑥。Minniti 和 Bygrave（2001）认为创业者通过从失败中学习，不仅可以不断地更新自身的创业知识，也可以对自己的创业策略进行完善，进而

① Mc Kenzie, B., Sud, M., "A Hermeneutical Approach to Understanding Entrepreneurial Failure", *Academy of Entrepreneurship Journal*, Vol. 14, No. 2, 2008, pp. 123-148.

② Shepherd, D. A., Haynie, J. M., "Venture Failure, Stigma, and Impression Management: A Self-verification, Self-determination View", *Strategic Entrepreneurship Journal*, Vol. 5, No. 2, 2011, pp. 178-197.

③ Mueller, B. A., Shepherd, D. A., "Making the Most of Failure Experiences: Exploring the Relationship Between Business Failure and the Identification of Business Opportunities", *Entrepreneurship Theory and Practice*, Vol. 40, No. 3, 2016, pp. 457-487.

④ Schutjens, V., Stam, E., "Starting a New: Entrepreneurial Intentions and Realizations Subsequent to Business Closure", ERIM Report Series Reference No., ERS-2006-015-ORG, 2006.

⑤ Cope, J., Entrepreneurial Learning from Failure: An Interpretative Phenomenological Analysis, Journal of Business Venturing, Vol. 26, No. 6, 2011, pp. 604-623.

⑥ Rae, D., Carswell, M., "Towards a Conceptual Understand - ing of Entrepreneurial Learning", *Journal of SmallBusiness and Enterprise Development*, Vol. 8, No. 3, 2006, pp. 50-158.

提高再创企业绩效[①]。Spice（2006）研究得出通过失败学习获得的新知识和能力可有效提高企业绩效[②]。于晓宇等（2013）认为失败学习有利于促进创业绩效的提升。由此可见，进行创业失败学习，有利于提高企业的连续创业绩效[③]。为此，本研究提出如下假设：

H1：创业失败学习与连续创业绩效显著正相关。

创业失败后采取怎样的学习方式一直是理论界和实践界都十分关注的课题。已有研究指出不同的学习方式会使学习内容不同，同时也会使学习效果差异化。纵观以往学者对失败学习的研究主要基于以下 3 种视角：以组织学习理论为研究视角（将失败学习看作知识获取和信息加工过程）、以认知理论为研究视角（失败学习不仅可以对自身失败经历进行认知，也可以对其他企业的失败经历进行认知）、以情境学习理论为研究视角（失败学习是一个社会性活动，需与外界保持互动）。本研究以组织学习理论为研究视角，将创业失败学习分为单环学习和双环学习两个维度。从信息获取方式来看，单环学习是指创业者创业失败后在已有价值系统内收集与失败相关的信息，而双环学习更倾向于关注未来成长方面的信息，使创业者在看似无关的事件中发现其中的联系。单环学习和双环学习都属于失败学习，因此二者均能在一定程度上有效提高企业绩效。但由于双环学习对创业者收集、加工和处理信息的方式以及信息的质量都提出了比单环学习更高的要求，多数创业者无法达到这样的要求[④]。另外，由于市场环境的不断变化，创业者对未来信息很难正确把握，容易产生错误判断，进而在一定程度上影响创业绩效。因此，在这种情况下，单环学习对创业绩效的影响会优于双环学习。综上，本研究对创业失败学习和连续创业绩效不同维度间的相互关系提出相应假设，具体如下：

H1a：单环学习与连续创业生存绩效显著正相关。

---

① Minniti, M., Bygrave, W., "A Dynamic Model of Entrepreneurial Learning", *Entrepreneurship Theory and Practice*, Vol. 25, No. 3, 2001, pp. 5-16.

② Spice, D. P., Sadler-Smith, E., "Organizational Learning in Smaller Manufacturing Firms", *Small Business Journal*, Vol. 24, No. 2, 2006, pp. 133-158.

③ 于晓宇、蔡莉：《失败学习行为、战略决策与创业企业创新绩效》，《管理科学学报》2013 年第 12 期。

④ 郝喜玲、朱兆珍、刘依冉：《失败情境下创业学习、创业知识与再创业绩效关系研究》，《科技进步与对策》2019 年第 16 期。

H1b：双环学习与连续创业生存绩效显著正相关。

H1c：单环学习与连续创业成长绩效显著正相关。

H1d：双环学习与连续创业成长绩效显著正相关。

H1e：单环学习比双环学习对连续创业生存和成长绩效产生更为显著的正向影响。

（二）创业失败学习与创业能力

学术界大致是从个体层面和组织层面来定义创业能力。个体层面上，创业能力是创业者的一种个人特质，是创业者顺利完成其所承担工作的总能力[①]。组织层面上，创业能力是公司内部运营产生的。新创企业应当具备正确识别并利用机会，对其进行完整的开发促使企业获得成功的能力[②]。对于创业能力的测量，学者们的观点各不相同。Chen 等人（1998）认为，创业能力可划分为五个维度：市场、管理、风险承受能力、财务控制和创新[③]。唐靖等人（2008）将以往学者的研究进行综合，将创业能力分为一阶维度和二阶维度。一阶维度包括两个：机会能力和运营管理能力，二阶维度是在一阶维度的基础上衍生而来[④]。本研究综合以往学者的研究，认为机会识别和资源整合是创业者必须具备的两种能力，因此将创业能力划分为机会识别能力和资源整合能力两个维度。机会识别能力是指创业者识别并能够利用机会的能力。资源整合能力是指新创企业拥有的能够有效识别、获取和运用企业内外部资源，从而整合出新资源以解决新问题或发现新机会的能力。

创业者并不是天生就能具备创业能力，这种能力是后天持续不断地

---

① Man, T. W. Y., Lau, T. & Chan, K. F., "The Competitiveness of Small and Medium Enterprises: A Conceptualization with Focus on Entrepreneurial Competencies", Journal of Business Venturing, Vol. 17, No. 2, 2002, pp. 123-142.

② Timmons, J. A., Spinelli, S., Tan, Y., *New Venture Creation: Entrepreneurship for the 21st Century*, New York: McGraw-Hill/Irwin, 2004.

③ Chen, C. C., Greene, P. G., Crick, A., "Does Entrepreneurial Self-efficacy Distinguish Entrepreneurs from Managers?", *Journal of Business Venturing*, Vol. 13, No. 4, 1998, pp. 295-316.

④ 唐靖、姜彦福：《创业能力概念的理论构建及实证检验》，《科学学与科学技术管理》2008 年第 8 期。

学习所获得的[①]。创业者的观察、交流、实验、反思等学习行为均会提升相关创业能力，比如机会能力、战略能力、技术能力[②]。失败具有一项特殊的功能，它可以揭示个体能力方面的不足之处，从而促使失败者主动寻找与成功者之间的差距并对创业过程中所经历的关键挫折等进行自我学习，进而构建应对失败的心理资本，转变心智模式，发展创业所需具备的能力。蔡莉等[③]（2012）通过研究证实创业失败学习是创业者对先前失败经历的一种反思和总结，对于提升创业者在后续创业中的机会识别能力和资源整合能力具有重要作用。单环学习与双环学习均属于创业失败学习，二者均能在一定程度上提升创业能力，但二者对创业能力的影响还是有一定区别的。双环学习对于信息的获取和信息的整合的要求都高于单环学习，组织学习理论甚至认为双环学习就是单环学习的学习[④]。从这个角度出发，只要创业者能够正确进行双环学习，其机会识别能力和资源整合能力的提升程度均会高于单环学习。因此，本研究提出如下假设：

H2：创业失败学习与创业能力显著正相关。

H2a：单环学习和与机会识别能力显著正相关。

H2b：双环学习和与机会识别能力显著正相关。

H2c：单环学习与资源整合能力显著正相关。

H2d：双环学习与资源整合能力显著正相关。

H2e：双环学习比单环学习对机会识别能力和资源整合能力产生更为显著的正向影响。

（三）创业能力与连续创业绩效

创业能力和创业绩效的关系研究是创业研究当中非常重要的一个方

---

① Rasmussen, E., Mosey, S., Wright, M., "The Evolution of Entrepreneurial Competencies: A Longitudinal Study of University Spin-off Venture Emergence", *Journal of Management Studies*, Vol. 48, No. 6, 2011, pp. 1314-1345.

② Mulder, M., Lans, T., Verstegen, J., "Competence Development of Entrepreneurs in Innovative Horticulture", *Journal of Workplace Learning*, Vol. 19, No. 1, 2007, pp. 32-44.

③ 蔡莉、单标安、汤淑琴等：《创业学习研究回顾与整合框架构建》，《外国经济与管理》2012 年第 5 期。

④ Reuber, A. R., Dyke, L. S., Fischer, E. M., "Experientially Acquired Knowledge and Entrepreneurial Venture Success", *Academy of Management Annual Meeting Proceedings*, Vol. 90, No. 1, 1990, pp. 69-73.

面。学术界对于创业能力与创业绩效二者关系的研究相对成熟。Chandle 和 Hanks（1994）研究认为企业家的管理能力能够直接影响企业市场占有率和利润，促使二者有效提升①。创业能力是新创企业在细分市场中占有领先地位的关键因素，有较强创业能力的企业对不断变化的市场适应较快，从而可以从新机遇中获益，最终实现企业价值最大化。高伟凯和王荣②（2005）在研究中将企业管理者股权激励作为调节变量，认为只有给予企业管理者足够的股权激励，企业管理者的创业能力才能对企业绩效产生较大的影响。以往学者的大量实证研究证明创业能力对企业创业绩效存在正向影响，同时创业能力的各维度与创业绩效也存在着相关关系。Shane 和 Venkataraman（2000）指出，创业机会的识别对企业创造的价值具有决定性作用，从而对提升企业绩效具有重大影响③。Brown 和 Eisenhardt（1997）研究发现，公司对内部资源进行整合有利于其内部资源最大限度地发挥效益，有利于提升新产品的性能，进而促进公司发展④。由此可见，无论机会识别能力还是资源整合能力，均能对创业绩效产生正向影响。机会识别能力使得创业者能比竞争对手更早地发现商机，从而更快占领市场，取得创业绩效；资源整合能力决定了创业者对有效资源的利用效益，进而提高创业绩效。但两种能力对不同的创业绩效的影响是有区别的。商业机会的识别主要发生在企业生命周期的早期阶段⑤，而企业早期阶段的主要目标就是确保自身能够在市场中生存下去，所以对于生存绩效的影响，机会识别能力要高于资源整合能力。随着企业的进一步发展，越来越多的信息和资源被识别，此时就更需要对这些信息和资源进行有效整合，从而促进企业的成长，因

① Chandler, G. N., Hanks, S. H., "Market Attractiveness, Resource - based Capabilities, Venture Strategies and Venture Performance", *Journal of Business Venturing*, Vol. 9, No. 4, 1994, pp. 331-349.

② 高伟凯、王荣：《企业家能力与企业绩效》，《现代经济探讨》2005 年第 10 期。

③ Shane, S., Venkataraman, S., "The Promise of Entrepreneurship as Afield of Research", *Academy of Management Review*, Vol. 25, No. 1, 2000, pp. 217-226.

④ Brown, S. L., Eisenhardt, K. M., "The art of Continuous Change: Lingking Complexity Theory and Time-spaced Evolution in Relentlessly Shifting Organizations", *Administrative Science Quarterly*, Vol. 42, No. 2, 1997, pp. 1-34.

⑤ Venkataraman, S., "The Distinctive Domain of Entrepreneurship Research", *Advances in Entrepreneurship*, Firm Emergence and Growth, Vol. 3, No. 1, 1997, pp. 119-138.

此，对于成长绩效的影响，资源整合能力要高于机会识别能力。综上，本研究提出如下假设：

H3：创业能力与连续创业绩效显著正相关。

H3a：机会识别能力与连续创业生存绩效显著正相关。

H3b：资源整合能力与连续创业生存绩效显著正相关。

H3c：机会识别能力与连续创业成长绩效显著正相关。

H3d：资源整合能力与连续创业成长绩效显著正相关。

H3e：机会识别能力对连续创业生存绩效的正向影响更为显著，资源整合能力对连续创业成长绩效的正向影响更为显著。

（四）创业失败学习、创业能力与连续创业绩效

大量研究发现创业失败学习除了直接作用于创业绩效外，还可以间接影响创业绩效。同时有学者通过研究指出有学习经验的创业者不一定都会成功，进行相同创业学习的企业，创业绩效也各不相同，其中原因在于中介效应的存在对创业绩效产生影响[①]。在创业失败学习与创业绩效之间起中介作用的因素中，创业能力显得较为显著。企业在失败中吸取经验和教训，对失败经历进行学习，提升自身的创业能力，进而实现创业绩效的提升。Chandler 和 Jansen（1992）研究发现，创业者个体学习对新创企业绩效产生正向作用，但失败学习所获得的有关知识和信息需要通过创业行为体现，而创业行为是创业能力的外在表现，创业能力的提升直接影响新创企业的成长[②]。Priyanto（2005）研究认为，创业学习之所以可以直接或间接地影响创业绩效，在于创业者通过学习掌握了一定的创业能力，而创业能力的提高促使企业运营的成功机率得到提升[③]。欧绍华等（2018）通过实证研究得出，创业者在先前失败经验中学习到的知识可以有效培养并提升其创业能力，进而促进企业绩效的提升[④]。本研究在对以往文献回顾

---

① 谢雅萍、黄美娇：《创业学习、创业能力与创业绩效——社会网络研究视角》，《经济经纬》2016 年第 1 期。

② Chandler，G. N.，Jansen，E.，"The Founder'S Self-assessed Competence and Venture Performance"，*Journal of Business Venturing*，Vol. 7，No. 3，1992，pp. 223-236.

③ Priyanto，S. H.，" Relationship Between Entrepreneurial Learning，Entrepreneurial Competencies and Venture Success：Empirical study on SMEs"，*International Journal of Entrepreneurship & Innovation Management*，Vol. 6，No. 5，2005，pp. 454-468.

④ 欧绍华、张志伟：《创业失败学习对再创业绩效的影响研究》，《河南牧业经济学院学报》2018 年第 1 期。

和总结的基础上提出如下假设：

H4：创业能力在创业失败学习与连续创业绩效关系中起中介作用。

根据上述理论分析与研究假设，本研究构建如图 2-3 所示的研究框架。

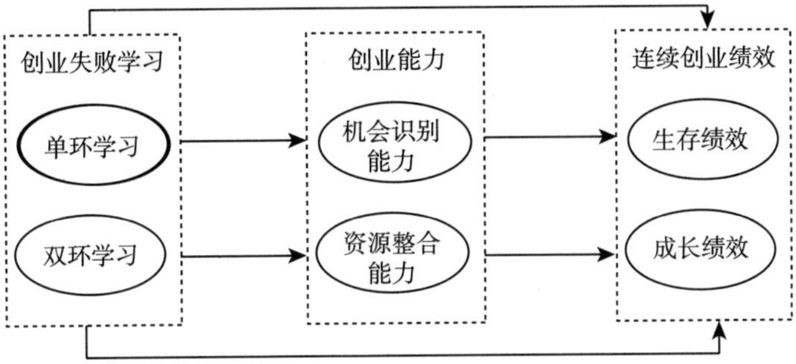

图 2-3　本研究研究框架

二　数据收集与变量测量

（一）数据收集

本研究采用发放问卷的方法收集数据。调研对象为有过学术创业失败经历的创业者，回答的相关问题依据的是其最近一次创业失败情况。问卷主要通过线上进行发放，最终得到 330 份有效问卷。在有效问卷中，被调研者男性居多，占比 55.2%；被调研者年龄多集中于 30—35 岁，占比 31.52%；被调研者的受教育程度多为本科，占比 58.18%。

（二）变量测量

创业失败学习并没有可以直接使用的测量量表，同时国内外学者将创业失败学习分成不同的维度进行研究。本研究主要借鉴 Wong 和 Cheung 的研究，对其基于组织情境下失败学习的测量量表进行适度修改①。修改后的量表主要分为单环学习和双环学习两个维度，共 8 个题项。单环学习的题项包括如“我会在已有的目标和行为规范框架下寻找合适的管理方法”；双环学习的题项包括如“我通过评估现状后采取合

① Wong, C. Y., Hsieh, Y. C., Wu, C. Y., et al., “Academic Entrepreneurship for Social Innovation in Taiwan: The Cases of the Ourcitylove Platform and the Forest App”, *Science, Technology and Society*, Vol. 24, No. 3, 2019, pp. 446-464.

适的管理方法”。

由于研究主体的不同，创业能力分为企业的创业能力与创业者的创业能力两种。本研究主要研究的是创业者的创业能力，具体是指创业者对已掌握的和可获得的机会进行识别并对资源进行充分整合，从而为创业活动提供持续不断的动力。因此，本研究借鉴 Detienne 和 Chandler（2004）① 与 Teece（2014）② 等学者的研究，从机会识别能力和资源整合能力两个维度设计测量量表，共包括 8 题。机会识别能力包括如“我能够与潜在投资者建立并维持良好的关系”；资源整合能力包括“能通过对同类资源的合理配置和有机融合获得竞争优势”。

连续创业绩效是反映企业经营效益的一个重要的衡量指标，国内外学者对于创业绩效的测量已比较成熟，包括财务指标和非财务指标、绝对指标和相对指标、主观指标和客观指标等。本研究在 Chrisman 和 Bauerschmidt（1998）③、陶劲松（2010）④ 等学者的研究基础上，分生存绩效和成长绩效两个维度设计量表，共 5 题。生存绩效包括如“与同行业同类企业（创业项目）相比，您的企业（或创业项目）净收益率”；成长绩效包括如“与同行业同类企业（创业项目）相比，您的企业（或创业项目）的市场份额增长速度”。

控制变量主要从个人和企业两个层面进行选择。个人层面包括性别、年龄、学历；企业层面包括企业位置、最近这次创业失败的企业经营时间。

---

① D. R., Chandler, G. N., “Opportunity Identification and Its Role in the Entrepreneurial Classroom: A Pedagogical Approach and Empirical Test”, *Academy of Management Learning & Education*, Vol. 3, No. 3, 2004, pp. 242-257.

② Teece, D. J., “A Dynamic Capabilitiesbased Entrepreneurial Theory of the Multinational Enterprise”, *Journal of International Business Studies*, Vol. 45, No. 1, 2014, pp. 8-37.

③ Chrisman, J. J., Bauerschmidt, A., Hofer, C. W., “The determinants of new venture performance: An extended model”, *Entrepreneurship Theory and Practice*, Vol. 23, No. 1, 1998, pp. 23-48.

④ 许小东、陶劲松：《新创企业中创业者创业压力、创业承诺与创业绩效的关系研究》，《中国管理现代化研究会．第五届（2010）中国管理学年会——组织行为与人力资源管理分会场论文集》2010 年 10 月。

三　实证分析

（一）变量的信度与效度分析

本研究运用 SPSS21.0 对有效问卷数据进行信度和效度检验以确保问卷的可靠性和一致性。结果显示（见表 2-5），各变量的 Cronbach's Alpha 系数均在 0.8 以上，说明数据的可信度较高。另外，由表 2-5 可见各变量的 KMO 值均在 0.8 以上且达到显著水平，初步说明量表具有较好的效度。同时各变量 AVE 值除了单环学习略低于 0.5，其余都高于 0.5；CR 值均高于 0.7。综合上述分析结果，说明本研究所用量表具有较好的效度。

表 2-5　各变量信度与效度检验结果

变量		Cronbach's Alpha		项数	KMO	sig	AVE	CR
失败学习	单环学习	0.837	0.730	4	0.868	0.000	0.481	0.785
	双环学习		0.775	4			0.523	0.813
创业能力	机会识别能力	0.875	0.773	4	0.907	0.000	0.510	0.806
	资源整合能力		0.835	4			0.576	0.844
创业绩效	生存绩效	0.894	0.839	2	0.851	0.000	0.721	0.838
	成长绩效		0.852	3			0.627	0.834

（二）描述性统计与相关性分析

本研究对各主要变量进行了描述性统计和相关性分析，具体结果见表 2-6。失败学习的两个维度（单环学习、双环学习）与连续创业绩效的两个维度（生存绩效、成长绩效）均显著正相关，与创业能力的两个维度（机会识别能力、资源整合能力）均显著正相关。同时，创业能力的两个维度与连续创业绩效的两个维度也均显著正相关。

表 2-6　主要变量的描述性统计和相关性分析

变量	均值	标准差	1	2	3	4	5	6
单环学习	3.955	0.656	1					
双环学习	4.105	0.637	0.629**	1				
机会识别能力	3.966	0.671	0.524**	0.640**	1			
资源整合能力	4.021	0.672	0.586**	0.667**	0.695**	1		
生存绩效	3.359	0.850	0.389**	0.342**	0.460**	0.443**	1	
成长绩效	3.379	0.850	0.327**	0.258**	0.399**	0.411**	0.733**	1

注：** 表示 1%的显著性水平。

（三）假设检验

1. 创业失败学习与连续创业绩效

创业失败学习对连续创业绩效影响的回归分析结果见表 2-7。由模型 1、模型 2 可知，单环学习、双环学习对连续创业生存绩效影响的标准化回归系数分别为 0.377（$P<0.01$）、0.339（$P<0.01$），说明单环学习、双环学习与连续创业生存绩效显著正相关，假设 H1a、H1b 得到验证。模型 5、模型 6 显示的是单环学习、双环学习对连续创业成长绩效影响的标准化回归系数，分别为 0.319（$P<0.01$）、0.263（$P<0.01$），说明单环学习、双环学习与连续创业成长绩效显著正相关，假设 H1c、H1d 得到验证。再看表 2-7，比较单环学习、双环学习对连续创业生存绩效和成长绩效影响的回归系数，可以发现单环学习对连续创业生存绩效、成长绩效的回归系数均大于双环学习，说明单环学习对连续创业生存绩效、成长绩效的正向影响更为显著，假设 H1e 得到验证。从模型 9 可以看出，创业失败学习对连续创业绩效影响的标准化回归系数为 0.383（$P<0.01$），说明创业失败学习与连续创业绩效呈显著正相关关系，假设 H1 得到验证。

2. 创业失败学习与创业能力

创业失败学习对创业能力影响的回归分析结果见表 2-8。模型 12、模型 13 分别显示的是单环学习、双环学习对机会识别能力影响的回归分析结果，两者的标准化回归系数分别为 0.531（$P<0.01$）、0.640（$P<0.01$），说明单环学习、双环学习与机会识别能力均显著正相关，假设 H2a、H2b 得到验证。模型 14、模型 15 分别显示的是单环学习、双环学习对资源整合能力影响的回归分析结果，二者的标准化回归系数分别为 0.589（$P<0.01$）、0.663（$P<0.01$），说明单环学习、双环学习与资源整合能力均显著正相关，假设 H2c、H2d 得到验证。再看表 2-8，比较单环学习、双环学习对机会识别能力和资源整合能力影响的回归系数，可以发现双环学习对机会识别能力、资源整合能力的正向影响更为显著，假设 H2e 得到验证。模型 16 显示的是创业失败学习对创业能力影响的回归分析结果，两者的标准化回归系数为 0.729（$P<0.01$），说明创业失败学习与创业能力呈显著正相关关系，假设 H2 得到验证。

3. 创业能力与连续创业绩效

创业能力对连续创业绩效影响的回归分析结果如表 2-7 所示。由模型 3、模型 4 可见，机会识别能力、资源整合能力对连续创业生存绩效影响的标准化回归系数分别为 0. 456（P<0. 01）、0. 433（P<0. 01），说明机会识别能力、资源整合能力与连续创业生存绩效均显著正相关，假设 H3a、H3b 得到验证。由模型 7、模型 8 可见，机会识别能力、资源整合能力对连续创业成长绩效影响的标准化回归系数分别为 0. 399（P<0. 01）、0. 411（P<0. 01），说明机会识别能力、资源整合能力与连续创业成长绩效均显著正相关，假设 H3c、H3d 得到验证。再看表 2-7，比较机会识别能力、资源整合能力与连续创业生存绩效和成长绩效的回归系数，可以发现机会识别能力对连续创业生存绩效影响的回归系数要大于资源整合能力，资源整合能力对连续创业成长绩效影响的回归系数要大于机会识别能力，假设 H3e 得到验证。从模型 10 可以看出，创业能力对连续创业绩效影响的标准化回归系数为 0. 497（P<0. 01），说明创业能力与连续创业绩效显著正相关，假设 H3 得到验证。

4. 创业失败学习、创业能力与连续创业绩效

从表 2-7 中的模型 9 可知，创业失败学习与连续创业绩效显著正相关。但在模型 11 中加入创业能力这一中介变量后，创业失败学习对连续创业绩效影响的标准回归系数由 0. 383 下降为 0. 046 且显著性水平明显下降，由在 0. 01 水平下显著相关变为不显著，由此可以说明创业能力在创业失败学习与连续创业绩效关系中起中介作用，假设 H4 得到验证。

四　研究结论与展望

（一）研究结论

本研究从连续创业的角度出发，研究创业失败学习对连续创业绩效的影响并引入创业能力这一中介变量。实证结果表明创业失败学习对连续创业绩效具有显著的正向影响，创业能力在创业失败学习和连续创业绩效之间具有中介效用。同时，本研究将创业失败学习、创业能力、连续创业绩效分别划分为不同的维度并分析各维度之间的关系差异。根据相关理论以及以往学者的分析结果，将失败学习分为单环学习和双环学习、连续创业绩效分为生存绩效和成长绩效、创业能力分为机会识别能力和资源整合能力，问卷的信度和效度较好，假设也都得到了实证分析结果的验证，说明上述划分方式是合理的。最终得出，单环学习对于生存绩效和成长绩效的正向影响要大于双环学习；双环学习对于机会识别能力和资源整合能力的正向影响要大于单环学习；机会识别能力对生存绩效的影响要大于资源整

表 2-7　连续创业绩效的回归模型结果

因变量	生存绩效				成长绩效				创业绩效		
	1	2	3	4	5	6	7	8	9	10	11
控制变量											
性别	-0.123*	-0.164**	-0.136**	-0.120*	-0.115*	-0.150**	-0.125*	-0.108*	-0.147**	-0.124*	-0.125*
年龄	-0.025	-0.038	-0.080	-0.70	-0.012	-0.23	-0.060	-0.053	-0.025	-0.077	-0.072
学历	0.055	0.030	0.038	0.016	-0.31	-0.050	-0.045	-0.068	-0.004	-0.023	-0.022
企业位置	-0.031	-0.021	-0.012	-0.013	-0.149**	-0.140**	-0.133**	-0.134**	-0.095	-0.079	-0.080
企业经营时间	0.003	-0.018	-0.010	-0.012	-0.065	-0.083	-0.076	-0.078	-0.045	-0.048	-0.048
自变量											
单环学习	0.377**				0.319**						
双环学习		0.339**				0.263**					
失败学习									0.383**		0.046
中介变量											
机会识别能力			0.456**				0.399**				
资源整合能力				0.433**				0.411**			
创业能力										0.497**	0.463**
调整 R^2	0.159	0.132	0.225	0.202	0.129	0.097	0.187	0.194	0.169	0.266	0.264

注：表中均为标准化系数；** 表示 P<0.01，* 表示 P<0.05；N=330。

表 2-8　**创业能力的回归模型结果**

变量		机会识别能力		资源整合能力		创业能力
		12	13	14	15	16
控制变量	性别	-0.003	-0.062	-0.036	-0.101*	-0.047
	年龄	0.109*	0.091*	0.093	0.073	0.103*
	学历	0.036	-0.010	0.090*	0.042	0.040
	企业位置	-0.031	-0.018	-0.031	-0.017	-0.030
	企业经营时间	0.019	-0.015	0.026	-0.011	0.006
自变量	单环学习	0.531**		0.589**		
	双环学习		0.640**		0.663**	
	失败学习					0.729**
	调整 R^2	0.279	0.411	0.358	0.456	0.544

注：表中均为标准化系数；** 表示 P<0.01，* 表示 P<0.05；N=330。

合能力、资源整合能力对成长绩效的影响要大于机会识别能力。根据上述实证分析结果，可以得出如下启示：一是创业者在创业失败后需要进行失败学习，从而提高再创业的绩效；二是创业能力是失败学习和创业绩效间的一个重要中介变量，要注重创业能力的培养和提升；三是虽然先前研究认为创业者失败后会倾向于选择双环学习的方式来获取创业知识，但由于双环学习对于信息的收集、处理方式以及信息的质量都提出了比单环学习更高的要求，多数创业者很难掌握这种学习方式。同时，加上市场环境的不断变化，创业者容易对未来的发展产生错误判断，就会一定程度上影响创业绩效。所以，创业者需根据自身情况正确选择学习方式；四是创业者在企业创业之初要更加注重提升自身的机会识别能力，从而比竞争对手更早地发现商机，进而更快占领市场，取得创业绩效。随着企业的逐步成长，需提高对资源整合能力的重视，以使已获得的资源发挥更大的效益。

（二）不足与展望

本研究的不足之处：第一，本研究数据收集采用问卷调查方式，这种方式存在同源方法偏差的问题，在一定程度上会影响研究结果。调查对象的范围也需进一步扩大以收集更多类型的创业者样本，同时对不同类型创业者进行比较，进而更好地完善研究成果；第二，创业失败的程度和次数会影响失败学习以及创业绩效①，而本研究忽视了创业失败程度和次数对于失败学习和创业绩效二者关系的影响，后续研究中需重视创业失败程度和次数；第三，本研究只考虑了创业能力这一个中介变量对失败学习与创业绩效关系的影响，而在创业失败学习与创业绩效之间其实存在很多中介变量，如团队创业精神、创业知识等，后续研究中需考虑更多的中介变量以使分析的结果更加全面；第四，不管是创业者本身还是市场环境都是不断变化的，而本研究的调查结果只反映了被调查者某一时点的想法，没有考虑动态性的变化，未来的研究可以对创业者进行动态跟踪调查，以发现其不同时间段的学习方式和内容是否不同以及对后续创业绩效的不同影响。

① 王华锋、李生校、窦军生：《创业失败、失败学习和新创企业绩效》，《科研管理》2017年第4期。

第三章

高校学术创业失败修复过程释意

自20世纪50年代以来，创业型大学在全球范围内日渐崛起，开展创新创业活动促进经济社会发展，学术创业也日益成为研究热点。高失败率已经成为学术创业的“卡脖子”问题，但是基于中国情境的学术创业失败修复机理尚不明晰。有效修复创业失败，能激励失败者再创业，提升后续创业绩效[①][②]，但是，大量研究聚焦创业成功经验而忽视创业失败研究，关于“创业失败修复”这一关键问题的研究更是鲜见。学术创业失败修复、再成功创业是一个复杂的动态过程，本研究的核心问题是“失败—修复—再创业”的内在机理是什么？面对动态变化的内外部环境，创业认知、释意（Sensemaking）等理论为深入研究“学术创业失败修复”这一难题提供了契机。根据释意理论，本研究以学术创业失败者的认知因素为内在脉络，以其感知的环境因素为外在脉络，采用多案例研究方法，分析其“失败—修复—再创业”的过程。

第一节　理论基础与研究设计

创业失败修复研究的理论基础包括创业失败归因、失败情绪修复、创业失败学习等，掌握这些理论的最新研究进展对学术创业失败修复研究具有重要价值。但是，如何从新的视角，汲取新的理论，用于学术创业失败的修复研究成为新的重要课题。

---

① Cardon, M. S., Stevens, C. E., Potter, D. R., "Misfortunes or Mistakes? Cultural Sensemaking of Entrepreneurial Failure", *Journal of Business Venturing*, Vol. 26, No. 1, 2011, pp. 79-92.

② 郝喜玲、张玉利、刘依冉：《创业失败学习对新企业绩效的作用机制研究》，《科研管理》2017年第10期。

一 文献回顾与理论基础

（一）文献综述

创业失败修复研究主要遵循“创业失败归因—情绪修复—失败学习—后续创业意向”的分析路径[①][②]。学术创业失败修复是指创业失败后，创业者通过各种努力，不再受失败事件的困扰，能够继续创业。如果失败后，创业者退出创业活动，则不属于创业失败修复讨论的范畴。

创业失败归因研究。创业失败修复研究始于对创业失败的归因研究，因为客观全面的失败归因，是进行失败修复的前提，并决定着是否愿意开展后续创业。已有研究主要采用内、外部二元归因模式，内因包括自身能力和努力程度、创业者自负、缺乏经验等[③][④]；外因包括运气和任务难度、市场竞争、资金不足、制度缺失等[⑤]。大部分的创业失败者都倾向于归因内部为主或外部为主，过多的内部归因会给创业者带来焦虑、悲伤等负面情绪，使得失败难以修复[⑥]。因此，创业者应在内部和外部归因之间寻求平衡，然而“平衡归因”机制研究很少。

失败情绪修复研究。失败引起的焦虑、沮丧、哀伤的消极负面情绪会诱发创业者将失败事件和情绪放大，而积极正向情绪则有助

① 于晓宇：《创业失败研究评介与未来展望》，《外国经济与管理》2011 年第 9 期。

② 陈阳阳、葛晶、彭建娟、许楠：《创业失败复原过程研究——基于中国情境的多案例探索》，《研究与发展管理》2019 年第 4 期。

③ Zacharakis, A. L., Meyer, G. D., Decastro, J., "Differing Perceptions of New Venture Failure: A Matched Exploratory Study of Venture Capitalists and Entrepreneurs", *Journal of Small Business Management*, Vol. 37, No. 3, 1999, pp. 1-14.

④ Boso, N., Adeleye, I., Donbesuur, F., et al., "Do Entrepreneurs Always Benefit from Business Failure Experience?", *Journal of Business Research*, No. 98, 2019, pp. 370-379.

⑤ Franco, M., Haase, H., "Failure Factors in Small and Medium-sized Enterprises: Qualitative Study from an Attributional Perspective", *International Entrepreneurship and Management Journal*, No. 4, 2010, pp. 503-521.

⑥ Martinko, M. J., Douglas, S. C., Harvey, P., "Attribution Theory in Industrial and Organizational Psychology: A Review", Hodgkinson, G. P., Ford, J. K. *International Review of Industrial and Organizational Psychology*, England: John Wiley & Sons, Ltd., 2006, pp. 127-187.

于创业者在认知上反思失败实践，寻找学习机会，增强后续创业意愿[①]。Shepherd 通过对创业失败的多案例研究，提出了损失导向和恢复导向两种重要的情绪修复策略。损失导向是指创业者能够直面失败，积极采取措施弥补失败损失。恢复导向是指创业者通过转移注意力来抑制负面情绪[②]。情绪修复在创业失败研究中是重要的研究前沿，情绪管理与失败学习以及后续创业的内在机理亟待探究[③]。

创业失败学习。失败学习是指创业失败者通过对失败事件的反思、剖析和学习，进一步获取创业知识和技能，以避免再次失败[④]。学习方式主要包括单环学习、双环学习[⑤]、生成学习等[⑥]。单环学习是指在现有的价值系统以及行动框架内收集失败相关信息，解决问题[⑦]，是一种改良性、维持性学习[⑧]。双环学习是指失败后创业者重新审视创业组织的目标和发展战略，在对既有的心智模式和行动逻辑进行反思的过程中发现问题、解决问题[⑨]，是高水平学习方式。研

① Jenkins, A. S., Wiklund, J., Brundin, E., "Individual Responses to Firm Failure: Appraisals, Grief, and the Influence of Prior Failure Experience", *Journal of Business Venturing*, Vol. 29, No. 1, 2014, pp. 17-33.

② Shepherd, D. A., "Learning from Business Failure: Propositions of Grief Recovery for the Self-employed", *The Academy of Management Review*, Vol. 28, No. 2, 2003, pp. 318-328.

③ Cannon, M. D., Edmondson, A. C., "Confronting Failure: Antecedents and Consequences of Shared Beliefs About Failure in Organizational Work Groups", *Journal of Organizational Behavior*, Vol. 22, No. 2, 2001, pp. 161-177.

④ Zhao, B., "Learning from errors: The Role of Context, Emotion, and Personality", *Journal of Organizational Behavior*, Vol. 32, No. 3, 2011, pp. 435-463.

⑤ Argyris, C. "Theories of Action that Inhibit Individual Learning", *American Psychologist*, Vol. 31, No. 9, 1976, pp. 638-654.

⑥ Politis, D., "The Process of Entrepreneurial Learning: A Conceptual Framework", *Entrepreneurship Theory and Practice*, Vol. 29, No. 4, 2005, pp. 399-424.

⑦ Politis, D., "The Process of Entrepreneurial Learning: A Conceptual Framework", *Entrepreneurship Theory and Practice*, Vol. 29, No. 4, 2005, pp. 399-424.

⑧ Shane, S., Venkataraman, S., "The Promise of Entrepreneurship as Afield of Research", *Academy of Management Review*, Vol. 25, No. 1, 2000, pp. 217-226.

⑨ Argyris, C., Sch, N. D. A., *Organizational Learning: A Theory of Action Research*, MA: Addision-Wesley, 1978.

究者发现双环学习比较单环学习，更有助于再创业绩效提升[①]。生成学习是创业失败者的原有认知结构与从环境中接收的信息相互作用、主动建构知识与意义的生成过程。已有研究主要关注失败学习方式和学习内容，但对于失败后具体的学习过程仍需要更深入的理解。

（二）理论基础

本研究以释意理论为指导思想。20 世纪 60 年代在认知失调理论与民俗方法论的研究中就出现了释意的概念[②]。1995 年，Weick 在专著（*Sensemaking in Organizations*）中正式提出释意理论[③]，被誉为当代管理学界 24 个重要理论构念之一[④]。Weick 认为，释意是指人们“建构未知”的过程，是行动者与其所处环境之间的相互交流所产生的有意义、选择和保留的动态过程[⑤]。该理论主要应对充满复杂、模糊、动态性、压力的情境，通过演绎、推理、推演等方式，最终得出特定结构或意义的过程[⑥][⑦]。而学术创业失败具有“复杂性、动态性和压力的情境”，因此，本研究以学术创业失败修复为研究对象，运用质性研究方法，注重情境性、动态性、差异性，借鉴 Weick[⑧]、Gioia[⑨]、姚飞[⑩]等释意理论的研究框架与识别过程，构建个体“角色认同、内在脉络、外在脉络、诠释的推移、行动和承诺性

① 郝喜玲、朱兆珍、刘依冉：《失败情境下创业学习、创业知识与再创业绩效关系研究》，《科技进步与对策》2019 年第 16 期。

② 苏媛媛、陈涛、王为国：《释意理论在教育政策实施研究中的运用》，《教学与管理》2018 年第 9 期。

③ Weick，K. E.，*Sensemaking in Organizations*，Thousand Oaks，London，New Delhi：Sage Publications，1995.

④ Weick，K. E.，Sutcliffe，K. M.，“Obstfeld D. Organizing and the process of sensemaking”，*Organization Science*，Vol. 16，No. 4，2005，pp. 409-421.

⑤ Weick，K. E.，Sutcliffe，K. M.，“Obstfeld D. Organizing and the process of sensemaking”，*Organization Science*，Vol. 16，No. 4，2005，pp. 409-421.

⑥ 姚飞：《学者向创业者转型过程释意的多案例研究》，《南开管理评论》2013 年第 1 期。

⑦ 刘强、史丽萍、苏屹：《团队质量缺陷管理影响因素识别——基于医学类比隐喻视角的实证分析》，《现代财经（天津财经大学学报）》2015 年第 11 期。

⑧ Weick，K. E.，Sutcliffe，K. M.，“Obstfeld D. Organizing and the process of sensemaking”，*Organization Science*，Vol. 16，No. 4，2005，pp. 409-421.

⑨ Gioia，D. A.，Thomas，J. B. Identity，“Image and Issue Interpretation：sensemaking during strategic Change in Academia”，*Administrative Science Quarter*ly，Vol. 41，No. 5，1996，pp. 370-403.

⑩ 姚飞：《学者向创业者转型过程释意的多案例研究》，《南开管理评论》2013 年第 1 期。

诠释”的分析框架，通过对受访者的独特释意过程的材料的编码与分析，找出若干影响释意的共同要素、一般化运作规则及路径，归纳出学术创业失败修复释意的一般性过程模式，揭示学术创业失败修复释意过程的结构特征，为学术创业失败修复提供理论支持和实践证据。

二 研究设计

（一）研究对象与数据获取

1. 研究对象

选择长期追踪观测、经历失败后再创业的 4 位连续创业者为研究对象。选择标准如下：（1）之前或现在属于大学或科研机构的雇员，或者独立的科研人员，目前正在创业并承担科研任务。（2）经历了创业失败后进行失败修复，接着成功进行了再创业，再创业的企业或项目运作正常。表 3-1 呈现了 4 位研究个案的基本信息。研究个案的姓名以英文代码表示。

表 3-1 研究个案基本情况

代码（性别）	创业失败时间/再创业时间	研究领域/职称	企业或项目所在区域	主要产品或服务
LS（女）	2011/2014 年	景观规划设计 教授	江苏沿海地区	旅游项目设计、规划与施工
FMC（男）	2016/2017 年	大数据技术 兼职教授	广东 深圳	电子数码产品开发与销售，企业孵化
WC（女）	2006/2014 年	自动化 教授	湖南长沙 江西南昌	净水器产品研发与销售
CJN（男）	2015/2017 年	博士 知识产权 副教授	广东 深圳	知识产权管理服务

2. 数据获取

依据“三角证据”的原理，确保研究得出的结论能准确反映事实，本研究通过多种方法收集二手数据和一手数据。通过天眼查、企业官网、企业微信公众号等渠道查询创业者履历，获取企业年报，获取二手数据。一手数据主要通过半结构性访谈和开放式访谈获得。访谈的主题是“企业创建（创业项目）失败到再创业的经历与感受”。采用了现场座谈、面对面单独采访、电话访谈、微信工具访谈，发放问卷等多种形式。在数据呈现方式上，采用扎根理论方法的普遍做法，进行编码分析。

（二）分析框架与步骤

根据释意理论，构建出4位学术创业失败者修复的释意过程分析框架（见图3-1）。在此基础上，进行比较分析，归纳出学术创业失败修复释意的一般性过程模式。其中，①释意来源。释意源自个体的感知，体现为个体的角色认同和释意的脉络。角色认同反映了个体的行为动机愿意接受某一角色规范，或主动发掘和建立某一范畴的独特身份。角色认同情况在相当程度上决定了失败者的释意结果。释意的脉络包括内在和外在脉络。内在脉络主要与创业失败者的认知紧密相关。外在脉络主要指动态的创业环境。需要从内在的创业失败认知和动态的创业环境中探索创业失败者转型的影响要素与作用机制。②诠释推移。是对角色认同、内在和外在脉络的进一步理解，引起对行为和角色的辩解，并导致进一步行动的产生。例如，学术创业失败者面对多重角色，可能进行解释如何进行角色的平衡，引发失败学习转而可能采取再创业行动等。学术创业失败者的诠释推移主要表现为归因平衡和角色平衡两个方面，因为对失败进行归因是诠释推移发生的重要起点，通过归因进一步探寻创业及其失败过程中的角色认同，失败的内在原因和外在原因。而创业失败者如果将失败原因归因于内部为主，可能会给创业者带来焦虑、悲伤等负面情绪，使得失败难以修复，因而在内部和外部归因之间寻求平衡就非常重要。同时，由于学术创业者往往是大学的教师或科研机构的科研人员，具有多重身份。学术创业者对创业过程中多重角色的管理，将影响到学术创业是否能够顺利进行。③释意行动。个体在承诺性诠释之前要进行的个体行为，例如失败反思行为、学习行为、情绪修复自我安慰行为等。④承诺性诠释。创业失败者在采取行

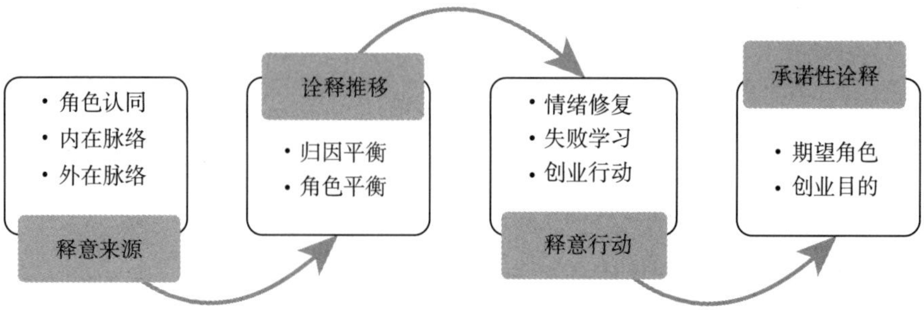

图3-1 学术创业失败修复释意过程的理论模型

动之后，对自己的行动进行辩解并说服他人获得认可。释意理论的运用框架见图 3-1。

第二节　“多重角色平衡”为主修复创业失败的案例

LS 是江苏 A 大学教师，教授，担任旅游管理系主任 3 年，基于自身对景观规划技术的学术研究在首次创业失败后再创建企业。2009—2011 年，个人成立旅游服务公司，主要提供面向大学生的导游服务，后来校外大的旅行社抢占大学生旅游市场，营业额迅速下降，创业失败。2014 年至今，LS 成立旅游规划设计公司，持股 80%，公司业务量呈现良好的增长趋势。从创业失败到再次成功创业的释意过程，如表 3-2 所示。

表 3-2　“多重角色平衡”为主的案例释意过程

分析维度	释意要素	编码	引用语举例
释意来源	角色认同	研究	我会向客户更多地介绍自己的景观规划设计能力。没有研究成果，就难接洽业务
		教学	教书是本职工作，服务社会得到的资料可以充实课堂教学
		行政管理	我担任了三年的系主任，这对洽谈业务，接触外界资源有帮助。公司走上正轨之后，就忙不过来，只好放弃系主任岗位了
		创业	一次创业失败，一次目前正在进行的创业。目前学院领导很支持我创业，尤其是搭建了相关的研究院平台，间接推介了我们公司
释意来源	内在脉络	失败内因	业务经营方面还是比较欠缺。各种工作，自己协调起来有困难
	外在脉络	失败外因	缺乏学校的政策支持，创业的工作量也不能抵充教学工作量。校外旅行社挤占大学生旅游市场，我们营业额迅速下降
诠释推移	失败管理	归因平衡	我们最初认为主要是外部市场竞争激烈原因，后来更加认识到自己的不足
		角色平衡	在外面，更多的时候人家称呼我老师。后来辞掉系主任，有更多精力做好企业管理
失败修复与再创业行动	情绪修复	损失导向	我把剩余的客户转给了我们当地的旅行社。安排好实习的学生
		恢复导向	我把精力又放到了教学和科研工作上

（续表）

分析维度	释意要素	编码	引用语举例
失败修复与再创业行动	失败学习	单环学习	这几年出台的教师创业、横向课题的文件我基本上都认真研究了。利用指导学生社会实践的机会，加强与社会相关企业的接触
		双环学习	我把科研重心放在了景观设计规划的应用上，做了3个横向课题，牵头2个5A级景区的整体规划……积极参加学术会议
	再创业行动	争取政策	学校政策支持教师开展横向课题，创办企业。对横向课题给予到账经费2%的奖励
		机会识别	在和当地2个景区以及地方政府的合作当中发现，景区规划、新农村村落规划建设是个很大的市场
		团队建设	景观规划设计，单独靠我们学院几位教师完成不了项目任务，所以我们组织了校内校外专家团队
		风险防范与利益分配	我们和学院、学校达成了利益分配的制度，在一定程度上，明确了责权利
承诺性诠释	期望的角色	学术型企业家	教书育人的身份不会变，创业也会继续，两者不矛盾
	创建公司目的	培养人才	每年都可以接待学生来实习
		研究商业化	我们现在有一个团队，努力把科研成果转化成经济效益

一　释意过程

（1）释意来源。第一，角色认同。LS的角色认同涉及大学教师、研究者、行政岗管理人员、创业者。LS经历了专注于教书育人的角色到重视研究商业化的角色转变，也经历了科研、教学、行政管理和创业的多重角色的冲突，后来辞掉了系主任，进行了角色平衡。角色平衡的过程主要是对多重角色的合理管理，从而有利于开展学术创业。例如，LS在学术创业的过程中，既要承担教学、科研工作，还担任系主任，“虽然担任系主任，有利于接触社会和获得更多的创业资源”，但“公司走上正轨之后，就忙不过来，只好放弃系主任岗位了”。LS认为失败经历有益于后续的创业。第二，内在脉络。LS认为，失败内在的原因主要是：作为大学教师，对开展学术创业可能遇到的困难预估不足，对企业运营管理不在行。外在脉络，同行业竞争是导致创业失败的直接原因。缺乏学校的政策支持也影响企业运作。当时学校并没有明确的学术创业政策，尤其是对科研人员创业产生的利益分配和存在的风险没有明确的制度规范和制度保障（见表3-2中的例证材料）。

（2）诠释推移。LS进行了失败管理。第一，在内外脉络作用下，LS

经历了一个由失败初期主要归因于外因，逐步过渡到外因与内因平衡的过程，从而既能看到外部市场环境对失败的影响，也能逐步认识到自身在创业方面的不足。第二，对多重角色进行了平衡。例如，系主任的行政管理岗位对创业初期与社会接触起到了一定作用，但到企业正式运作后，LS感到承担繁重的管理工作，很难有时间来从事企业管理，因此辞掉了系主任职位。LS也充分利用大学教师的声誉来赢得社会的信任，力求研究者和创业者角色相互协调，拓展业务。

（3）失败修复与再创业行动。LS通过损失导向的策略，尽量降低企业失败导致的经济损失；也采取了转移注意力等方式的恢复导向策略，聚焦到教学科研工作上一段时间，缓冲和修复情绪。LS还开展了单环学习，认真研读文件，利用好政策；在实践中进行双环学习。LS充分发挥其技术特长，领衔了两个5A级景区的整体规划，1个全市“古八景”旅游项目策划，其个人和团队在“文旅主题创意、景点挖掘、产品规划和景区工程施工”等方面的技术创新能力得到充分展示。随着失败学习的深化，政府旅游管理部门和相关景区来寻求合作的机会越来越多，LS更加认识到自身的技术优势，准备恢复创业行动，于2014年正式注册成立景观规划设计公司。再创业过程中，重视争取政策支持、识别创业机会、开展团队建设、明确风险化解与利益分配机制。例如，争取学校对横向课题给予到账经费2%的奖励（详见表3-2中的例证材料）。

（4）承诺性诠释。访谈中体会到LS在经历过失败后，对自己的角色进行了更加理性的思考。她期望的角色是成为一名学术型企业家，她始终坚持认为自己之所以能创业，能把企业做到一定的规模和比较好的业绩，是因为自己是大学教师，有大学声誉的无形支撑，以及自身的学术研究能力。而她创建公司目的，主要是培养人才，并实现研究成果的商业化。

二 创业失败修复的主要过程

LS开展学术创业已经12年，根据释意过程可以发现，其创业失败修复过程主要如下：①“角色认同与失败归因”的失败修复开始阶段。在逐步接受失败事实的基础上，LS首先进行了失败原因分析和角色认同。②随着诠释推移，进入了失败管理的修复阶段。她进行了失败归因平衡和自身角色的调整与平衡。③随着诠释进入行动阶段，失败修复不断深化。

开展了基于损失导向和恢复导向的情绪修复行动，进行了单环和双环失败学习，并开展了争取政策支持、机会识别、团队建设、风险防范与利益分配制度建设为重点的再创业行动。④形成了“学术型企业家”“培养人才”“研究商业化”的承诺性诠释。其中促进其从失败到失败修复再到创业成功的最显著影响因素是多重角色的平衡。角色平衡的过程主要是 LS 在学术创业过程中，对多重角色引发的时间上、身份上的冲突的化解，以及借助多重身份管理，形成更有利于其创业的局面。LS 经历了教学、研究、创业、行政管理的多重角色，但及时辞掉了行政管理的职务，有利于有更多时间和精力从事创业工作。LS 也通过发挥好大学教师角色的价值——具有良好的社会声誉，以及通过做好研究者的角色——充分发挥技术创新特长，从而在牵头大型景观规划项目中崭露头角，获得商机，因此本研究称为“多重角色平衡”为主的学术创业失败修复案例。

第三节 “失败学习”为主修复创业失败的案例

FMC 是一所大学的商学院兼职教授，从事大数据技术研究与应用，承担过地方政府、行业协会的课题，如《科技成果转化与资本融合的对策研究》《粤港澳大湾区深圳 A 创新中心运行模式研究》等。2013 年在深圳成立地产投资管理有限公司，持股 70%，从事商业地产运营管理。2016 年创业失败。2017 年再次创业，开展产学研合作，在深圳成立科创有限公司，持股 60%，进行数码、电子产品的技术开发、销售和高新技术企业的孵化服务。从创业失败、到创业修复和再次成功创业的释意过程，如表 3-3 所示。

一 释意过程

（一）释意来源

第一，角色认同。FMC 的角色认同涉及创业者、高校兼职教授。FMC 拥有企业总经理、高校特聘教授的头衔。他认为高校特聘教授的称号有利于他与高校、科研机构等开展产学研合作，有利于获得为企业孵化的业务。FMC 能够比较快地接受创业失败的事实。

第二，内在脉络。FMC 认为失败是因为前期市场调研不充分和后期的商业运作模式不成功。

第三，外在脉络。FMC 主要认为整体的商业环境发生了不利的变化，同行竞争激烈，政府支持创业的环境在当时还不够好等原因。值得注意的是，在访谈中发现，FMC 更倾向于将创业失败归因于外部原因，这也可能是他能够比较快地从负面情绪中走出来的原因（见表 3-3 中的例证材料）。

（二）诠释推移

进行了失败归因的平衡。FMC 在对待失败原因上，由最初认为主要是外因引起的，逐渐认识到自身的不足，为后续的创业失败学习奠定了基础。进行了角色的平衡，争取到了大学兼职教授的身份，有利于以更好的身份与大学打交道和企业谈合作，对提升企业形象有作用。

（三）失败修复与再创业行动

情绪修复经历了“比下有余”和获得家人朋友理解支持的经历，是一种情绪修复的恢复导向策略。同时采取了降低公司损失的损失导向恢复策略，而且存在恢复导向策略和损失导向恢复策略交替使用的情况。FMC 进行了创业失败学习，有单环学习和双环学习，先后到清华大学高级工商管理研修班、北京大学投融资高级研修班学习。基于自身的大数据技术专长，发现“科技创业”的商机，建立集人才共享和科技创新创业的共享平台，邀请两位院士加盟，围绕餐余垃圾的处理、污水处理技术、裸眼 3D 技术，建立校企合作实验室，推动科技成果转化。加强团队建设，通过失败学习，研究制定“四链融合”的“线上+线下”商业模式。通过上述行动，于 2017 年 3 月正式注册成立公司，目前运行良好。

（四）承诺性诠释

创建公司是积累财富，但更是实现自己的理想抱负。创新商业模式，实现良好业绩。这与采访中发现 FMC 是技术型创业，并有在商学院学习、重视商业模式创新相一致。

二　创业失败修复的主要过程

FMC 开展学术创业已经 7 年，根据释意过程可以发现，其创业失败修复过程主要如下：①其释意历程源自他创业失败后的角色认同和对创业失败的归因分析，并由此产生了。②创业失败归因平衡和角色平衡的诠释推移，促进创业失败者客观认识自身的不足和外部环境的变化。③及时进行了负面情绪的修复，以及单环和双环方式的失败学习，并开展了以机会识别、资源整合、团队建设、商业模式为重点的再创业行动。其中促进其从失败到失败修复再到创业成功的最显著影响因素是失败学习。FMC 第一次创业领域是地产管理行业，与第二次主要利用自身的技术能力进行创业有所不同，但是首次创业失败的经验，却为其如何识别市场机会、创建企业和进行企业管理积累了重要经验。经验积累的过程更是学习的过程，尤其是双环学习（见表 3-3 中的例证材料），有助于其重新识别了创业机遇，并进行商业模式的创新。FMC 后续创业打造的“四链融合”的“线上+线下”商业模式为再次成功创业奠定了基础，因此本研究称为“失败学习”为主的学术创业失败修复案例。

表 3-3　“失败学习”为主的案例释意过程

分析维度	释意基本要素	编码	引用语举例
释意来源	角色认同	创业	做创业的事情，把我对大数据技术的研究、商业的研究和想法变成现实，不是打工仔
		兼职教授	有机会我愿意多到商学院去讲课。我先后做过行业协会和政府的 3 个咨询研究课题
	内在脉络	失败内因	我当时的一些想法和理念，还是不太切合实际，前期市场调查还不够。商业模式很重要，我们要多研究，还要学习企业内部管理
	外在脉络	失败外因	整体的环境和消费状况都发生了一些变化。行业竞争激烈，不少同类企业倒闭。当时深圳创业环境没有现在的好
诠释推移	失败管理	归因平衡	当初觉得主要是外部环境的变化，市场需求不足造成了企业经营不善。后来，我更加意识到企业内部的问题，如商业模式问题
		角色平衡	与过去创业的朋友交流，也去看看一些企业发展情况，慢慢地我更多地不再认为自己失败了。有了大学兼职教授的身份，有利于我与大学打交道和企业谈合作，对提升企业形象有作用
失败修复与再创业行动	情绪修复	恢复导向	好在我这是第二次创业，对风险有一定预计。家人和大部分的朋友其实都还能理解我当时的处境
		损失导向	连续开了 2 天的会议，同公司 3 位骨干商量处理企业资产、客户资源等问题，大家一起尽量降低公司损失
	失败学习	单环学习	学会搞市场调研，学会利用大数据。优化内部管理，奖励惩罚制度要完善
		双环学习	我把《商业模式创新设计大全》看了两遍。先后到清华大学高级工商管理研修班、北京大学投融资高级研修班学习
	再创业行动	机会识别	在管理运营“高端人才协会”的基础上，我对大数据技术的研究，也逐步让我发现了“科技创新创业”的机遇。餐余垃圾的处理、污水处理技术、裸眼 3D 技术，这些都是我们关注的重点

（续表）

分析维度	释意基本要素	编码	引用语举例
失败修复与再创业行动	再创业行动	资源整合	我有时 1 周要去政府 3 次，并不断和博士洽谈，尽量来整合政产学研的各方资源，建立“高端人才专家智库”“高端技术项目与产品库”等
		团队建设	我们 3 位有共同兴趣爱好的合作伙伴走到一起。明确股权和团队建设制度
		商业模式	所有的线下运营经验和数据，就是为了把“四链融合”（创新链、产业链、资金链、政策链）的线下模式跑通（顺利运营），为了这个（模式）我们研究了三年
承诺性诠释	期望的角色	学术型企业家	不断研究才有创新。捕捉到商机，创新商业模式，实现好的业绩
	再创业目的	实现个人价值	不否认是为了赚钱，但和团队一起干事创业，更是实现自己的理想抱负

第四节　“情绪修复”为主修复创业失败的案例

WC 现为江西南昌 A 大学教师，博士，教授。WC 首次创业是在 2006—2011 年，为湖南 A 大学在读博士，主要是利用自己的发明专利成立环保科技有限公司，持股 42%，另外持股人为自己的导师和博士同学各 1 位，从事臭氧发生器的自主研发、生产和销售，由于市场竞争力不强，销售渠道未打开，创业失败。从 2014 年到现在，从事家用、商用净水器配件的研发，及科技成果转移与服务工作。从创业失败到再次成功创业的释意过程，如表 3-4 所示。

表 3-4　　“情绪修复”为主的案例释意过程

分析维度	释意基本要素	编码	引用语举例
释意来源	角色认同	研究	我愿意把更多的精力投入到科研工作中，可以指导我的研究生出成果，也有利于课堂教学
		创业	2006 年，我正在做一个关于臭氧发生器电源的国家课题，国内在水处理行业使用的大型臭氧发生器都依赖进口，决定和导师、同学成立一家环保科技公司，自主研发、生产和销售产品

（续表）

分析维度	释意基本要素	编码	引用语举例
释意来源	内在脉络	失败内因	我们三个负责人对企业的运作投入时间不够，企业经营管理方面有所欠缺。没有建立起成熟的销售模式
	外在脉络	失败外因	自来水公司和水处理厂都不愿意给产品试用，产品的销售渠道没有打开。缺乏资金支持，获得风险投资的途径少
诠释推移	失败管理	归因平衡	主要是自来水公司和水处理厂没有谁愿意给产品试用，难以走向市场。我们也看到了自身的不足，商业模式运作不佳
		角色平衡	大学教师与政府、企业搞合作，他们担心我们不能解决实际问题。我做科研坚持问题导向，做技术开发，慢慢地他们就信任了
失败修复与再创业行动	情绪修复	恢复导向	产品没有走向市场挺遗憾的，心里很难受。家人在关键时候很支持我。后来我把精力放到了科研工作上，争取博士按时毕业
		损失导向	企业经营遇到困难后，我们三位负责人商量将企业转卖给了一个投资人
失败修复与再创业行动	失败学习	生成学习	要用企业能理解的语言和方式沟通，让他们相信我的研究成果能解决他们的问题。这个过程刚开始有点难，后来双方沟通就顺了
	再创业行动	捕捉机会	到企业去调研就能发现一些企业的需求。学校的校地合作机构平台也会发布一些市场需求信息
		团队建设	我一般指导2—3名研究生，这是开展社会服务的重要力量。对一些需要组织科研人员攻关的项目，我会请本校或校外的专家加入
承诺性诠释	期望的角色	技术领先	做好科研，保持技术领先，才会有企业找上门来
	社会服务目的	培养人才	服务企业，培养研究生解决科学问题的动手能力
		自我价值实现	研究成果服务企业，增加自己收入，也提升我们学院的影响力

一 释意过程

（一）释意来源

第一，角色认同。WC的角色认同包括教师、研究者、创业者。WC主要经历了从攻读博士阶段将科研成果试图转化成商品，进行企业创建，到最终失败的经历，以及后期进入大学工作，通过科研服务社会的方式创业，例如，承担企业、政府的委托研发项目等。

第二，内在脉络。WC认为失败的内在原因，主要是企业负责人对企业经营管理经验缺乏，没有成熟的商业模式。外在脉络，缺乏科研成果的中试场所，难以将成果商品化，以及缺乏资金支持是创业失败的最主要原因。

（二）诠释推移

此阶段，WC 进行了失败管理。

第一，在内外脉络作用下，WC 在对待失败原因上进行了归因平衡，刚开始主要归因为外部的因素，即科研产品缺乏中试环节，以及缺乏资金支持，难以走向市场，导致创业失败；后期阶段，也逐步认识到团队建设方面的问题，比如投入管理的时间少，缺乏管理经验，没有建立成熟的商业模式等。

第二，努力做到平衡大学教师和科研人员的身份，大学教师身份有利于赢得社会声誉，开展社会服务；而坚持应用型的科研，解决实际问题，有利于创业，获得企业研发项目（见表 3-4 中的例证材料）。

（三）失败修复与再创业行动

创业失败对 WC 的情绪影响很大。WC 进行了损失导向和恢复导向的情绪修复，例如及时将企业转卖给了相关的风险投资人。WC 也采取了恢复导向的情绪修复。“失败之后，心情非常沮丧，又面临博士毕业的压力，很长一段时间情绪非常低落。”“家人的支持很关键，后来我把精力放到了科研工作上，争取博士按时毕业。”开展了生成学习，在深入企业调查研究的过程中，发现企业的真正需求，学会与企业沟通，也到美国访学 6 个月，提高自己的科技创新能力，不断构建生成自己的科研知识和创业知识。积极开展了再创业行动，尤其重视识别创业机会和团队建设。WC 在进行教学科研的同时，用较低的成本，开展了系列服务企业的合作项目，最近三年每年有横向课题 100 万元左右，实现了比较好的学术创业效果。

（四）承诺性诠释

期望的角色是技术领先的科研人员。开展社会服务，能够让研究生与一线生产生活紧密联系，培养学生解决科学问题的动手能力。同时，把研究成果商业化，能提高自己的收入水平，也提升单位的影响力。

二　创业失败修复的主要过程

WC 开展学术创业已经 14 年，释意过程发现，其失败修复的主要过程如下。①经历创业失败后的角色认同和对创业失败的归因分析，她由此产生了。②创业失败归因平衡和角色平衡的诠释推移。③及时进行了负面情绪的修复，以及生成式的失败学习，并以机会识别、团队建设为重点进行再创业行动。④形成了“技术领先”“培养人才”“实现自我价值”的承诺性诠释。WC保持着学术创业的想法，主要源自她对自己研发的产品有信心，但是第一次创业失败，对她的情绪造成了大的影响。多次采访和交流中发现，WC家人支持的积极干预和自身的注意力转移对情绪修复起到了关键作用，促进其从失败到失败修复再到创业成功的最显著影响因素是负面情绪的修复，因此本研究称为“情绪修复”为主的学术创业失败修复案例。

第五节 “资源整合”为主修复创业失败的案例

CJN是上海B大学博士后，基于自身对知识产权的学术研究而创建企业。2013—2016年，成立决策咨询研究院，持股90%，从事企业、政府决策咨询研究工作，因团队建设困难，业绩不理想终止企业运行，创业失败。2017年到现在，创建版权服务有限公司，持股70%，从事版权服务与代理，商标代理与咨询服务，知识产权代理业务，业务开展顺利，业绩良好。从创业失败到再次成功创业的释意过程，如表3-4所示。

一 释意过程

（一）释意来源

第一，角色认同。CJN的角色认同涉及研究者、创业者和失败者的经历。CJN先后攻读博士学位，并进入博士后流动站学习，重视研究的商业化，认为基于创新的创业，才有更高的创业质量。面对失败，CJN能够比较快地接受创业失败事实，但并不认为自己是一位创业失败者，失败是一个学习的过程，有益于下一次创业。第二，内在脉络。CJN认为失败内在原因，主要是团队组建困难，团队质量不高难以有高产出。外在脉络，难以争取到业务对象——政府的信任，造成难以拓展政策咨询业务。当时的市场环境难以吸引博士到民营决策咨询类企业工作，造成公司人力资源不足问题。同时新进入者行业壁垒较高，这些是造成创业失败的外因。

（二）诠释推移

CJN进行了失败管理。第一，在内外脉络作用下，CJN在对待失败原因上进行了归因平衡，更多地认识到自己和团队的不足，由于自己是从事科研业务出身，如何与政府项目负责人打交道还不熟悉，认为需要不断摸索学习，不能把创业失败过多地归因于外部环境。第二，进行了角色平衡，力求研究者和创业者的角色相互协调，并且坚持认为做好研究是开展创业的重要前提。

（三）创业修复与再创业行动

诠释推移对CJN创业失败修复发挥重要作用。

第一，由于本身的投入和损失不大，CJN同时采取了损失导向和恢复导向的情绪修复策略，尽快地减少企业损失，较好地进行了负面情绪修复。第二，在此基础上，CJN进行了生成式的创业失败学习，多次去创业园区或者创业俱乐部参加创业研讨或头脑风暴活动，与创业者、变化的市场环境相互交换信息，构建和生成创新创业知识，不断修复创业失败。第三，积极开展了再创业行动，尤其重视研究开发、机会识别、资源整合和团队建设。例如，结合自己的专业，围绕粤港澳大湾区知识产业园建设需要，开发出企业的服务产品（版权服务）及其相应的商业运行模式，与罗湖区相关部门洽谈，发现了商机，于2017年3月正式注册成立公司，目前运行良好。

（四）承诺性诠释

期望的角色是成为一名学术型企业家，在适当的时候也能成为一名大学教师，两种角色相互协调。创建公司的目的，是把研究成果商业化，实现自身的价值，希望未来能提供更好的服务。

二 创业失败修复的主要过程

JC开展学术创业已经7年，根据释意过程可以发现，其失败修复过程中各要素形成了一个基本的路径，即：①“角色认同与失败归因”的失败修复开始阶段。②通过诠释推移，进入“角色与归因平衡”的失败管理阶段。CJN对失败的内外归因进行了平衡，以求更加客观地分析失败原因，对学术研究、企业负责人的双重身份进行了角色平衡。③进入了“情绪修复、失败学习与再创业”系列行动的失败修复深化阶段，及时开展负面情绪的修复和生成式学习，进而开展了以机会识别、资源整合、团队建设、商业模式为重点的再创业行动。④“角色期望与再创业目的”承诺阶段，这些要素和不同阶段相互作用、相互影响。其中，促进其从失败到失败修复再到创业成功的最显著影响因素是资源整合行动。CJN结合自己的专业，围绕粤港澳大湾区知识产业园建设需要，充分整合和利用深圳的创业政策资源。例如，区政府给予企业60万元的配套资金，对企业招聘的博士等高层次人才给予配套支持等。围绕版权登记、商标注册、专利申请核心业务，整合了3家相关企业的资源，形成互利共赢的局面，因此本研究称为“资源整合”为主的学术创业失败修复案例（见表3-5）。

表3-5 “资源整合”为主的案例释意过程

分析维度	释意基本要素	编码	引用语举例
释意来源	角色认同	研究	做好创业，前提就要搞学术研究，否则是低档次创业。再创业的时候我去了上海B大学做博士后。我做研究面向市场需求。一些博士搞研究，喜欢追求发文章，我不愿意和他们交流，因为成果不落地
		创业	我之前在大学担任了5—6年教师，在深圳A大学取得博士学位，可以留校工作。发现身边的朋友，过去的同学，好多都在创业，所以我也想干点事。这几年深圳的创业氛围好，开办公司手续简单，还有配套资金和启动资金支持
		失败	首次创业的确不成功，还好投入不多，损失不大。当时想，我至少可以搞研究，不用担心生活。失败是个学习的过程，我也并不认为自己就失败了。我记得我恢复还行
	内在脉络	失败内因	团队组建有问题，公司能搞决策咨询的人少，写出来的报告落地难，政府不采纳
	外在脉络	失败外因	与政府打交道还是难，彼此不信任，就难以拓展业务。当时的环境要吸引博士到民营决策咨询企业工作还是比较难，大家都想去事业单位。也有个别咨询机构做的蛮好的，但我们新进入代价就高，行业壁垒在那里
诠释推移	失败管理	归因平衡	团队几位骨干后来想了想，主要是招聘不到能做决策咨询（不搞纯学术研究），同时又有业务资源的人才。比如说，读博期间跟随导师做过一些政府决策咨询和规划项目的博士，至少会积累些人脉资源。我们搞科研出身，如何与政府项目负责人打交道，是门学问。我们还需要不断摸索学习
		角色平衡	在企业里面，大家都叫我C总，在大学里面，或者一些学术会场，更多的都是称呼我C博士。失败的经历更让我觉得博士和博士后的学术经历很重要。可以处理好科研和担任企业负责人的角色，没有了科研创新，就难以把创业继续搞下去的

（续表）

分析维度	释意基本要素	编码	引用语举例
创业修复与再创业行动	情绪修复	损失导向	创业不顺利之后，我必须面对，抓紧和团队成员把未完的项目完成，项目经费尽快收回
		恢复导向	陪家人个把月，也放松下自己，虽然这次创业投入不大，但心里总有些不好受的，后来和我的导师也进行了交流。把心思又放在研究上一段时间，心态就好多了
	失败学习	生成学习	我参加了深圳一些创业园区的论坛或者创业俱乐部的一些活动和头脑风暴之类的活动，半年内至少有 4—5 次
	再创业行动	研究开发	结合自己的专业，围绕粤港澳大湾区知识产业园建设需要，开发出企业的服务产品（版权服务）和商业模式
		机会识别	知识产权是热门话题，粤港澳大湾区建设也讨论这个话题，经过与 A 区相关部门洽谈，得到政府支持成立了我们公司
		资源整合	我们围绕政府和市场的需求，整合资源。例如区政府给予了大力支持，每年有配套资金，产业园区面积超过 4000 平方米。围绕版权登记、商标注册、专利申请核心业务，整合了 3 家企业的资源
		团队建设	招聘有博士 5 名，聘请行业专家 10 多人。鼓励团队进修学习提高。实施薪酬激励
承诺性诠释	期望的角色	学术型企业家	我想我是学者型的企业家，创新和创业是一起的，虽然我不发明什么东西
		大学教师	当我博士后出站后，企业进一步发展了，我还是希望能成为一名大学教师，大学的环境也不错的，也可以积累声誉，有利于企业发展
	创建公司目的	研究商业化	把自己研究的成果能够商业化，实现自身的价值。希望未来能提供更好的服务

第六节　学术创业失败修复过程的释意要素与作用路径

结合上述四个案例研究内容，进一步构建学术创业者从失败到再次创业修复的一般理论模型。

一　释意过程的要素内涵

根据释意的理论框架，释意过程主要包括“诠释、诠释推移、行动、承诺性解释”四个要素。对收集到的案例资料进行编码归纳发现，四个要素包含了具体的内容（参见表 3-6）。

表 3-6 修复失败再创业的释意过程要素比较

模式类别	释意来源			诠释推移	创业修复与再创业行动	承诺性诠释	再创业与失败修复的关键联系
	角色认同	内在脉络	外在脉络				
多重角色平衡为主修复模式	教学 研究 行政管理 创业 失败	过于自信，企业经营方法欠缺，角色冲突	缺乏学校政策支持，市场竞争激烈	由外因到内因的平衡。解决角色冲突，协调现有角色	损失导向 恢复导向 单环学习 双环学习 争取政策 机会识别 团队建设 风险防范与利益分配	学术型企业家，培养人才，研究商业化	协调好角色，争取学校的支持，增加公司的业务量和影响力
失败学习为主修复模式	创业 兼职教授 失败	前期市场调查、商业模式、企业内部管理的问题	市场需求、行业竞争、政策环境的不利影响	由外因到内因的平衡。大学兼职教授与企业负责人相得益彰	恢复导向 损失导向 单环学习 双环学习 机会识别 资源整合 团队建设 商业模式	学术型企业家，实现个人价值	双环学习过程中，打造“四链融合”的“线上+线下”商业模式
资源整合为主修复模式	研究 创业 失败	内部管理、团队建设问题	创业环境不利、行业壁垒高	由外因到内因的平衡。基于创新的创业才是高质量创业	损失导向 恢复导向 生成学习 研究开发 机会识别 资源整合 团队建设	学术型企业家，大学教师，研究商业化	整合政府、企业资源助力创业
情绪修复为主修复模式	研究 创业 失败	投入时间不够，企业经营不善，没有成熟的商业模式	缺乏产品中试条件，销售渠道未打开。缺乏资金支持	由外因到内因的平衡。大学教师身份有利于创业，研究与创业相互促进	恢复导向 损失导向 生成学习 捕捉机会 团队建设	技术领先，培养人才，自我价值实现	采取损失导向和恢复导向进行负面情绪修复，再创业

第一，诠释。四个案例呈现多重角色认同的特点，也存在角色认同冲突的现象。内在脉络和外在脉络主要体现了对创业失败的归因认识，内部原因主要包括自身的创业能力、创业经验、努力程度等。外因主要包括高校、政府的支持政策、市场需求、行业竞争程度、人才招聘、资金等原因。综合四个案例分析材料，可以提出以下研究命题。

命题 1：角色认同与失败归因是影响学术创业失败者后续创业的重要因素。

学术创业失败者与社会上一般的创业者有显著的不同：①学术创业失

败者对大学教师身份是最根本的认同，认为该身份有利于赢得社会声誉，开展创业活动；②角色认同经历了“教学工作者、研究者、创业者、行政管理者、失败者”的动态变化过程，而研究者的角色贯穿其中，但他们倾向于开展应用型的科研，重视将自己的研究成果商业化。③学术创业失败归因主要包括内因和外因，学术创业失败初始时，创业者倾向于归因于外部原因，这有利于降低负面情绪，促进失败修复。

第二，诠释推移。案例中的四位学术创业者进入了失败管理阶段，进行了归因平衡和角色平衡。基于诠释推移的内容和实地调查四个案例创业失败修复过程，由此得出命题 2：

命题 2：归因平衡和角色平衡是学术创业失败管理的重要内容。

归因平衡经历了一个由重视外部失败原因到审视失败内部原因的过程，促使学术创业失败者更加客观理性地看待失败的原因，发现自身的不足，为后续的创业失败学习提供了动力。角色平衡，主要包括了对冲突角色的调整，对角色任务、时间分配的协调和对角色作用的发挥，也为后续创业奠定了基础。

第三，行动。行动主要包括情绪修复、失败学习和再创业行动。行动与诠释及诠释的推移紧密相关。可以提出以下两个命题：

命题 3：学术创业失败者形成了各有侧重的失败修复模式和行动策略。

学术创业失败修复的过程特点，受创业失败者对角色的诠释、内在与外在脉络的诠释和失败管理的影响，形成了“多重角色平衡”、“失败学习”、“情绪修复”、“资源整合”为主的四种学术创业失败修复模式。其中，①恢复导向和损失导向都是情绪修复的主要方法，但采取的各自顺序不同（先恢复导向或先损失导向）或交替使用，但交替使用更有利于修复情绪、降低损失；②学习模式更多采用“双环学习和生成学习”，强调创业者与环境的互动和建构创业知识与发展创业技能。其中，商业模式创新、企业管理问题是学术创业者普遍遇到的问题，是学习的重点。③创业机会识别和团队建设是案例中普遍采取的行动策略，因为创业机会的捕捉和打造创业团队是再创业的重要基础。

命题 4：不同的失败修复模式形成了一个基本的修复路径。

失败修复过程中各要素形成了一个基本的路径，即“角色认同与失败归因”的失败修复开始——“角色与归因平衡”的失败管理阶段——

“情绪修复、失败学习与再创业”系列行动的失败修复深化阶段——“角色期望与再创业目的”承诺阶段，这些要素相互作用、相互影响。

第四，承诺性诠释。四个案例的承诺性诠释内容可归纳为“期望的角色和创建公司的目的”，由此得出命题5。

命题5：学术创业失败者再创业时，期望的角色和目的定位更加清晰，以追求成为学术型企业家和实现个人价值为主。

二　释意要素之间的动态关系与作用路径

在对4位学术创业失败者修复再创业的释意过程要素比较的基础上，进一步归纳各释意要素之间的动态关系。以LS多重角色平衡为主的学术创业失败修复释意过程为例，概况如图3-2所示。以粗、细线条及其箭头分别表示要素之间的主要、次要关系与作用路径，以虚线表示关键要素之间存在的反作用关系。LS学术创业失败修复释意历程的主要动态关系与作用路径如下。

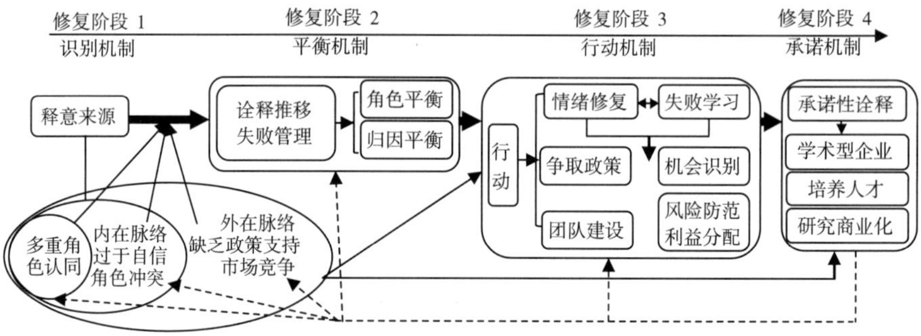

图3-2　学术创业失败修复释意要素之间的动态关系与作用路径

（1）学术创业失败修复的起步阶段——识别机制。面对失败，LS对自身的多重角色的认知，引发对创业失败内因的诠释，如由于自身长期从事相关专业的教学与科研工作，而且是面对校内学生的旅游服务，从而对创业过于自信。在创业过程中，多重角色又引发了冲突；同时在失败的过程中看到了大学、政府政策支持的缺位和市场竞争的激烈给企业发展带来了严重的影响，即进行了外在诠释。LS通过“识别机制”，识别自身的多重角色和创业失败的内部、外部基本原因，为学术创业失败修复奠定了基础。

（2）学术创业失败修复的第二阶段——平衡机制。上述诠释之后，LS 对创业失败有了基本的认识，促使她进行失败管理。通过平衡机制，LS 对多重角色进行了平衡，避免角色冲突；对内外归因进行平衡，更加客观理性地看待失败的原因，为负面情绪修复和失败学习奠定了基础。

（3）学术创业失败修复的第三阶段——行动机制。LS 通过行动机制完成了创业失败的修复和企业的创建。LS 采取了情绪修复和失败学习等系列行动，提升技术创新能力和企业管理能力。针对创业失败中的问题，这次积极争取到学校和政府的多项政策支持。针对自己的多重身份，同所在的二级学院、大学相关部门明确企业的风险防范和利益收入的分配机制，为企业的可持续发展奠定了基础。

（4）学术创业失败修复的最后阶段——承诺机制。上述的诠释和行动，让 LS 最终形成了努力成为学术型企业家，创办企业也促进人才培养和研究商业化的目标。这一承诺机制也反过来（图 3-2 中的虚线）作用于行动机制、平衡机制和识别机制，强化了失败修复的作用。

三　对实践的启示

借鉴释意理论，构建“角色认同、内在脉络、外在脉络、诠释推移、行动和承诺性诠释”的分析框架，对 4 个案例进行深度分析，揭示出学术失败修复的要素及其作用路径，对学术创业实践具有重要的启示意义。

（一）对学术创业失败者的启示

（1）学术创业失败后应积极采取角色平衡和归因平衡，进行失败管理。学术创业失败者普遍有多重身份，一些学术创业失败人员可能回避创业失败事实，与其回避不如直面创业失败事实，认同失败的角色，看到自身可能还是大学教师、科研人员的角色优势，为后续创业寻找机会。及时开展失败管理，通过损失导向和恢复导向的交替使用更快从悲痛中恢复。既要采取措施尽量挽回或降低损失，又可以通过转移注意力，如一段时间集中精力进行教学科研工作，通过与其他创业者的交流等方式“移情”，逐步修复情绪，客观分析失败的原因，为后续创业明确努力方向。

（2）学术创业失败者应积极采取双环学习和生成式学习，提升创业能力。学术创业失败者应该利用科研人员的优势，多开展双环学习和生成式学习，通过多参加与企业创建、市场营销相关的研讨活动，深入创客空间、产业园区调研学习，构建和生成相关的企业管理和商业模式创新方面的知识与管理技能。通过提升创业能力，不断从创业失败中走出，形成再创业意愿。

（3）学术创业失败者应依据创业环境积极采取精准的创业行动策略。根据上述研究结论，学术创业失败者再创业普遍存在创业机会识别、提升企业管理能力，创新商业模式等问题，因此，学术创业失败者应根据创业失败的经验，明确自身的弱点，分析后续创业的环境，采取精准的创业行动策略。例如，发挥自身的技术创新优势，加强与企业的横向课题合作，在合作的过程中，做好前期市场调研，捕捉创业机会，确定合适的商业模式。

（二）大学、政府及其他创业管理工作者的启示

（1）高校和科研机构制定出台学术创业支持政策。学术创业人员主要集中在高校和科研机构。高校要围绕国家出台的《关于进一步加大授权力度　促进科技成果转化的通知》（2019）、《国务院办公厅关于印发促进科技成果转移转化行动方案的通知》（2016）等系列政策，建立健全相应的激励制度和配套政策，营造支持科研人员开展学术创业的氛围和良好的营商环境。如高校在教学岗位、科研岗位的基础上，设立“创业型岗位”，允许科研人员创业工作量与教学、科研工作量相互打通使用。完善高校内部创业管理机构，如大学技术转移机构和科创园区建设，为学术创业提供专利申请、企业孵化、资金筹集等方面的资源和技术指导。

（2）政府制定出台创业失败扶持政策。创业失败是非常普遍的现象，但在现有的创业政策体系中，缺乏针对创业失败的扶持政策，尤其是学术创业失败的扶持政策。目前仅有个别地方政府出台了相关帮扶措施。例如，2019 年，浙江第一款“人才创业保险”正式启用。它包括科研保、创客保、科创 E 保三款，创业失败可提供最高 30 万元补贴①。

（3）高校和社会相关培训机构加强学术创业人员的创业失败教育。传统的创业教育很少涉及创业失败的内容，要在创业教育课程模块中专门嵌入“创业失败管理”的模块，开设专门课程，尤其是失败归因平衡、情绪修复和失败学习相关的课程，给创业者提前学习了解，增加创业者的

① 李剑平：《浙江试点实施人才创业保险制度》，《中国青年报》2019 年 11 月。

韧性和修复创业失败的技能。

（4）加强创业失败管理。针对创业失败高发的现象，高校和政府应该成立专门的创业失败管理部门，例如高校可以在社会服务部门设立创业失败管理科室，政府可以在人力资源部门设立相应的创业失败管理科室，依据“学术创业失败修复的不同阶段及相应的识别机制、平衡机制、行动机制和承诺机制”的内在机理，及时为创业失败者提供帮扶和指导。

第四章

高校学术创业失败修复的关键事件作用机制

学术创业是始于创业动机，捕捉创业机会、开发整合创业资源、创建和管理运营企业的过程，创业能力始终贯穿其中。能力是形成初创企业市场竞争优势的基础，而创业者自身的创业能力更是决定创业成败的关键①。但已有研究主要聚焦在创业能力形成的影响因素，创业能力与行动之间，创业能力与企业绩效之间的关系研究②，对创业能力的动态形成过程缺乏深入的研究③④，尤其是对于学术创业者，兼具教师、科研人员的身份，处于高校或科研机构的工作环境，不同于社会的一般创业者，其创业能力的形成过程是一个亟待探究的黑箱。值得注意的是，创业失败是学者创业普遍遇到的现象，他们能否修复创业失败，提升创业能力，开展连续创业？在亟待提升科技创新成果转化效率的背景下，这一问题亟须开展研究。

连续创业者，又称为后续创业者，指具有两次及以上的创业经历，他们大部分都经历过创业失败，体验过更加丰富的创业活动，经历过更多对其影响深刻的创业事件。事件系统理论认为事件对于组织和个体的发展均有重要影响，事件发生的时间、空间以及事件强度（包括事件的新颖性、

---

① Rasmussen, E., Mosey, S. & Wright, M., " The Evolution of Entrepreneurial Competencies: A Longitudinal Study of University Spin-off Venture Emergence", *Journal of Management Studies*, Vol. 48, No. 6, 2011, pp. 1314-1345.

② 黄美娇、李中斌、谢雅萍：《国外创业者创业能力研究综述与展望》，《创新与创业教育》2018 年第 11 期。

③ Mahmood, I. P., Zhu, H., Zajac, E. J., "Where Can Capabilities Come From? Network Ties and Capability Acquisition in Business Groups", *Strategic Management Journal*, Vol. 32, No. 8, 2011, pp. 820-848.

④ 张默、任声策：《创业者如何从事件中塑造创业能力？——基于事件系统理论的连续创业案例研究》，《管理世界》2018 年第 11 期。

颠覆性和关键性）决定了事件的影响程度①，这为从事件角度观察创业活动提供了重要的理论基础。创业者在创业过程中将经历不同时期、不同影响强度、具有积极影响和消极影响的事件，这些事件可能突出地影响着创业者的情绪、态度和行为，并在能力形成中起到重要作用，也可能使创业者一蹶不振，也可能激发创业者更加坚定创业决心，或者有利于捕捉创业机会，或者有利于获得所在高校支持，开创新的商业模式等。为此，本研究以事件系统理论为基础，以连续学术创业者（具有创业失败经历）经历的创业事件为研究对象，对其较长的创业历程进行纵向案例研究。主要研究以下问题：（1）学术创业能力是如何在创业者开展创业活动、经历相应的创业事件中形成的？（2）"情绪修复、创业学习（单环学习、双环学习）、扶持政策"等重要变量对创业失败修复、创业能力提升（机会识别、资源开发、商业模式创新三种能力）的作用机理是什么？

本研究的理论价值与实践贡献在于：一是引入事件系统理论，并融合创业管理理论到高等教育管理领域，拓展了学术创业，尤其是学术创业失败的研究，为研究学术创业和高等教育管理提供了一种新的分析方法。事件系统理论是研究组织和管理的一种新的理论，也是创业管理研究的前沿②，同时学术创业是由系列创业活动（事件）所组成，事件系统理论与学术创业活动的研究具有高度的契合性。二是针对学术创业失败者的独特现象，深入探索历经创业失败后的创业者的创业能力动态演化过程，弥补了以往研究的不足，为探讨中国情境下的学术创业能力的形成过程提供了翔实的证据材料，并为未来提供了新的研究方向。三是本研究能为创业实践者提供如何有效修复创业失败，提升创业能力以及制定政策提供参考。

第一节　理论基础与研究设计

理论基础部分主要探讨创业失败修复与连续创业者创业能力之间的

① Morgeson, F., Mitchell, T., Liu, D., "Event system theory: An Event - oriented Approach to the Organizational Sciences", *Academy of Management Review*, Vol. 40, No. 4, 2015, pp. 515-537.

② 张默、任声策：《创业者如何从事件中塑造创业能力？——基于事件系统理论的连续创业案例研究》，《管理世界》2018 年第 11 期。

关系，阐明事件系统理论的内涵、特点与运用情况，并据此开展研究设计。

一　研究进展与理论基础

（一）创业失败修复与连续创业者创业能力

学术创业失败修复是指创业失败后，创业者通过各种努力，不再受失败事件的困扰，能够继续创业。要修复创业失败，进而连续创业，创业能力至关重要。传统的创业能力研究主要关注创业者的个体特征，如学历、性格特征、知识、技能等①。当前对创业能力的研究主要聚焦创业过程，认为创业者承担不同的创业角色和任务，要求不同的创业能力。社会人员创业能力主要包括创业机会的识别与利用，创业资源的开发与管理。学术创业者主要在高校或科研机构工作，缺乏与市场接触的机会，对创业和企业管理了解偏少，其创业能力还应该包括“商业模式创新”能力。连续创业者在经历失败后，情绪修复、政策支持、创业失败学习都将对创业能力产生影响，因此本研究通过持续地观察连续创业者失败后的情绪修复、扶持政策、创业失败学习等情况，将能够显著丰富已有研究。

1. 失败情绪修复与创业动机、创业能力

修复创业失败的负面情绪，是整合学术创业失败者内外因素，形成再创业动机、提升创业能力的重要前提，因为创业失败会引起焦虑、沮丧、哀伤等消极负面情绪，而从情绪中恢复是一个高级的学习并获取知识的过程②。创业动机是个体在创业认知调节因素的整合作用下，将内在因素与外在诱因整合而形成的激发和维持创业行为的内在力量③。学术创业失败者，在形成再创业动机或启动创业学习之前，面临一个重要的难题，就是失败情绪的修复。Shepherd（2003）提出了经典的损失导向和恢复导向两

① Clarysse, B., Tartari, V., Salter, A., “The Impact of Entrepreneurial Capacity, Experience and Organizational Support on Academic Entrepreneurship”, *Research Policy*, 2011, Vol. 40, No. 8, pp. 1084-1093.

② Shepherd, D. A., Cardon, M. S., “Negative Emotional Reactions to Project Failure and the Self-compassion to Learn from the Experience”, *Journal of Management Studies*, Vol. 46, No. 6, 2009, pp. 923-949.

③ Olson, P. D., Bosserman, D. A., “Attributes of the Entrepreneurial Type”, *Business Horizons*, Vol. 27, No. 3, 1984, pp. 53-56.

种重要的情绪修复策略。损失导向是指创业者积极采取措施弥补失败损失。恢复导向是指创业者通过转移注意力来抑制负面情绪①。同时，创业者认知上的反思取向与恢复导向相互作用，对情绪修复起到重要作用，因为恢复导向策略旨在平复情绪，而反思取向是创业者将注意力集中在失败事件上，认真思考失败原因并从中学习。当学术创业失败造成的打击过大，创业者负面情绪难以克服时，则可以采取恢复导向策略为主；当情绪修复到一定程度时，则可以采取反思取向②。创业者经历过失败情绪修复，更容易激发创业学习意愿，提升创业能力。例如，通过对203名有失败经历的连续创业者问卷调查研究发现，内部动机促进失败学习，有助于获取机会识别知识③，提升创业能力。

2. 创业失败学习与创业能力

国内外系列研究成果证实创业学习是修复创业失败，提升创业能力的重要途径和方式④⑤。创业失败学习是指创业失败者通过对失败事件的反思、剖析和学习，进一步获取创业知识和技能，以避免再次失败⑥。学者大都借鉴组织学习理论，探讨创业失败学习的方式，主要包括单环学习（Single Loop Learning）、双环学习（Double Loop Learning），以及探索式和利用式学习等。其中，单环学习强调对“现状的认知”，指在现有的价值系统和行动框架内，纠正或调适行为策略以达成目标或解决最初问题⑦，主要

---

① Shepherd, D. A., "Learning from Business Failure: Propositions of Grief Recovery for the Self-employed", *The Academy of Management Review*, Vol. 28, No. 2, 2003, pp. 318-328.

② Jenkins, A. S., Wiklund, J., Brundin, E., "Individual Responses to Firm Failure: Appraisals, Grief, and the Influence of Prior Failure Experience", *Journal of Business Venturing*, Vol. 29, No. 1, 2014, pp. 17-33.

③ 刘依冉、郝喜玲：《内部动机与创业知识关系——基于失败情境的实证研究》，《软科学》2019年第10期。

④ Zhao, B., "Learning from Errors: The Role of Context, Emotion, and Personality", *Journal of Organizational Behavior*, Vol. 32, No. 3, 2011, pp. 435-463.

⑤ 陈阳阳、葛晶、彭建娟等：《创业失败复原过程研究——基于中国情境的多案例探索》，《研究与发展管理》2019年第4期。

⑥ Zhao, B., "Learning from Errors: The Role of Context, Emotion, and Personality", *Journal of Organizational Behavior*, Vol. 32, No. 3, 2011, pp. 435-463.

⑦ Argyris, C., "Theories of Action that Inhibit Individual Learning", *American Psychologist*, Vol. 31, No. 9, 1976, pp. 638-654.

适用于常规性波动的环境中的企业，而难以应对环境变动加剧的企业管理①。双环学习强调对“造成现状原因的反思”，是指失败后创业者重新审视创业组织的目标和发展战略，在对既有的心智模式和行动逻辑进行反思的过程中发现问题，解决问题②，是高水平学习方式。研究者发现单环学习和双环学习都有助于获取机会识别知识，但双环学习还有助于获取应对新生劣势知识，更有助于再创业绩效提升③。创业者能从创业失败中学到内容，主要包括“企业管理”与“新机会识别”④ 等。目前有关创业失败学习的研究，主要关注失败学习的方式和学习的内容，但对于失败后具体的学习过程是如何作用于创业能力的形成，仍需要更深入的理解。

3. 创业扶持政策与创业动机、创业能力

创业扶持政策能有效增强创业动机，提升创业能力。本研究于2019年12月至2020年2月，对长三角、京津冀地区298位学术创业失败者的问卷调查发现，95%以上的被调查者认为学校和政府的创业扶持政策有利于再次创业，提供了创业能力培训机会，并在一定程度上解决创业融资难问题。政府的创业失败扶持政策主要有政府补偿、风险分担等。研究发现，在研发阶段失败项目应优先选择政府资金直接补偿，成果转化阶段失败项目应优先选择税收优惠补偿⑤。一些地方，如浙江省正在试点实施人才创业保险制度，分别推出“科研保”“创客保”“科创E保”三款产品，其中“科研保”主要针对研发失败项目给予损失的研发费用赔偿，保额最高可达1000万元⑥。近十年来，我国高校普遍重视教师的创业问题，基本上都建立校地服务办公室、大学科技园、产业研究院等专门性机构促进教师与政府、企业合作。高校也在学术创业方面出台了有关教师“离岗创业”身份认同、工作量认定、职称评定方面的支持政策，以及技

---

① Shane, S., Venkataraman, S., “The Promise of Entrepreneurship as Afield of Research”, *Academy of Management Review*, Vol. 25, No. 1, 2000, pp. 217-226.

② Argyris, C., Sch, N. D. A., *Organizational Learning: A Theory of Action Research*, MA: Addision-Wesley, 1978.

③ 郝喜玲、朱兆珍、刘依冉：《失败情境下创业学习、创业知识与再创业绩效关系研究》，《科技进步与对策》2019年第16期。

④ Schutjens, V., Stam, E., “Starting a New: Entrepreneurial Intentions and Realizations Subsequent to Business Closure”, ERIM Report Series Reference No, ERS-2006-015-ORG, 2006.

⑤ 王朋举：《企业科技创新失败项目政府补偿方式选择》，《科技进步与对策》2016年第9期。

⑥ 李剑平：《浙江试点实施人才创业保险制度》，《中国青年报》2019年11月。

术入股、企业孵化方面的优惠政策。面对创业失败，学校和政府的多方面政策支持，有利于让学术创业失败者重拾信心，激发创业动机，进而愿意开展创业学习等，提升创业能力。

（二）事件系统理论

事件系统理论（Event System Theory）由 Frederick、Terence 和刘东教授三人于 2015 年提出①，并迅速引起多领域的广泛关注，因为管理学的已有研究领域主要集中于实体内部的稳定特征研究，而动态事件对实体所造成的影响却很少被关注②。事件系统理论是以事件为起点，将事件视作意义建构和组织变革过程的基础。一方面，事件系统理论分析的过程强调事件与实体之间的交互作用关系，并解释个体或组织遇到事件（实体的动态经历）后的变化，而事件对组织或个体影响的程度取决于事件强度、事件空间和事件时间三个维度。事件强度包括为事件的新颖性（Novelty）、颠覆性（Disruption）和关键性（Criticality）三个方面。另一方面，事件系统理论强调事件与外部环境的交互作用，在事件强度不变时，事件的时间性体现为：事件的发生越符合实体的发展需求（事件时机越适宜），事件持续时间越长，对实体的影响强度越大；事件的空间性体现为事件发起越接近组织高层，事件扩散范围覆盖组织层级越多、波及面越大，事件与实体距离越近，对实体的影响强度更大③④。创业过程中，关键事件往往是事件的强度或时空属性突出的事件，对创业者的认知变化产生了重要影响。其中，积极事件是给创业者带来正面影响，有助于成功创业的事件；消极事件是给创业者带来负面影响，阻碍成功创业，导致创业失败的事件。

事件系统理论统合了定性和定量研究，丰富了现有的组织理论，并为案例研究引入了系统化的研究范式。该理论现已用于组织和个体层面的研究，如国外学者 Beeler（2017）研究了关键事件如何影响销

① Morgeson, F., Mitchell, T., Liu, D., "Event System Theory: An Event-oriented Approach to the Organizational Sciences", *Academy of Management Review*, Vol. 40, No. 4, 2015, pp. 515-537.

② 刘东、刘军：《事件系统理论原理及其在管理科研与实践中的应用分析》，《管理学季刊》2017 年第 2 期。

③ Morgeson, F., Mitchell, T., Liu, D., "Event System Theory: An Event-oriented Approach to the Organizational Sciences", *Academy of Management Review*, Vol. 40, No. 4, 2015, pp. 515-537.

④ 刘东、刘军：《事件系统理论原理及其在管理科研与实践中的应用分析》，《管理学季刊》2017 年第 2 期。

售组织的演变①。Koopmann 等（2016）研究了工作中的事件对员工幸福感的影响②。Liu（2018）分析了领导特质和公司业绩的关系③。国内学者王春艳等（2018）开展了网络文学行业的群体离职事件研究④。厉杰等（2019）研究了高声望职业污名形成机制⑤。尽管事件系统理论的应用范畴不断扩大，目前尚无运用该理论研究学术创业失败者连续创业过程中的事件特征及其对创业能力的影响。已有关于创业能力的研究，主要是静态的、基于前置变量和结果变量之间的关系研究，对创业失败者及其后续创业的过程性研究不足，尤其是连续学术创业过程中的关键事件（包括积极事件和消极事件），对失败后情绪修复、再创业动机、创业失败学习、创业能力之间在影响强度、影响时空方面，缺乏动态过程的系统性研究。因此，本研究基于事件系统理论的核心观点，探索事件属性对创业能力形成的影响机理，将是融合管理学和高等教育学理论，探讨连续学术创业者失败修复和创业能力形成的一次有益探索。本研究分析框架如图 4-1 所示。

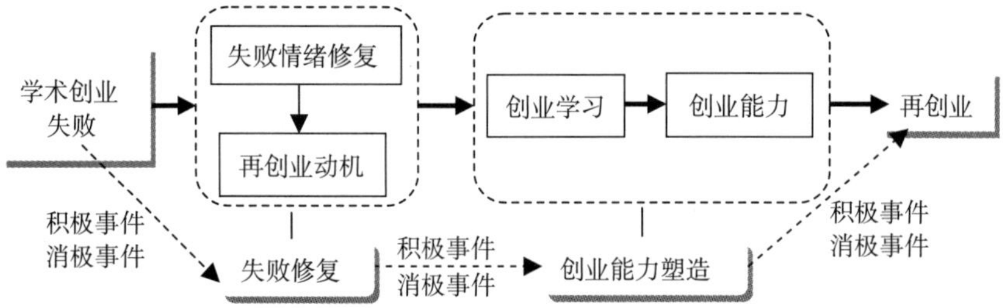

图 4-1　本研究分析框架

---

① Beeler, L., Zablah, A., Johnston, W. J., "How Critical Events Shape the Evolution of Sales Organizations: A Case Study of a Business-to-business Services Firm", *Journal of Business Research*, No. 74, 2017, pp. 66-76.

② Koopmann, J., Lanaj, K., Bono, J., et al., "Daily Shifts in Regulatory Focus: The Influence of Work Events and Implications for Employee Well-being", *Journal of Organizational Behavior*, Vol. 37, No. 8, 2016, pp. 1293-1316.

③ Liu, D., Fisher, G., Chen, G., "CEO Attributes and Firm Performance: A Sequential Mediation Process Model", *Academy of Management Annals*, Vol. 12, No. 2, 2018, pp. 789-816.

④ 王春艳、袁庆宏、林润辉、陈琳：《什么样的群体离职更令人担忧？基于事件系统理论的多案例分析》，《中国人力资源开发》2018 年第 3 期。

⑤ 厉杰、吴粮牡：《歹马害群：高声望职业污名形成机制研究》，《中国人力资源开发》2019 年第 7 期。

二　研究设计

由于已有研究关于连续学术创业者创业能力形成过程的探究十分匮乏，因此需要进行探索性案例研究。Elsbach 等（2010）认为，探索性的案例研究在展示动态过程方面具有突出优势①。同时，与多案例研究相比，单案例研究更适合对持续的纵向演进过程进行深度探究（Eisenhardt，1989）②，能深入揭示、归纳和总结学术创业能力纵向动态变化的过程特征。尽管是单案例，但本研究对象创业长达 12 年，先后创办过两家企业，经历了失败等系列重要事件，具有多层次组织结构，多维度事件的分析单元，为案例研究的饱和度提供了保证，并增强了案例研究的稳健性③。

（一）案例选择

根据本研究的主要研究问题，案例选择遵循以下标准。第一，属于连续的学术创业者，创业者来自高校，基于自己的学术研究开展创业，至少以自己本人为主创办过两家企业。第二，连续创业的整个时间要比较长，须同时具备创业失败和创业成功的不同发展阶段，并具有丰富的关键事件可供观察分析，能较完整地体现学术创业者失败修复及其创业能力的形成和演化过程。第三，不过分追求选择“极端案例”，即创业失败特别严重，或者创业成功特别突出的“明星式”创业者，因为学术创业者具有特殊性，他们是一个庞大的群体，例如，2018 年我国高校有近 40 万名科技人员（指研发时间占本人教学科研总时间 10%以上）④，他们兼具教师或科研人员的身份，选择他们当中具有普遍性和代表性的对象进行案例研究，更具有普遍性意义和价值。基于上述标准，我们选择了地处江苏沿海 A 大学的 LS 为案例研究对象。

LS，女性，研究生学历，教授，从事景观规划设计科研工作和相关课程的教学工作，其创业历经 12 年，获得过市哲学社会科学优秀成果奖一等奖，主持实施过市政府大型旅游发展项目，5A 级景区工程规划和运

① Elsbach, K. D., Cable, D. M., Sherman, J. W., “How Passive ‘Face Time’ Affects Perceptions of Employees: Evidence of Spontaneous Trait Inference”, *Human Relations*, Vol. 63, No. 6, 2010, pp. 35-760.

② Eisenhardt, K. M., “Building Theories from Case Study Research”, *Academy of Management Review*, Vol. 14, No. , 1989, pp. 532-550.

③ 易高峰、蔡柏良：《基于事件系统理论的高校教师学术创业能力提升研究——从失败到成功的连续创业者案例》，《大学教育科学》2021 年 3 月。

④ 中华人民共和国教育部科学技术司编：《2018 年高等学校科技统计资料汇编》，高等教育出版社 2019 年版。

营管理等大型项目。先后创办两家企业，经历过 1 次创业失败，后续负责创建的景观规划设计公司业绩良好，年营业额突破一千万元，其本人和企业在行业内均有比较高的知名度。笔者对 LS 进行直接观察和参与观察已经长达 3 年，积累了大量与该创业者能力发展相关的实践资料，为本案例的事件研究奠定了坚实基础。

（二）资料来源与收集

本研究主要使用了访谈、现场观察、追踪观察、二手资料回收等方法进行资料收集。访谈的内容包括连续学术创业者 12 年的创业历程中的主要经历，以及涉及创业失败感受、创业失败管理、创业学习经历、创业机会识别、创业资源整合、商业模式创新、政策支持等方面的“关键事件、创业经验与感悟”。收集的过程：①初步接触的宏观层面了解阶段。例如，通过开放式访谈（电话或者面对面交流），查阅公司有关资料，与其同事、团队成员接触，了解 LS 创业基本情况。②通过半结构访谈企业负责人、团队成员等，以及现场观察企业内部和正在施工的项目运作情况，重点了解 LS 连续创业中的关键事件，识别出积极事件和消极事件。③采用焦点访谈，对 LS 本人及其核心成员，以及企业发展的关键指标，进行详细的了解，对关键事件的作用进行印证、提炼总结。在整个资料收集过程中，通过多样化的数据来源，保证数据的相互补充和交叉印证，提高案例的信度和效度。

（三）数据分析过程

第一，案例分析之前，进行文献梳理和专家访谈，明确关键变量的内涵和主要表征。关键变量包括创业失败、情绪修复、失败学习、创业能力、扶持政策等。

第二，根据关键变量内涵与表征的描述，对访谈数据进行编码，并分析编码之间的内在关系。

第三，在关键变量编码的基础上，对案例 LS 先后创办的两家公司的 12 年创业历程中的重要活动，按照时间先后顺序识别得到 27 件关键事件（见表 4-1）。参考 Liu 等（2018）[①]，以及张默和任声策（2018）[②] 的做

---

① Liu, D., Fisher, G., Chen, G., “CEO Attributes and Firm Performance: A Sequential Mediation Process Model”, *Academy of Management Annals*, Vol. 12, No. 2, 2018, pp. 789-816.

② 张默、任声策：《创业者如何从事件中塑造创业能力？——基于事件系统理论的连续创业案例研究》，《管理世界》2018 年第 11 期。

表 4-1　连续学术创业者创业过程关键事件识别

阶段（事件数量）	时间	事件代码	事件类别		事件内容	事件强度属性			事件空间属性
			积极类	消极类		新颖性	颠覆性	关键性	
创建旅游服务公司（5）	2009. 08	LY1	Y		团队学习：旅游服务公司成立后，第一次组织团队到两家同行企业学习交流管理经验	*	*	**	**
	2010. 09	LY2		Y	同行竞争：校外旅行社开始抢占大学生旅游市场，营业额急剧下降，公司面临生存压力	***	***	***	***
	2011. 02	LY3		Y	商业模式不成功：公司主要是旅游服务，产品单一，准备面向大学生销售文旅产品，但短时间在校园内难找到销售门店，网络销售渠道一时又难以打开，新的商业模式尝试不成功	***	**	***	***
	2011. 10	LY4		Y	公司转型不成功：着手开设校内超市，进行创业，但与学校校内经营政策相矛盾，被紧急叫停	***	**	***	**
	2012. 05	LY5		Y	创业失败：账面上的钱不足以支撑后期运营，团队解散，公司注销	***	***	***	***
创业失败修复期（10）	2012. 05	XF1		Y	情绪低落：创业失败后感到沮丧、难过，甚至会失眠	***	***	***	***
	2012. 05	XF2	Y		降低损失：团队成员一起商量，将未完成业务转给其他旅行社公司。做好顾客沟通，尽量降低公司损失	*	*	***	***
	2012. 05—06	XF3	Y		缓解情绪：慢慢地，我又把精力放到了教学、科研和照顾家庭上	**	***	***	*
	2012. 05—06	XF4	Y		反思失败：（1）缺乏战略规划。（2）缺少学习。（3）作为大学教师，对企业管理不在行。（4）忽视了同行业竞争。（5）学校缺乏政策支持。（6）创业项目技术含量少，竞争优势不足	***	***	***	*
	2012. 07	XF5		Y	科研项目申报失败：LS 申报省社科基金项目没有成功，使其看到了自身科研能力还需提高	**	**	**	*
	2012. 06—10	XF6	Y		学校创业政策：学校出台《横向课题管理办法》（2012 年 6 月），并成立区域服务机构，鼓励教师开展社会服务	***	**	**	***

（续表）

阶段（事件数量）	时间	事件代码	事件类别		事件内容	事件强度属性			事件空间属性
			积极类	消极类		新颖性	颠覆性	关键性	
创业失败修复期（10）	2012.07	XF7		Y	竞争社会服务项目失败：与同类高校、企业竞争政府的一个景区规划项目，结果失败。这促使 LS 反思要加强技术服务政策和服务能力方面的学习	**	***	**	***
	2012.08	XF8	Y		强化学习：LS 参加了两次全国性的景区规划设计学术会议，与同行、企业负责人不断接触，并促使 LS 通过网络学习、阅读专业书籍增加对相关专业知识的学习和对市场的了解	**	**	***	***
	2012.09	XF9	Y		发现商机：LS 从事景观规划设计教学与科研工作，有技术优势，牵头 1 个 5A 级景区的整体规划，1 个全市“古八景”旅游项目策划，与政府、景区企业有了更深度的合作，发现旅游景观设计、新农村建设规划的市场很大	***	***	***	***
	2013.01	XF10	Y		形成创业动机：在经历情绪修复和系列学习之后，LS 仍对创业抱有想法。更重要的是，LS 认为从事景观规划设计有很大的市场和商机。提出创业想法后，得到单位领导的支持	***	***	***	***
创建景观规划设计公司（12）	2013.03	JG1	Y		再创业：整合校内美术设计、城市规划等科研人员 4 人，以及校外从业骨干人员 2 人，组建团队，成立景观设计规划公司。瞄准景区建设、美丽乡村建设等市场，以线下实体运作的模式提供产品和服务	***	***	***	***
	2013.04	JG2	Y		学校创业政策：学校印发《科技成果转化办法》，允许教职工离岗创办企业，并鼓励教职员工以技术完成人或成果转化人的身份创办科技型企业。坚定了 LS 团队的创业信心	***	*	**	***
	2013.11	JG3	Y		组织团队学习：团队 3 人参加了客户获取、工程招投标、施工管理等课程，提升了企业管理能力	**	*	**	**
	2014.06—09	JG4	Y		加强与政府合作：主动接受市旅游局分配的景区建设督查、景区星际创建工作。LS 在无偿为政府服务的过程中，进一步发现了行业内的人才和商业机会	*	*	**	***

（续表）

阶段（事件数量）	时间	事件代码	事件类别		事件内容	事件强度属性			事件空间属性
			积极类	消极类		新颖性	颠覆性	关键性	
创建景观规划设计公司（12）	2015. 08	JG5		Y	资质缺乏错失商机：由于没有工程施工资质，与同行业竞争一个700万元的项目失败。越来越多的单位要求规划设计与施工由同一家企业完成，公司发展出现隐忧	***	***	***	***
	2015. 12	JG6	Y		学校创业政策：文科横向课题到学校账户经费40万元以上、理工科60万元以上，职称评审时等同于获得国家级科研项目的作用，激发了教职工开展创业的热情，稳定了LS的团队	**	**	**	***
	2016. 10	JG7		Y	高质量设计师缺乏：景观规划设计行业越来越追求创新性、高质量的设计。由于高水平设计师缺乏，两次大项目招标失败	**	***	***	**
	2017. 07	JG8			寻求跨区域合作：成功与重庆和成都的两位景观规划设计师形成网络合作	**	**	***	***
	2018. 02	JG9	Y		整合资源、识别商机：公司决定与行业内其他企业合作，开展工程施工。LS团队继续以高校专家身份在服务政府的景区项目评审和新农村建设中，发现了更多的商业机会	***	**	***	***
	2018. 12	JG10	Y		提升科研能力：LS的学术专著，获得全市哲学社会科学优秀成果奖一等奖，决策咨询报告获得市政府领导批示，提升了其在行业内的声誉	**	*	**	***
	2019. 09—12	JG11	Y		政府政策扶持：市政府支持当地高校每年1亿元，用于校企合作项目。LS及其企业助推学校成功建设服务地方的旅游创新发展研究院，并获得地方政府每年100万元的运行经费支持	***	*	**	***
	2019. 03—2020—02	JG12	Y		商业模式转型：向互联网景观规划设计公司转型，形成以“线上”为主+“线下”为辅的运行模式。尤其是2019年底新冠肺炎疫情的影响，更加推动了公司线上办公模式	***	***	***	***

法，根据关键事件对连续创业者的正向和负向作用，分别记录为积极事件和消极事件。“ *** ”表示事件强度很强，“ ** ”表示强度一般，“ * ”表示强度弱。“ *** ”表示事件空间范围可达所在学校和行业，“ ** ”则表示事件空间范围可达行业内，“ * ”表示事件空间范围可达组织内。具体事件的描述及其属性见表 4-1。

两家企业均是 LS 在同一所大学工作期间先后连续创建的，具有时间、空间上的连续性，LS 作为教师工作的背景相同，企业的业务方面也有一定的关联性，这更有利于剖析什么样的事件和影响路径更能实现创业能力的提升。本研究分析的内在逻辑是，以关键事件为基本分析单元，连续学术创业者所经历的每一次事件都可能推动着她创业认知的变化，激发再创业的动机，进行创业学习，提升创业能力，采取后续创业行动。

第二节 关键事件对学术创业失败修复的作用机制

关键事件对学术创业失败修复的作用机制，主要包括关键事件对连续学术创业者失败情绪修复、创业动机形成的作用机制；关键事件对连续学术创业者创业学习、创业能力关系的作用机制；政策对连续学术创业者的创业能力提升的作用机制，以及积极事件与消极事件对学术连续创业者创业能力演进的交互影响机理。

一 关键事件对连续学术创业者失败情绪修复、创业动机形成的作用机制

为什么有的创业者在经历失败后能继续创业？诸多学者认为，创业失败的情绪恢复和再创业动机的形成至关重要（Shepherd and Cardcn，2009[①]；Yamakawa et al.，2015[②]）。学术创业失败后创业者容易出现负面情绪，如悲

① Shepherd, D. A., Cardon, M. S., "Negative Emotional Reactions to Project Failure and the Self-compassion to Learn from the Experience", *Journal of Management Studies*, Vol. 46, No. 6, 2009, pp. 923-949.

② Yamakawa, Y., Peng, M. W., Deeds, D. L., "Rising from the Ashes: Cognitive Determinants of Venture Growth After Entrepreneurial Failure", *Entrepreneurship Theory and Practice*, Vol. 39, No. 2, 2015, pp. 209-236.

伤、愤怒、悔恨等，影响创业者的身心健康，关系后续创业动机是否形成和学习行为是否产生，并最终影响创业能力的提升。LS 创建的首家公司为旅游服务公司，经过同行竞争（LY2）、商业模式变革（LY3）、公司转型不成功（LY4）和最终创业失败（LY5）的系列消极事件，导致 LS 感到沮丧、难过，甚至会失眠。

第一，情绪修复。LS 采取了恢复导向的情绪修复策略。“慢慢地，我又把精力放到了教学、科研和照顾家庭上。”通过“移情”和时间上的缓和在一定程度上调节了负面情绪（XF3）。LS 与团队成员一起努力降低失败损失（XF2），采取了损失导向修复策略。在此基础上，LS 认真反思总结出失败的六大原因（XF4）。LS 受过高等教育和教学、科研的训练，面对失败，较好地采取了情绪修复的恢复导向和损失导向策略，并在创业认知上采取了反思取向的恢复策略，能较好地从负面情绪中恢复，并促进她集中思考失败原因，为创业动机的形成和后续的创业学习奠定了重要基础。

第二，创业机会发现。当 LS 能理性看待这次创业失败时，是否再创业又成为当时很纠结的问题。创业失败后的第 4 个月，LS 牵头 1 个 5A 级景区的整体规划、1 个全市“古八景”旅游项目策划，在完成的这些项目当中，LS 发现旅游景观设计、新农村建设规划具有很大的市场潜力，而自己是从事景观规划设计教学与科研工作，有技术优势，由此识别出商业机会（XF9）。

第三，政策作用。此阶段，学校出台政策和成立专门的区域服务机构支持教师创业，也让 LS 看到创业环境的改善。访谈中通过 LS 的自述和团队成员提供材料的相互印证发现，情绪修复、创业机会发现、政策作用是促使 LS 产生再创业动机的重要原因，其中事件 XF9 是促使 LS 产生再创业动机的主要因素，事件强度属性具有比较高的新颖性和关键性。因此，可以得出以下命题：

命题 1a：恢复导向、损失导向和反思取向的情绪修复策略相互作用，能促使学术创业者从创业失败的消极事件中恢复情绪。

命题 1b：情绪修复、创业机会发现和学校政策支持的综合作用，有利于促进学术创业失败者形成再创业动机。

二 关键事件对连续学术创业者创业学习、创业能力关系的作用机制

（一）关键事件对连续学术创业者创业学习、创业机会识别能力关系的影响

创业机会的发现不仅有利于形成再创业的动机，也是开启后续创业的基础。创业机会识别能力是创业能力的重要组成部分。失败相比于成功，更可能激励创业者学习，诸多研究证实失败学习对创业能力提升具有重要作用。失败学习能够丰富创业者的知识，拓宽创业者的视界，有助于创业者以更谨慎的态度、更全面地搜寻和识别机会①。

一是失败过程中的消极事件具有重要价值，有助于激发创业失败者重视创业学习。例如，LS 在经历创业失败系列消极事件后，在创业失败恢复期中，又经历了竞争社会服务项目失败事件（XF7），这些消极事件促使其进一步重视创业学习。同时，促进 LS 化被动为主动，创造系列积极事件，强化学习活动（XF8、XF9、JG3、JG4、JG10）。

二是创业学习与机会识别相关的知识，有助于识别新机会、准确理解新机会的价值，以及做出决策是否开发此机会。创业学习是创业者了解市场需求，提升创业机会识别能力的重要途径。LS 通过系列教学、科研强化自身的学术能力和核心技能，为学术创业提供必要条件，通过对创业失败的反思学习和在服务政府、社会的项目中，通过“做中学”，拓宽视界，识别失败创业机会，发现商机（XF8、XF9、XF10）。

三是不同学习方式的作用。LS 在建立和运行第一家公司的过程中，主要是采取了单环学习的方式。例如，组织了团队学习调研（LY1），但这主要是基于原有的企业管理环境和认知模式，在原有价值系统和行为框架内收集和关注针对企业某个具体问题的解决信息，是在不改变企业管理运行模式下的学习，属于单环学习行为。在发生创业失败后的学习行为中，LS 组织有单环学习（JG3），但更多的是双环学习，因为创业失败使 LS 重新审视自己的创业行为，改变原有的心智模式，与更多行业人才、

① Stokes, D., Blackburn, R., “Learning the Hard Way: The Lessons of Owner-managers who Have Closed Their Businesses”, *Journal of Small Business & Enterprise Development*, Vol. 9, No. 1, 2002, pp. 17-27.

企业负责人开展网络化、互动式学习（XF8、JG9）。采取双环学习，有助于其形成更有前瞻性、更成熟的心智模式，使其视野更开阔、思路更灵活，使创业者通过新的途径、方式或者到新的领域收集市场信息，这种信息量的增加能够帮助创业者更好、更快地识别机会[①]（JG12）。

命题 2a：消极事件有助于激发连续创业者重视创业学习，主动创造积极事件，并强化学习活动。

命题 2b：双环学习较单环学习是连续创业者使用更多的学习方式，也更有利于提升创业机会识别能力。

（二）关键事件对连续学术创业者创业学习、资源整合能力关系的影响

创业资源是连续创业者成功的重要基础。资源整合的过程既包括对企业内部和外部资源的开发，也包括对全部资源的配置优化，其目的是实现各类资源的协同效应，这就要求创业者必须具备相应的资源整合能力。失败学习能丰富创业者的资源管理技能和管理经验，提升创业能力[②]。LS 及其企业面临的一系列消极事件，使其认识到创业资源的不足，促使其创造积极事件，获取资源。第一家企业运营的过程中，发现同行竞争带来的市场机会资源匮乏（LY2），甚至带来了创业的失败，后续创业时则创造积极性事情，加强与政府、景区的合作，扩展市场机会（XF9、JG4）。在首次创业过程中，在商业模式变革和准备公司转型发展过程中，发现缺乏销售门店、缺乏政策支持方面的资源，后续创业时则采取了“线上+线下”的商业模式，以及运用学校政策稳定创业团队等（JG6、JG12）。在后续创业过程中，因企业相关资质缺乏和设计师人才不足，错失商机，后续采取了整合相关企业资源（JG9）、异地聘请设计师（JG8）的资源整合策略。在应对一系列消极事件，进而创造主动事件的过程中，双环学习起到关键作用。例如，采访过程，LS 就强调“我主要是对景观规划设计在行，但对后续施工环节并不懂，可是我必须学习，这样至少我能知道基本流程和重要的注意事项”。更重要的是，LS 反复强调其主动寻找学习机会，“多次参加全国性学术会议，与专家、政府部门负责人、行业技术人员不

① 郝喜玲、朱兆珍、刘依冉：《失败情境下创业学习、创业知识与再创业绩效关系研究》，《科技进步与对策》2019 年第 16 期。

② Politis, D.,“The Process of Entrepreneurial Learning: A Conceptual Framework”, *Entrepreneurship Theory and Practice*, Vol. 29, No. 4, 2005, pp. 399-424.

断交流互动”，从江苏到重庆、四川、广东、海南多地调查研究，不停地与创业环境互动，建构生成新的知识，提升创业能力。正是通过学习深度越深、与外界互动越频繁、视野更开阔的学习方式，更有效地提升了 LS 及其团队的创业资源整合能力。

命题 2c：连续学术创业者通过不断的双环学习来提升创业资源整合能力，创造积极性事件，回应消极事件。

（三）关键事件对连续学术创业者创业学习、商业模式创新能力关系的影响

失败学习能显著促进商业模式创新①，但传统的创业能力研究主要关注创业者的机会识别能力和资源整合能力，对创业者的商业模式创新能力缺乏研究。然而，随着数字经济的快速发展和互联网的兴起，新的商业模式正在不断涌现。商业模式是创业者创意的具体化，是一个企业运用各种资源，生产商品或提供服务，使客户购买的产品或服务转化为企业的盈利，这对学术创业者的创业能力提出了更高的要求。学术创业者主要在大学或科研机构内部工作，缺乏对商业模式的研究和相关实践经验。创业机会识别和创业资源整合是商业模式创新的基础，因为商业模式的成功，首先来自识别市场上未得到满足的客户需求；同时，商业模式的运行，要以企业的核心资源为基础。没有资源，商业模式就难以实现其价值。例如，研究者发现企业的集聚、整合和配置网络资源的能力对商业模式具有显著的正向影响②③。商业模式创新能力，是在统筹创业机会识别能力和资源整合能力基础上进而形成的，且相互促进。LS 通过单环学习了解和改善企业的内部管理（LY1、JG3），并采取双环学习（LY3、XF8、JG4、JG9、JG10 等），打破自身企业边界，加强与行业知名企业合作、与知名设计师合作，并在此基础上，重构商业模式，采取景观规划设计的互联网平台，实现“线上+线下”的运行模式，重新定义客户，扩大了业务量。企业在应对 2019 年年底的新冠肺炎疫情中，这种新的商业模式发挥了重要作用，

① 周雪、李翔龙、孟晓娜：《失败学习与商业模式创新——创业动态能力的中介作用》，《科技进步与对策》2019 年第 24 期。

② 胡保亮、田萌、闫帅：《高管团队异质性、网络能力与商业模式调适》，《科研管理》2020 年第 1 期。

③ 刘贵文、李凯健、张应珍、郭攀：《技术变革背景下在位企业资源基础与商业模式创新：二元动态能力的中介作用》，《管理评论》2019 年第 7 期。

在线办公、在线经营保住了客户、保住了现金流，在同行当中赢得发展机遇（JG12）。因此，可以得到以下命题：

命题2d：连续学术创业者通过单环学习和双环学习来提升整合创业机会和创业资源的能力，进而形成商业模式创新能力。

三　政策对连续学术创业者的创业能力提升的作用机制

政策支持有利于营造良好的创新创业氛围，对激发学者的创业动机具有积极影响。同时，政策在连续学术创业者的创业能力提升中也起到重要作用。由于学术创业者不同于社会上一般的创业者，他们大都有“大学教师”或“科研人员”的身份，容易安于现状，所以政策的激励作用，以及在创业失败中的扶持作用就显得非常重要。

调研发现，一是连续学术创业者认为，相比较于政府的创业政策，更加需要所在单位的创业政策支持。LS及其团队讲述：“当时之所以在校内创办旅游服务公司，就是因为学校那时还没有明确的创业支持政策，我们只能摸索，不敢到社会上放手大干。”（LY4）“最近几年，学校出台了一系列政策，而且政策力度越来越大，比如，教师获得横向课题，学校还给予配套奖励；到大学科技园创业给予各种优惠条件等。”（JG2、JG6）“政府有创业政策支持（JG11），但更需要我们自己单位的政策支持，因为我们不像社会上的创业者那样自由，没有学校的配套支持我们也开展不了创业。”这也说明学术创业者的特殊性，他们一般都有母体单位，大学或科研机构，除了来自政府宏观层面的政策支持，来自创业者所在机构的政策支持显得更为重要。连续学术创业者也更加认可学校的创业政策对创业能力提升的重要作用。二是创业政策并非直接作用于连续学术创业者，而是通过多途径来间接影响，发挥重要的调节作用。LS及其团队讲述：“2002年学校成立区域服务处，帮助老师们开展社会服务活动，创业的氛围就开始更浓了……我们在社会服务当中也逐步发现了创业机会。”“学校创业园提供了企业孵化的场地和启动资金，以及企业创建的技术支持。”“政府支持学校建设旅游发展研究院，对提升我们学校在旅游服务方面的知名度有重要作用，也有助于我们公司的运行。”创业政策正是通过在自己单位内部增强创业氛围、提供创业机会，以及通过加强创业基础设施建设，提供创业场地、资金等孵化机会，鼓励学者创业。因此，提出如下命题：

命题3a：连续学术创业者更容易感知所在机构的政策支持，并有助于提升创业能力。

命题3b：政策在关键事件提升连续学术创业者的创业能力过程中，起到重要的调节作用。

四　积极事件与消极事件对学术连续创业者创业能力演进的交互影响

连续学术创业者在首次创业初期、创业失败修复期和后续创业过程中，积极事件和消极事件不断交替，创业能力在这些事件的交互中不断塑造并获得发展和提升。首次创业初期，学术创业者缺乏企业管理经验，市场机会识别能力不足，在面对同行竞争时，市场份额急剧下降；资源整合能力不足，企业试图转型不成功；商业模式创新能力不足，导致商业模式转型不成功，最终创业失败（LY2—LY5）。在创业失败恢复期，学术创业者采取情绪修复的多种策略，逐步从失败中走出，逐渐创造积极事件（XF8—XF10等），在社会服务中识别创业机会，产生创业动机。在后续的创业过程中，学术创业者更加积极应对消极事件（JG5、JG7），主动创造积极事件，有效识别创业机会、获取创业关键资源、创新商业模式。LS正是在为期12年的积极事件与消极事件交互作用的创业历程中，创业能力不断得到积累和提高，从被动转为主动。这一研究结论与已有研究关于社会一般创业者能力形成的观点类似①。因此，提出命题4：

命题4：积极和消极事件在连续学术创业者的创业初期、失败修复期和后续创业过程中交替出现，并塑造和提升学术创业能力。随着学术创业能力的提升，积极事件不断增多，学术创业者机会识别、资源整合、商业模式创新的能力得到巩固，从而形成了创业能力提升的正反馈。

第三节　基于事件系统理论的连续学术创业者的创业能力形成路径

本研究基于事件系统理论，通过对连续学术创业者12年的创业经历的深度纵向案例研究，得出以下结论和启示。

① 张默、任声策：《创业者如何从事件中塑造创业能力？——基于事件系统理论的连续创业案例研究》，《管理世界》2018年第11期。

一　连续学术创业者关键事件发展脉络

第一，积极事件和消极事件在“失败—修复—再创业”三阶段中交替出现，且积极事件逐渐增多，二者交互作用促进连续学术创业者创业能力的不断提升。一是有失败经历的连续学术创业者，历经了“学术创业及其失败—创业失败修复—后续创业”的不同阶段，其中创业失败修复发挥承上启下的重要作用。系统梳理连续学术创业者创业过程中经历的27件关键事件，发现LS经历了2009年8月至2012年5月的首次学术创业及失败阶段；2009年5月至2013年1月学术创业失败修复阶段；2013年3月到现在的后续学术创业期阶段。二是三个阶段中，积极事件和消极事件不断交替，创业能力在这些事件的交互中不断塑造并获得发展和提升。图4-2展示了连续学术创业者的关键事件及发展脉络。图4-2中编号5、8、9、15、16、24、27都是事件强度属性突出的事件，体现了上述三个阶段中的关键节点。

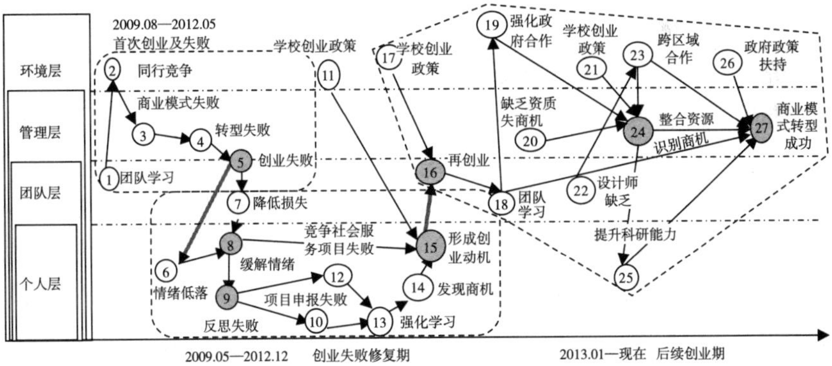

说明：编号代表事件顺序，并与表1中所列出的27件事件顺序一致。箭头表示事件作用方向。

图4-2　连续学术创业者关键事件发展脉络

第二，情绪修复、再创业动机形成是学术创业失败修复期的关键事件，是触发后续创业能力提升的重要前置变量。连续学术创业者，面对创业失败，可以发挥教师、科研工作者所具有的良好素质的特点，采取“损失导向”、“恢复导向”和“反思取向”策略，对沮丧、悲观的情绪进行修复，对失败的原因进行客观分析，为后续创业动机形成、创业学习奠定基础，并进而促进创业能力提升。图 4-2 左下的方框展示了其中的关键内容。图 4-2 中 15 号是形成再创业动机事件，它是后续创业的前提条件，而它是受到 8 号（缓解情绪）、9 号（反思失败）、11 号（学校政策）、14 号（发现商机）的直接作用形成的，反映出连续学术创业者在失败后形成再创业动机受到内外多种因素的综合作用。

第三，连续学术创业者的创业能力形成有丰富的内涵机理，不同的事件和创业学习方式对其创业能力的发展有不同的作用路径。在积极事件和消极事件的交互作用过程中，政策起到重要的调节作用。学术创业者的创业能力不同于社会一般的创业者，主要包括创业机会识别能力、创业资源整合能力和商业模式创新能力。一是消极事件有助于激发连续创业者进行创业学习。相对于单环学习，双环学习是连续学术创业者使用更多的学习方式，更有利于提升创业机会识别能力。二是连续学术创业者通过单环学习和双环学习来提升整合创业机会和创业资源的能力，进而形成创业的商业模式创新能力。三是连续学术创业者更容易感知所在机构的政策支持，并有助于提升创业能力。政策在关键事件提升连续学术创业者的创业能力过程中，起到重要的调节作用。

总之，本研究揭示出在连续学术创业者创业历程中，积极事件和消极事件对学术创业能力提升的机理过程，包括识别出“情绪修复、创业学习、政策支持”的重要作用，尤其是对学术创业机会识别能力、资源整合能力、商业模式创新能力影响的基本脉络。同时，随着学术创业能力的提升，积极事件不断增多，学术创业者机会识别、资源整合、商业模式创新的能力又得到巩固，从而形成了创业能力提升的正反馈，如图 4-3 所示。

二　提升学术创业能力的策略

本研究结论对学术创业者和相关机构管理人员和决策者，具有重要的启示意义。

第一，高校要开设创业失败管理的相关课程，提升学术创业者应对创业失败的能力。失败是创业过程中高频率事件，而当前的创业教育主要是教如何成功，忽视了如何面对和处理创业失败。高校要开设专门针对教师、科研人员“创业失败管理”的课程，提升应对创业失败的负面情绪的能力。通过课程学习，让学术创业者了解创业失败的管理策略。学术创

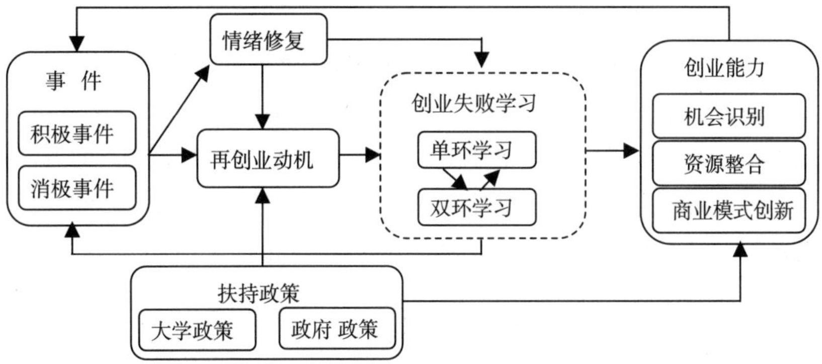

图 4-3　基于事件系统理论的连续学术创业者的创业能力形成路径

业者面对创业失败，要采取合适的损失导向策略降低失败的损失，采取恢复导向策略调节情绪，采取反思取向反思失败的内在原因，更重要的是多种策略的综合作用，比如及时止损，降低了损失就有作用于抚慰失败带来的负面情绪。

第二，高校要出台创业支持政策以激发创业动机，为提升创业能力奠定基础。学术创业者对高校提供的创业政策更具感知度，高校创业政策对学术创业者的创业动机形成和创业能力提升更具作用。要出台创业帮扶政策，尤其在创业初期，除了提供场地和启动资金的帮助外，更需要提供企业创建的技术指导。在创业失败的时候，能给予相应的扶持政策，比如对接政府科技保险的政策、创业失败退出的支持政策。完善离岗创业教师的保障机制，例如创业的工作量能与教学、科研的工作量打通计算等。鼓励教师参加社会服务，在接触市场的过程中让教师发现创业机会，激发创业动机。

第三，学术创业者要充分发挥单环学习和双环学习的作用，提升创业机会识别能力、资源整合能力和商业模式创新能力。单环学习对提升创业机会识别能力和创业资源整合能力有一定的帮助作用，因为这种学习方式有助于创业者积累某方面的技能性知识，但某方面的知识学习越多，越可能会进入“熟练的无能”陷阱。双环学习的作用更大，尤其对商业模式创新能力这种更具综合性和创新性的能力，则要求采取双环学习的方式。当学术创业者辛苦创立一家企业进入平稳运行阶段，容易就经营中某个局部问题的解决进行单环学习，而忽视外部的环境变化。互联网时代，更需要创业者反思创业过程中问题的根源，以沟通对话、团队合作、沉浸式的双环学习方式，提升创业能力。

第四，学术创业者要充分利用积极事件和消极事件的交互作用，提升创业机会识别能力、资源整合能力和商业模式创新能力。创业的过程基本上都是积极事件和消极事件相互交织、相互嵌入，而创业能力是一种实践性非常突出的能力，在消极事件和积极事件的交互过程，正是创业能力锻炼的过程。一方面，学术创业者要充分利用自身教学科研的优势，充分剖析创业失败事件的价值，以积极的心态应对消极事件。尤其是在处理高强度的消极事件过程中，将处理的结果内化为自己的知识，提升对市场机会识别的能力、资源整合的能力等。另一方面，学术创业者要以开放的理念、合作的方式，整合资源，主动创造积极性事件，并不断总结创业经验，塑造自身的学术创业能力。

第五章

高校学术创业能力的时空演进与影响因素研究

创业能力是高校学术创业的核心要素。长江经济带是具有全球影响力的内河经济带，是国家重大战略实施区域，拥有创新创业要素活跃的长江三角洲城市群、长江中游城市群和成渝城市群三大城市群（以下简称“三大城市群”），汇聚了众多的本科院校，包括一批实力出众的研究型大学。高校作为城市群发展的重要智力支撑，正在成为区域创新创业的重要力量，在城市群的崛起和持续发展中起到关键性作用。高校学术创业能力的提升将有助于学术创业失败的修复和成果，改善学术创业效率，因此，研究高校学术创业能力的时空演进与影响因素具有重要的意义。

第一节　理论基础与研究设计

理论基础与研究设计部分阐述了本章的研究目的，以及学术创业能力的研究现状；并重点阐明了本章所使用的研究方法，构建了高校学术创业能力综合评价指标体系，为后续研究奠定基础。

一　研究背景

（一）研究目的

我国高校潜在的学术创业者数量庞大。2019 年，就有 44 万名研究与发展人员（指研发时间占本人教学科研总时间 10%以上的教学科研人员），研发经费支出达 967 亿元，专利授权 18.5 万项①。推动长江经济带发展是党中央作出的重大决策，但是长江经济带三大城市群的高校学术创

① 中华人民共和国教育部科学技术司编：《2018 年高等学校科技统计资料汇编》，高等教育出版社 2019 年版。

业能力、产业基础、创新创业资源等方面存在不均衡不协调的情况，高校学术创业成功率还偏低，迫切需要研究提升城市群的高校学术创业能力，助推长江经济带发展。

近年来，关于高校学术创业的研究主要集中在高等教育研究和管理研究领域，且主要聚焦在学术创业的内涵①、影响因素②、创业模式③、创业策略④等方面，对高校学术创业能力及其与区域经济发展关系研究的文献还偏少，对高校学术创业能力的研究不足，尤其是研究高校学术创业能力时空格局与影响因素的文献鲜见。为此，本书以 1997 年、2008 年和 2018 年长江经济带上成渝城市群、长江中游城市群、长江三角洲城市群三大城市群地级及以上单元作为研究主体，结合相关研究以及专家建议进而构建出高校学术创业能力的综合评价指标，综合集成因子分析、核密度估计法、冷热点等空间分析法，对不同时间阶段三大城市群高校学术创业能力的时空格局进行研究，并运用地理探测器测算其相关影响因素，为我国高校学术创业能力提升和城市群建设提供科学依据和政策参考。

（二）研究现状

1. 学术创业能力

创业能力的研究最早从 20 世纪 90 年代开始，主要由西方学者发起。研究界一般从个体与组织两个层面界定创业能力。基于个体层面的创业能力研究大多认为创业能力包括性格特质、技能和知识等⑤；而基于组织层

---

① Skute, I., "Opening the Black Box of Academic Entrepreneurship: A Bibliometric Analysis", *Scientometricss*, Vol. 120, No. 1, 2019, pp. 237-265.

② Perkmann, M., Tartari, V., McKelvey, M., et al., "Academic Engagement and Commercialisation: A Review of the Literature On University-industry Relations", *Research policy*, Vol. 42, No. 2, 2013, pp. 423-442.

③ Backs, S., Markus, G., Stummer, C., "Stimulating Academic Patenting in a University Ecosystem: An Agent-based Simulation Approach", *Journal of Technology Transfer*, No. 44, 2019, pp. 434-461.

④ Guo, F., Zou, B., Guo, J., et al., "What Determines Academic Entrepreneurship Success? A Social Identity Perspective", *International Entrepreneurship and Management Journal*, Vol. 15, No. 3, 2019, pp. 929-952.

⑤ Muzychenko, O., "Cross-cultural Entrepreneurial Competence in Identifying International Business Opportunities", *European Management Journal*, Vol. 26, No. 6, 2008, pp. 366-377.

面的创业能力研究，则把创业能力定义为组织根据识别到的市场机会获取所需资源以开发机会，或者建构新市场机会的能力①②。从整合视角而言，创业能力是创业者成功执行创业任务所需要的知识和技能③。如有研究者认为高校教师创业能力主要由“态度、知识和创业技能”三个方面组成④。中国研究型大学创业能力的主要表征是“专利成果、产业绩效和技术转移”，其中专利成果是创业能力最重要的体现⑤。高校教师创业本质上是学术创业。学界比较普通认同的观点是，学术创业是知识从学术机构向外部社会环境转移的过程⑥⑦，学术创业既包括商业性学术创业活动，如创业企业、技术许可、合作研究开发，提供有偿顾问、咨询和培训，也包括非商业性学术创业活动，如提供咨询、学术出版等⑧。

2. 高校学术创业与区域经济社会发展

高校学术创业能力在区域经济发展中的重要作用日益被学界所重视。国外学者，如 Maria 和 Vadim 认为，学术创业是区域经济增长和社会变革的重要动力⑨。Kruss 等研究认为，技术创新能力的提升是实现高等教育

---

① Karra, N., Phillips, N., Tracey, P., “Building the Born Global Firm: Developing Entrepreneurial Capabilities for International New Venture success”, *Long Range Planning*, Vol. 41, No. 4, 2008, pp. 440-458.

② Arthurs, J. D., Busenitz, L. W., “Dynamic Capabilities and Venture Performance: The Effects of Venture Capitalists”, *Journal of Business Venturing*, No. 21, 2006, pp. 195-215.

③ Liao, J. W., Kickul, J. R., Ma, H., “Organizational Dynamic Capability and Innovation: An Empirical Examination of Internet Firms”, *Journal of Small Business Management*, Vol. 47, No. 3, 2009, pp. 263-286.

④ 黄扬杰、黄蕾蕾、李立国：《高校创业教育教师的创业能力：内涵、特征与提升机制》，《教育研究》2017 年第 2 期。

⑤ 余新丽、赵文华、杨颉：《中国研究型大学创业能力研究——基于多元统计分析》，《复旦教育论坛》2011 年第 3 期。

⑥ Shane, S., “Academic Entrepreneurship: University Spinoffs and Wealth Creation”, *Social Science Electronic Publishing*, Vol. 30, No. 4, 2004, pp. 494-496.

⑦ 王季、耿健男、肖宇佳：《从意愿到行为：基于计划行为理论的学术创业行为整合模型》，《外国经济与管理》2020 年第 7 期。

⑧ Abreu, M., Grinevich, V., “The Nature of Academic Entrepreneurship in the UK: Widening the Focus on Entrepreneurial Activities”, *Research Policy*, Vol. 42, No. 2, 2013, pp. 408-422.

⑨ Maria, A., Vadim, G., “The Nature of Academic Entrepreneurship in the UK: Widening the Focus on Entrepreneurial Activities”, *Research Policy*, Vol. 42, No. 2, 2013, pp. 408-422.

促进区域经济发展的重要途径①。Frank 等通过对大学支持太阳能新兴技术集群作用的案例研究，发现大学通过技术转让和产业孵化等活动，推动区域内产业集群发展②。Tommaso 等研究发现，教学、科研和社会服务三个方面产出效率高的大学促进了地方经济发展③。国内学者，基于广东、北京、上海和江苏四大经济区的实证研究，发现高校的创新直接推动了区域经济增长④；我国省域高校创新产出从 2003 年的“沿海—沿江”分布演变至 2012 年在长江三角洲及山东、湖北、重庆等少数省域的集聚，同时高校创新产出对区域经济增长的拉动作用不断提升⑤。运用 Malmquist 指数分析发现 2002—2011 年 5 个“成长三角”区域的高校知识创新绩效空间差异明显，技术进步是影响区域高校知识创新绩效的主要因素⑥。采用网络 SBM 模型测算发现 2004—2014 年中国东西部地区高校科研成果转化效率差异性显著，地区禀赋、研发人才质量对该转化效率具有显著正向影响⑦。高等教育、经济增长和创新能力之间的耦合作用对区域可持续发展具有重要意义，在 2007—2017 年，江苏 13 个地级城市的耦合水平随着时间的推移而增加，城市之间差异明显⑧。基于长三角城市群四省社会网络分析的校企专利合作网络结构研究发现四省专利的合作程度有较大的差

① Kruss, G., McGrath, S., Petersen, I., et al., “Higher Education and Economic Development: The Importance of Building Technological Capabilities”, *International Journal of Educational Development*, No. 43, 2015, pp. 22-31.

② Calzonetti, F. J., Miller, D. M., Reid, N., “Building Both Technology-intensive and Technology-limited Clusters by Emerging Research Universities: The Toledo Example”, *Applied Geography*, No. 34, 2012, pp. 265-273.

③ Tommaso, A., Cristian, B., Roberto, Z., “Research, Knowledge Transfer, and Innovation: The Effect of Italian Universities' Efficiency on Local Economic Development 2006-2012”, *Journal of Regional Science*, Vol. 59, No. 5, 2019, pp. 819-849.

④ 许长青、金梦、周丽萍：《基于三螺旋模型的高校产学研协同创新对区域经济增长贡献的实证研究——以广东为中心的比较》，《教育学术月刊》2019 年第 5 期。

⑤ 胡曙虹、黄丽、范蓓蕾、肖刚：《中国高校创新产出的空间溢出效应与区域经济增长——基于省域数据的空间计量经济分析》，《地理科学》2016 年第 12 期。

⑥ 胡曙虹、杜德斌、游小珺、范斐：《中国“成长三角”区域高校知识创新绩效的时空演化分析》，《经济地理》2014 年第 10 期。

⑦ 覃雄合、杜德斌、刘树峰、范斐：《中国省际高校科研成果转化效率时空格局与影响因素——基于网络 SBM 模型的评价》，《地理研究》2017 年第 9 期。

⑧ Xu, H., Hsu, W. L., Meen, T. H., et al., “Can Higher Education, Economic Growth and Innovation Ability Improve Each Other?”, *Sustainability*, Vol. 12, No. 6, 2020, pp. 1-18.

异，表现出空间分布不均衡的特点①。实证研究发现，我国 31 个省份的高校学术创业与区域经济发展总体上呈现良好的耦合度，但二者之间也存在发展不平衡不充分的现象②。良好的学术创业能力更能促成产业—高校—科研机构之间的创新创业合作，促进地方产业的转型升级和经济发展③。类似的情况，高校学术创业能力对促进长江经济带的经济发展具有重要作用。2018 年长江经济带三大城市群拥有本科高校达 333 所，企事业单位委托高校的科研经费达 188.71 亿元④。尤其是一些实力出众的研究型大学发挥重要作用。例如，2018 年浙江大学横向到款科研经费达 15.31 亿元。转化科技成果 287 项，知识产权收益逾 1.19 亿元⑤。

3. 述评

综合上述文献分析发现，已有高校创新创业与区域经济社会发展相关的研究，但还需加强。一是已有文献侧重于高校创新能力的研究，对高校学术创业能力的探讨相对较少，特别是对高校学术创业能力时空格局与影响因素的研究薄弱。二是已有研究大都基于省域尺度，针对城市群这一具有重要作用的特定经济区域的实证研究相对较少。三是在研究方法上，通常以单个大学为案例，通过建立计量经济模型对学术创业能力进行分析，缺少利用 GIS 等空间可视化分析手段的研究⑥。为此，本研究对长江经济带三大城市群高校学术创业能力的时空格局进行系统研究，并运用地理探测器测算相关影响因素对三大城市群高校学术创业能力集聚格局的解释力，识别出“核心、次级和一般”的影响因素，弥补已有研究的不足。

---

① 许敏、王慧敏：《基于社会网络分析的校企专利合作网络结构研究——长三角城市群高校的省际比较》，《科技管理研究》2018 年第 24 期。

② 任梅：《耦合视角下大学学术创业与区域经济发展关系的实证研究》，《高校教育管理》2019 年第 6 期。

③ 曾尔雷、赵国靖：《高校服务区域经济发展的战略选择研究：创业型大学的视角》，《高等工程教育研究》2015 年第 5 期。

④ 中华人民共和国教育部科学技术司编：《2019 年高等学校科技统计资料汇编》，高等教育出版社 2019 年版。

⑤ 浙江大学校长办公室编：《浙江大学 2018 年统计公报》，http：//www.zju.edu.cn/588/list.htm，2019 年 4 月 25 日。

⑥ 汪凡、白永平、周亮等：《中国高校科技创新能力时空格局及影响因素》，《经济地理》2017 年第 12 期。

二　研究区概况

研究对象为长江经济带上三大城市群的高校学术创业能力。长江经济带是我国最大的内河经济带，具有较强的全球影响力，包括江苏、浙江、安徽、江西、湖北、湖南等9个省份和上海、重庆两个直辖市。三大城市群共包括地级市74个，1997年、2008年和2018年分别统计的高校数量为155所、174所、333所。

高校学术创业能力数据主要来自《高校科技统计资料汇编》。同时，利用《高校科技统计年鉴》1997年、2008年和2018年3期数据进行时间序列研究。选择数据年份的依据是，1996年是我国“九五”计划的开始年，同年召开了全国高校科技工作会议，国家教委印发了《关于加强高等学校为经济社会发展服务的意见》等重要文件，推动高校服务社会。2007年，中央组织部、教育部等部门联合印发《关于动员和组织广大科技工作者为建设创新型国家做出新贡献的若干意见》《国家技术转移促进行动实施方案》等重要文件，大力推动建立以市场、生产、学习、研究相结合的技术创新体系，这些对推动高校学术创业具有标志性意义，因此研究使用的高校科技统计年鉴数据分别是1997年、2008年和2018年。其中2018年为当前能获得的最新数据。

三　研究方法

本书采用核密度估计法刻画三大城市群高校学术创业能力的空间分布规律和特征，采用全局Moran's I指数来分析长江经济带三大城市群高校学术创业能力的空间相关性，测度不同邻近空间单元之间的整体相似程度及差异性。运用因子分析对三大城市群高校学术创业能力进行测度。运用地理探测器探究该地区高校学术创业能力地理格局的影响因素。

（一）核密度估计法

利用点要素的核密度分析，首先将点要素数据集进行输入，根据数据计算出整个区域的数据聚集条件，以生成一个连续的密度曲面，更直观地看到数据变化。在对三大城市群学术创业的空间分布研究中，以各城市为点要素，以当年的学术创业为权重，从定量分析的角度进行研究。通过等值线的走向趋势来展示高校的学术创业能力分布的空间变化情况，密度值越高代表高校的学术创业能力越强。

采用四次多项式核函数来估计，设 p 处的密度为 $\hat{\lambda} h\ (p)$，其计算公式为：

$$\hat{\lambda}_h(p) = \sum_{i=1}^{n} \frac{3}{\pi h^4}\left[1 - \frac{(P - P_i)}{n^2}\right]^2 \qquad 式\ (1)$$

式中：P 为待估计点的位置；P_i 为落在以 p 为圆心，h 为半径的圆形范围内的第 i 个高校的位置；h 代表步长，即以 p 为源点的曲面在空间上的延展的宽度，其取值会影响城市学术创业能力核密度值空间分布的平滑程度①。核密度估计法一般假设地理事物在地理空间上任何点都有随机出现的可能，密集的地区出现概率高，稀疏的地方发生的概率低。

（二）因子分析

运用因子分析三对大城市群高校学术创业能力进行测度。高校学术创业能力可以衡量人力资源水平、研发水平和学术成果转化水平的综合发展水平。将选取的评价指标统计数据进行因子分析，将提取出单个因子的方差贡献率占累计方差贡献率的比例作为权重，进行因子得分加权求和得到综合指数 $Id\ (x)$、$Ed\ (y)$、$Pd\ (z)$。整体系统的综合指数为子系统综合指数的加权求和值，计算公式如下：

$$Id(x) = a_1 \cdot \frac{b_1}{b} + a_2 \cdot \frac{b_2}{b} + \cdots + a_n \cdot \frac{b_n}{b}[Ed(y)、Pd(z)\ 同理] \qquad 式\ (2)$$

$$T = a \cdot Id(x) + b \cdot Ed(y) + c \cdot Pd(z) \qquad 式\ (3)$$

式中，a_1、a_2、…、a_n 为提取出的第 n 个因子的因子得分；b_1、b_2、…、b_n 为提取出的第 n 个因子的方差贡献率，b 为累计方差贡献率；$Id\ (x)$、$Ed\ (y)$、$Pd\ (z)$ 分别为人力资源水平、研发水平和学术成果转化水平子系统的综合指数；T 为“学术创业能力”整体的综合指数；a、b、c 为待定系数且为正常数，取值为 1/3。

（三）空间自相关

本书采用全局 Moran's I 指数来分析长江经济带三大城市群高校学术创业能力的空间相关性，测度不同邻近空间单元之间的整体相似程度及差异性。基于 Queen 原则，即共同边界或顶点的相邻规则，构建空间权重矩

---

① 袁丰、魏也华、陈雯等：《苏州市区信息通讯企业空间集聚与新企业选址》，《地理学报》2010 年第 2 期。

阵 W_{ij}。运用全局莫兰指数（Moran's I）测度各个城市之间的平均关联程度。Moran's I 指数范围在［-1，1］，若 Moran's I 越趋近于-1，则说明各城市与周围城市的学术创业能力离散分布性越强，若 Moran's I 指数越趋近于 1，则说明研究数据的集聚性越强，各城市和周边城市所研究的数据空间差异较小。当 Moran's I 指数大于 0 时，表明探索数据在空间表现出正相关；小于 0 时，说明空间负相关；等于 0 表示空间不相关，呈现随机分布。对结果进行 z 统计检验①。

具体计算公式如下：

$$I = \frac{\sum_{i}^{n}\sum_{i\neq j}^{n} W_{ij}(X_i - \bar{X})(X_j - \bar{X})}{\frac{1}{n}\sum_{i}^{n}(X_i - \bar{X})^2 \sum_{i}^{n}\sum_{i\neq j}^{n} W_{ij}} \quad (i \neq j) \qquad \text{式（4）}$$

式中：n 为空间单元的总数；x_i、x_j 为分别代表高校学术创业能力在空间地域单元 i 和 j 上的观测值；$\bar{X}$ 为高校学术创新能力的均值；W_{ij} 为空间权重矩阵。

四　评价指标体系构建

高校学术创业一般分为高校教学科研人员的学术成果创新阶段和基于学术成果进行创业阶段，因此，高校学术创业能力与高校创新能力既有联系又有区别，高校学术创业能力包括创新能力，主要体现为科研创新能力；同时高校学术创业能力还包括基于学术成果进行企业创建、成果商业化等方面的创业能力。在构建高校学术创业能力评价指标体系时，就需要考虑到以下因素：一是在学术成果创新和创业阶段都不离开人力资源，主要包括教学与科研人员、研究与发展人员，因此将人力资源水平作为高校学术创业能力考察的重要维度。二是由学术成果创新到实现创业过程中研发水平起到关键性的作用，因为研究与发展是实现由基础研究到应用开发研究的重要环节。高校教学科研人员的研发主要通过受资助的政府和企业经费，以及承担的课题数量和学术成果产出情况进行测量②。三是学术成果转化水平是衡量高校学术

① 郭政、姚士谋、陈爽、吴威、刘玮辰：《长三角城市群城市宜居水平时空演化及影响因素》，《经济地理》2020 年第 2 期。

② 卢方元、冀晴：《我国研发机构创新效率的 DEA 模型分析》，《商业经济研究》2015 年第 4 期。

创业能力的重要指标，其中技术转让签订合同数量和实际收入是重要的测量指标[①]。因为，高校学术创业本质是知识从学术机构向外部社会环境转移的过程[②]。根据高校学术创业的上述特点，遵循数据的可获得性与指标的可代表性原则，结合相关研究成果[③]，考量长江经济带高校学术创业能力主要由人力资源水平、研发水平、学术成果转化水平三个维度组成，在此基础上建立高校学术创业能力综合测度评价指标体系（见表5-1）。

表5-1　　　　高校学术创业能力综合评价指标体系

<table>
<tr><td rowspan="22">高校学术创业能力</td><td>一级指标</td><td>二级指标</td><td>三级指标</td></tr>
<tr><td rowspan="7">人力资源水平</td><td rowspan="3">教学与科研人力资源水平</td><td>教学与科研人员合计（人）</td></tr>
<tr><td>教学与科研人员中科学家与工程师人数（人）</td></tr>
<tr><td>教学与科研人员中高级职称的科学家与工程师人数（人）</td></tr>
<tr><td rowspan="4">研究与发展人力资源水平</td><td>研究与发展人员合计（人年）</td></tr>
<tr><td>研究与发展人员中科学家与工程师数量（人）</td></tr>
<tr><td>研究与发展人员中高级职称的科学家与工程师数量（人）</td></tr>
<tr><td>研究与发展人员全时当量人员（人年）</td></tr>
<tr><td rowspan="14">研发水平</td><td rowspan="5">科技经费投入</td><td>科技经费合计（千元）</td></tr>
<tr><td>政府当年拨入科技经费（千元）</td></tr>
<tr><td>企事业单位当年委托科技经费（千元）</td></tr>
<tr><td>其他当年拨入科技经费（千元）</td></tr>
<tr><td>当年内部支出科技经费（千元）</td></tr>
<tr><td rowspan="4">课题研究水平</td><td>科技课题总数（项）</td></tr>
<tr><td>科技课题当年投入人数（人）</td></tr>
<tr><td>科技课题当年拨入经费（千元）</td></tr>
<tr><td>科技课题当年支出经费（千元）</td></tr>
<tr><td rowspan="5">创新成果</td><td>科技专著数量（部）</td></tr>
<tr><td>科技专著字数（千字）</td></tr>
<tr><td>学术论文合计（篇）</td></tr>
<tr><td>在国外及全国性刊物发表的学术论文（篇）</td></tr>
<tr><td>鉴定成果数（项）</td></tr>
</table>

① 余新丽、赵文华、杨颉：《中国研究型大学创业能力研究——基于多元统计分析》，《复旦教育论坛》2011年第3期。

② 王季、耿健男、肖宇佳：《从意愿到行为：基于计划行为理论的学术创业行为整合模型》，《外国经济与管理》2020年第7期。

③ 汪凡、白永平、周亮：《中国高校科技创新能力时空格局及影响因素》，《经济地理》2017年第12期。

（续表）

<table>
<tr><td rowspan="5">高校学术创业能力</td><td>一级指标</td><td>二级指标</td><td>三级指标</td></tr>
<tr><td rowspan="2">研发水平</td><td rowspan="2">创新成果</td><td>科技成果授奖合计（项）</td></tr>
<tr><td>科技成果授奖中国家级奖项数量（项）</td></tr>
<tr><td rowspan="2">学术成果转化水平</td><td rowspan="2">技术转让</td><td>技术转让签订合同数（项）</td></tr>
<tr><td>技术转让当年实际收入（千元）</td></tr>
</table>

注：在参考汪凡等（2017）研究的基础上，通过专家研讨构建本评价指标体系。

资料来源：白永平、周亮等：《中国高校科技创新能力时空格局及影响因素》，《经济地理》2017 年第 1 期。

第二节　长江经济带高校学术创业能力时空演进特征

长江经济带高校学术创业能力的时空演进特征，主要从高校学术创业能力密度分布演变特征、高校学术创业时空格局特征和高校学术创业能力空间集聚性特征开展研究。

一　高校学术创业能力发展概况

长江经济带三大城市群中，高校数量最多的是长江三角洲城市群，2018 年有 157 所本科院校，其次是长江中游城市群，有 105 所本科院校，最后是成渝城市群，有 71 所本科院校。长江经济带三大城市群 1997 年、2008 年、2018 年的高校数量发展变化情况见图 5-1。

1997—2018 年，三大城市群高校学术创业能力的关键指标数据均呈现显著增长趋势（见表 5-2）。一是研究与发展人员数量能反映高校教职工当中从事学术创业的人力资源状况。其中，长江三角洲城市群拥有数量最多。二是获得的企事业单位科技资助经费，反映出高校教学科研人员具备相应的学术创业能力。长江三角洲城市群高校拥有企事业单位委托科技经费量最多，达到了 111.91 亿元。1997—2008 年，长江中游城市群和成渝城市群高校拥有企事业单位委托科技经费的增速都超过了 70%，高于长江三角洲城市群约 6 个百分点。2008—2018 年，长江中游城市群增速继续超过了长江三角洲城市群，成渝城市群与长江三角洲城市基本持平，反映出后者追赶长江三角洲城市群的态势。三是技术转让当年实际收入能反映出当年高校学术创业能力，即通过技术转让后获得的实际经济效益。1997 年、2008 年、

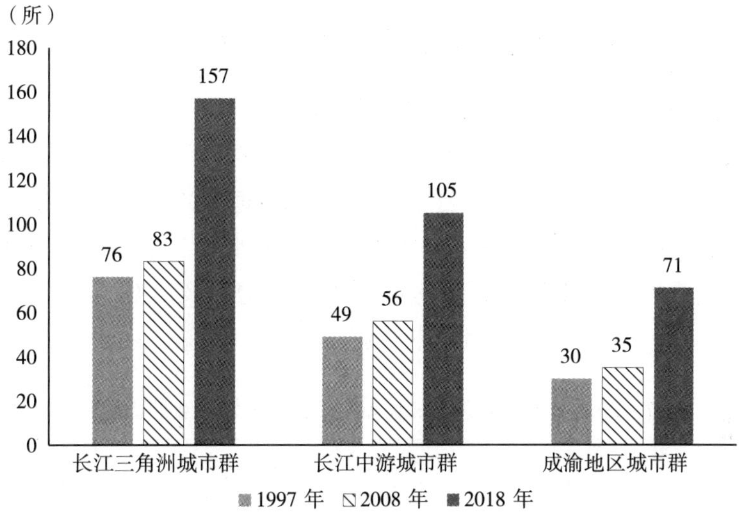

图 5-1　长江经济带三大城市群三年的高校数量变化

资料来源：中华人民共和国教育部科学技术司编：《高等学校科技统计资料汇编》（1997，2008，2018），高等教育出版社 1997、2008、2018 年版。

2018 年各观测年份，长江三角洲城市群在三大城市群中，拥有的技术转让当年实际收入最高。三大城市群都保持了高速增长，增长最快的是成渝城市群，其次是长江三角洲城市群。

表 5-2　三大城市群高校学术创业能力关键指标数据变化（1997—2018 年）

城市群名称	年份	研究与发展人员合计（人年）	较上一时间点的增长率（%）	企事业单位委托科技经费（亿元）	较上一时间点的增长率（%）	技术转让当年实际收入（亿元）	较上一时间点的增长率（%）
长江三角洲城市群	1997	37383		16.06		0.57	
	2008	51485	27.39	44.86	64.21	2.76	79.23
	2018	67055	23.22	111.91	59.91	7.51	63.30
长江中游城市群	1997	20526		4.49		0.30	
	2008	23925	14.21	15.15	70.38	1.00	69.69
	2018	36659	34.74	45.34	66.58	2.19	54.28
成渝城市群	1997	12408		3.76		0.16	
	2008	23531	47.27	12.78	70.62	0.84	80.50
	2018	28767	18.20	31.46	59.37	3.98	78.85

资料来源：中华人民共和国教育部科学技术司编：《高等学校科技统计资料汇编》（1997，2008，2018），高等教育出版社 1997、2008、2018 年版。

二 高校学术创业能力密度分布演变特征

基于构建的高校学术创业能力的指标体系，以人力资源水平、研发水平、成果转化水平作为准则层，25 个因子作为指标层，利用因子分析得到地级研究单元的高校学术创业能力综合测度。以 1997 年、2008 年和 2018 年这三年时间截面上所统计的高校作为点要素，运用 ArcGIS10.2 软件核密度分析 3 个时间截面上的点要素的密度分布及演变情况，一共分为 7 级，统一采用 2007 年自然断点法的分级标准（见表 5-3）。

表 5-3 1997—2018 年长江经济带三大城市群高校学术创业能力因子分析结果

年份	准则层	因子	特征根	贡献率（%）	累计贡献率（%）
1997	人力资源水平	Z_1	4.967	99.344	99.344
	研发水平	Z_1	13.010	92.929	92.929
	成果转化水平	Z_1	2.817	93.907	93.907
2008	人力资源水平	Z_1	6.927	98.958	98.958
	研发水平	Z_1	2.580	93.829	93.829
	成果转化水平	Z_1	9.008	85.991	85.991
2018	人力资源水平	Z_1	6.910	98.715	98.715
	研发水平	Z_1	15.146	94.663	94.663
	成果转化水平	Z_1	1.962	98.080	98.080

如图 5-2 所示：1997 年，高校学术创业能力高值区主要集中于省会城市，学术创业能力总体较低。2008 年，高校学术创业能力与 1997 年相比有了一定提升，尤其体现在东部部分地区。高值区主要是在以上海市、南京市、杭州市为中心的区域。成渝城市群和长江中游城市群也有部分增长。2018 年，三大城市群高校学术创业能力值较 1997 年和 2008 年有较大幅度的增加，出现了高值区增多的现象，中低值区域也有一定增加，并成连片趋势。但是，总体上高值区域依然集中在几个中心城市，如上海、南京、武汉、成都、重庆。

三 高校学术创业能力时空格局

运用 ArcGIS 对地级研究单元高校学术创业能力的三个准则层指数及整体学术创业能力进行空间可视化分析，一共分为 7 级，统一采用 2007 年分级标准。

（一）人力资源水平时空演变

1997—2018 年高校学术创业能力的人力资源水平指数平均值分别为 8.347、10.556、11.418，标准差分别是 0.2556、0.1785、0.1747，高校学术创业能力的人力资源水平高值区主要集中在三大城市群省会城市与东部城市，中西部非省会城市多为低值分布。

1997 年，上海、武汉、南京的高校学术创业能力人力资源水平指数最高；2008 年，高校学术创业能力人力资源水平标准差降幅较大，表明高校学术创业能力的人力资源水平的地区差异在一定程度上减小，虽然整体上人力资源水平分异格局变化不大，但是各研究单元的人力资源水平都有一定的提升，东部和中部出现多块高值连片区，其与低值区交错分布；2018 年，高校学术创业能力人力资源水平最高的依然是上海、武汉、南京，人力资源水平标准差较 2008 年有少许下降，表明人力资源水平地区差异又进一步缩小，同时西部地区多个地级研究单元人力资源水平有较大提升。

（二）研发水平时空演变

1997—2018 年高校学术创业能力的研发水平指数平均值分别为 7.344、9.233、11.283，标准差分别是 0.2274、0.1588、0.1839，高校学术创业能力的研发水平高的地区主要集中在省会城市，中西部非省会城市多为低值分布。1997 年，上海、南京、武汉的高校学术创业能力研发水平指数最高。

与人力资源水平不同，南京的高校学术创业能力研发水平高于武汉。2008 年，高校学术创业能力研发水平标准差降幅较大，表明高校学术创业能力的研发水平的地区差异在一定程度上减小。整体上研发水平分异格局变化较大，不仅出现了全新的研究单元，而且各研究单元的高校学术创业能力的研发水平都有一定的提升，与高等教育的不断发展相适应。从地级研究单元来看，上海高校学术创业能力居第一位，南京则高于武汉；2018 年，高校学术创业能力研发水平最高的还是上海、南京、武汉，但是整个研究区域的研发水平标准差较 2008 年又开始上升，表明高校学术创业能力的研发水平的地区差异又呈现开始增大的趋势。

（三）成果转化水平时空演变

1997—2018 年高校学术创业能力成果转化水平指数平均值分别为

7.792、11.248、9.654，标准差分别是0.2352、0.2003、0.1455。高校学术创业能力的成果转化水平分布与人力资源水平和研发水平有一定的不同，部分城市的高校学术创业能力的成果转化水平波动较大。

综合比较成果转化水平几大高值区域，南京在1997年、2008年和2018年分别排名第一、第三和第一，武汉在三年的排名中，分别为第二、第一和第八，上海排名为第三、第五和第五，重庆排名为第六、第四和第二，成都排名为第五、第九和第三，杭州排名为第四、第六和第六，合肥为第七、第二和第十一。1997年除了几大省会城市外，各地级市之间的成果转化水平差异并不是很大，东西部差异并不明显。2008年省会城市与地级市间的差异仍然较大，体现在标准差降幅并不大。2018年高校学术创业能力的成果转化水平整体下降，标准差降幅加大，城市间的成果转化水平差异开始缩小。整体来看，高校学术创业能力的成果转化水平与城市规模等相匹配，但是也有一定程度的波动。成果转化水平2018年较2008年下降是值得注意的，主要原因是部分大城市成果转化水平下降明显，比如武汉、合肥。部分新增高校的成果转化水平较低，也降低了整体的成果转化水平。

（四）三大城市群学术创业能力综合水平

1997—2018年大部分地级市的高校学术创业能力综合水平不断增强，1997年、2008年、2018年高校学术创业能力综合水平值分别是9.37、12.5、20.39。成渝城市群高校学术创业能力高值区较为集中，长江中游城市群较为分散。但是随着高等教育的不断发展，成渝城市群继续密集发展，以武汉、长沙为核心的中游城市群以加快增速继续发展，但是其周边城市的高校学术创业能力发展较慢，而长江三角洲城市群的高值区分布已成连片之势，特别是在江浙沪地区更为明显。这也表明自1997年以来城市群的高校学术创业能力不断增长的同时也出现两极分化情况。其中，2008—2018年苏州、绵阳、无锡等地市的高校学术创业能力的增幅较大，由于增速不同，导致三大城市群高校学术创业能力综合水平之间不均衡问题日益突出。

四　高校学术创业能力空间集聚性

对长江经济带三大城市群高校学术创业能力的空间集聚性作进一步分析。1997—2018年地级研究单元的高校学术创业能力综合水平的全局 Moran's I 值测算 1997 年、2008 年、2018 年的数据，验证地级研究单元的高校学术创业能力综合水平是否存在明显的空间自相关特性。1997—2018 年地级研究单元的高校学术创业能力综合水平的全局 Moran's I 值分别是 0.0459、0.0951、0.0995，同时检验值 P 值分别为 0.0064、0.0005、0.0004（见表 5-4），均超过置信水平为 0.05 的显著性检验，且均为十分显著，全局 Moran's I 值均大于 0，表明 1997—2018 年地级研究单元的高校学术创业能力综合水平存在显著的空间正相关特性。

表 5-4　　高校学术创业能力综合水平的全局 Moran's I 值

年份	全局 Moran's I 值	Z	P
1997	0.0459	1.8510	0.0064
2008	0.0951	3.5008	0.0005
2018	0.0995	3.5413	0.0004

通过全局 Moran's I 值仅能在整体上看出高校学术创业能力综合水平之间的空间相关性，进一步采用 ArcGIS 热点分析，计算出 Getis-Ord G 指数，可以更好地展示出地级研究单元内部的集聚特征，从而能够更好地反映出区域内部之间的差异性以及集聚情况。1997—2018 年，地级研究单元的高校学术创业能力综合水平的热点区域与冷点区域空间上表现为交错分布的特征，冷点区和次冷点区不断增大，长江三角洲地区为主要热点区域。具体而言，1997 年三大城市群的高校学术创业能力次热点区比较密集，到 2018 年，部分次热点区域则发展成为热点区域。同时，次热点区范围也在不断扩大，包括了大部分的长江下游地区。

第三节　长江经济带高校学术创业能力时空演进的影响因素

高校学术创业活动的产生及其能力的发展高度依赖于特定的区域创业条件，包括所在城市的基础设施情况、经济发展水平、市场环境、劳动力素质等情况①②。参考高校学术创业能力已有研究文献中的机理分析③④⑤，本研究将“基础设施、政府投入、市场环境、劳动力素质、平台建设、金融支持、城市经济实力”七大因素作为三大城市群高校学术创业能力时空格局的影响因素进行分析。基础设施使用移动电话普及率（X_1）和互联网用户（X_2）两个指标表征；政府投入使用政府研发投入（X_3）和政府研发投入占GDP的比例（X_4）两个指标表征；市场环境使用居民消费水平（X_5）和按境内目的地和货源地分进出口总额（X_6）两个指标表征；劳动力素质使用科技服务业从业人数（X_7）和教育经费支出（X_8）两个指标表征；平台建设使用科技企业孵化（X_9）和孵化器创业导师（X_{10}）两个指标表征；金融支持使用科技企业孵化器孵化基金（X_{11}）和规模以上工业企业研发经费内部支出（X_{12}）两个指标表征。城市经济实力使用经济规模（X_{13}）、金融资本（X_{14}）和产业结构（X_{15}）3个指标表征。

将各影响因素采用自然断裂法分成4个级别，运用地理探测器测算其对三大城市群高校学术创业能力集聚格局的解释力⑥。探测结果表明，15个因子均对三大城市群高校学术创业能力分布格局产生影响，说明三大城市群高校学术创业能力分布格局受基础设施、政府投入、市场环境、劳动力素质、平台建设、金融支持、城市经济实力等因素的综合交互作用（见表5-5）。按照影响因子解释力值大小可将其分为核心影响因素、次级影响因素、一般影响因素3个等级。核心影响因素指标解释力值达0.8以上，次级影响因素解释力值处于0.4—0.8；一般影响因素解释力值低于0.4。

① 兰海霞、赵雪雁：《中国区域创新效率的时空演变及创新环境影响因素》，《经济地理》2020年第2期。

② 刘新民、宋红汝、范柳：《区域创业环境与创新平台对创业企业的吸引力研究》，《科技管理研究》2019年第7期。

③ 张英杰：《高校创业教育教师的学术创业能力评价及提升路径》，《高校教育管理》2018年第2期。

④ 余新丽、赵文华、杨颉：《中国研究型大学创业能力研究——基于多元统计分析》，《复旦教育论坛》2011年第3期。

⑤ 唐靖、姜彦福：《创业能力的概念发展及实证检验》，《经济管理》2008年第9期。

⑥ 王劲峰、徐成东：《地理探测器：原理与展望》，《地理学报》2017年第1期。

表 5-5　长江经济带三大城市群高校学术创业能力空间布局影响因子作用探测结果

	X_1	X_2	X_4	X_5	X_6	X_7	X_8	X_9	X_{10}	X_{11}	X_{12}	X_{13}	X_{14}	X_{15}
P_1	0.0836	0.6263	0.1842	0.7952	0.3968	0.3759	0.2060	0.8149	0.7854	0.4952	0.8157	0.8651	0.3957	0.2895
P 值	0.9395	0.2337	0.8258	0.1397	0.5908	0.5273	0.8431	0.3473	0.3142	0.4663	0.3450	0.2090	0.5748	0.8810

注：P_1 为探测力值。

一　核心影响因素

核心影响因素包括科技企业孵化（X_9）、规模以上工业企业研发经费内部支出（X_{12}）、经济规模（X_{13}）三个方面，其指标解释力值达 0.8 以上。经济规模（X_{13}）解释力达 0.8651，高居各因子之首，表明城市经济越发达，高校学术创业能力越强，也反映出区域经济的发展对高校学术创业有着较深的影响。规模以上工业企业研发经费内部支出（X_{12}）解释力为 0.8149，表明工业企业研发经费内部投入越多，有助于高校学术创业能力的提升。科技企业孵化（X_9）解释力值为 0.8149，表明加强科技企业孵化，对提升高校学术创业能力有帮助。地方能提供科技企业孵化的物理空间和基础设施的支持，一定程度上降低了高校学术创业的风险和成本，能够有效推动高校学术创业活动。

二　次级影响因素

次级影响因素为居民消费水平（X_5）、孵化器创业导师（X_{10}）、互联网用户（X_2）、科技企业孵化器孵化基金（X_{11}）、政府研发投入（X_3）。其中，居民消费水平（X_5）解释力值为 0.7952，为次级影响因素之首，表明居民消费水平对学术创业活能力影响在次级影响因素中影响最为显著。居民消费水平越高，越有利于学术创业能力的发展，因为市场的需求是高校学术创业能力提升的重要拉动力。孵化器创业导师（X_{10}）解释力值为 0.7854，以及科技企业孵化器孵化基金（X_{11}）解释力值为 0.4952，表明科技企业孵化器的发展能帮助学术创业能力的提升，尤其是创业导师的作用。高校学术创业者主要是学者，缺乏市场运作的经验和创业知识，创业导师在指导创业、孵化项目的过程中能起到重要作用。互联网用户（X_2）解释力为 0.6263，表明互联网发达地区的学术创业能力更为突出，学术创业活动已经呈现出更加网络化、智能化的特征，离不开网络服务的支持。政府研发投入（X_3）解释力为 0.4295 表明创业能力的发展离不开政府的支持，政府研发投入越多，高校教师和科研人员的研发活动越多，进而学术创业能力得到进一步的锻炼和提升。

三 一般影响因素

一般影响因素包括按境内目的地和货源地分进出口总额（X_6）、金融资本（X_{14}）、科技服务业从业人数（X_7）、产业结构（X_{15}）、教育经费支出（X_8）、政府研发投入占 GDP 的比例（X_4）、移动电话普及率（X_1），解释力值处于 0.2—0.4。一般影响因素中按境内目的地和货源地分进出口总额（X_6）解释力值为 0.3968 和金融资本（X_{14}）解释力值为 0.3957，两个因素接近于 0.4，表明进出口总额和金融资本的数量状况对高校学术创业能力的影响相对较为明显。其他一般影响因素的解释力相对较小，表明这类影响因素对高校学术创业能力的影响还不突出。它们较低的解释力说明科技服务业从业人数、政府研发投入占 GDP 的比例等指标，还未充分发挥其促进高校学术创业能力提升的作用。

通过探究长江经济带上三大城市群高校学术创业能力的时空演进特征和影响因素，得出以下结论。

第一，1997—2018 年，大部分地级市的高校学术创业能力不断增强，高值区在成渝城市群中较为集中，中游城市群以武汉、长沙为代表，长江三角洲城市群高值区已成连片之势。2008—2018 年，苏州、绵阳、无锡等市的高校学术创业能力综合水平增幅更为明显，城市群之间的高校学术创业能力不均衡问题日益突出。

第二，高校学术创业能力综合水平存在显著的空间正相关特性，其热点与冷点区域交错分布，热点区域稳定集中于长江三角洲城市群。

第三，三大城市群高校学术创业能力分布时空格局受基础设施、政府投入、市场环境、劳动力素质、平台建设、金融支持、城市经济实力等因素的综合交互作用。科技企业孵化、企业研发经费支出、经济规模，以及孵化器创业导师、孵化基金、政府研发投入等因子影响作用大。

四 研究结论与建议

高校学术创业能力时空格局的研究，清晰展示了长江经济带上三大城市群高校学术创新能力的时空分布特征，为三大城市群高校学术创业能力格局的协调和优化提供了证据支撑和科学依据。一方面，可以发挥热点地区，如长江三角洲城市群的引领作用，以及各城市群中省会城市的辐射作用，带动周边城市高校学术创业时空格局的优化；可以通过政策引导，有针对性地加强高校学术创业能力的人力资源水平、研发水平和成果转化水平，从而整体上提升高校的学术创业能力。另一方面，高校可以利用区域创业的条件，充分发挥"企业研发经费、科技企业孵化"等核心影响因素的重要作用，强化校企合作和学术创新成果的孵化，创办科技型企业，实现学术创业的落地。同时充分利用一般影响因素，如居民消费水平对学术创业的拉动作用，创业导师和科技企业孵化器及其孵化基金对学术创业的直接推动作用，从而不断优化长江经济带三大城市群高校学术创业能力的空间格局，提升高校学术创业能力的整体水平。

第六章

工业互联网平台赋能破解
高校学术创业困境

我国高度重视高校教学科研人员的学术创业，但高校教学科研人员还有大量的科研成果处于休眠状态，学术创业的成功率明显偏低，这一难题亟待破解。工业互联网平台的赋能为破解学术创业困境提供了新的重要路径[①]。

第一节　高校学术创业的困境与工业互联网平台

如今，创业环境发生了明显的变化。一是随着市场产品供给日益丰富多元，用户的个性化需求成为市场竞争的焦点，没有个性的产品越来越难以获得用户的青睐。二是先进的信息技术打破了不同组织在时间和空间上交流的障碍，大量用户通过数据化的方式参与创新创业。因此，普通消费者、创新者和领先用户等特殊消费者产生的大量数据已经具有高易获得性和高商业价值[②]。普通消费者通过“购买物品、点击流量，选择偏好”等在线行为就会自动生成大数据。通过数据共享平台，这些数据就可以为高校教师学术创业的研发阶段提供前期预警，为是否从事某项创业活动提供决策依据，避免后期的研发失败。三是通过工业互联网平台可以聚集普通大众的智慧，吸引领先用户、专业化用户进行创新创业协作，汇聚资源，共同解决创新创业难题。工业互联网是新一代信息通信技术与现代工业技术深度融合的产物，是制造业、服务业等行业数字化、网络化、智能化的

---

① 易高峰：《高校学术创业的困境突破与智能化转型——基于工业互联网平台赋能的思考》，《教育发展研究》2021 年第 1 期。

② Erevelles, S., Fukawa, N., Swayne, L., “Big Data Consumer Analytics and the Transformation of Marketing”, *Journal of Business Research*, Vol. 69, No. 2, 2015, pp. 897-904.

重要载体。它突破了传统的创新创业组织边界，主张利用大众智慧解决创新创业过程的各种难题。它是典型的分布式问题解决方式和社会生产模式，而学术创业大都是基于科技创新成果进行的创业，大都与工业互联网紧密相关，发挥工业互联网平台的作用，对破解学术创业困境具有重要的价值。

一 高校学术创业的困境

学术创业不同于一般的社会创业，创业的对象是科研成果，且大都是基于学者自身的科技创新成果进行创业。本研究的学术创业是指高校教学、科研人员（统称高校教师）利用科研成果进行技术许可、技术服务、合作研发和企业创建等活动，包括创新、创业两个主要阶段：学术成果的研究与发展（R&D）阶段，即以创新为主的阶段；基于研发成果进行的多种形式的成果商业化活动，即以创业为主的阶段。本研究主要讨论学术创业中企业创建类型的学术创业活动，因此将这一阶段称为“企业创建与运营”阶段。然而，从研究与发展阶段向企业创建阶段跨越的过程中，存在科技成果转化的“死亡之谷”。2019 年 11—12 月，本研究先后与“双一流高校”浙江 A 大学、南京 B 大学的校地、校企合作部门工作人员和江苏省产业教授代表进行访谈，实地走访深圳大学创业学院、“博士后在线”孵化平台（深圳），调研高校学术创业情况，发现高校学术创业研究与发展阶段和企业创建与运营阶段的困境如表 6-1 所示。

表 6-1 访谈对象与内容基本情况

访谈对象	访谈方式	访谈次数	访谈的主要内容
浙江 A 大学国内合作办公室负责人 L 教授	电话和微信交流	3	高校学术创业面临的困境，以及大数据、互联网时代，高校学术创业的出路
南京 B 大学创新创业与成果转化工作办公室 G 教授	微信交流	1	
江苏省“产业教授”L 教授	面谈	2	
深圳大学创业学院	面谈	1	
“博士后在线”孵化平台 F 总经理	面谈以及微信交流	4	

（一）研究与发展阶段的困境

在学术创业的研究与发展阶段，高校教师容易面临的困境：一是研发阶段缺乏市场相关的数据支持，容易造成决策失误，这是导致后续学术创业失败的重要原因。“博士后在线”孵化平台集人才共享、科创和双创资源于一体，致力于帮助高校科研人员加速科技成果转化，访谈中，该平台负责人F总经理认为“高校学术创业者主要来自教学、科研队伍，他们与市场结合不紧密，缺乏对市场需求信息的精准把握，缺乏对已有产品缺陷和所需改进之处的了解，缺乏对消费者心理和行为数据的分析，但是大多数高校教师主要基于对公开发表的文献（非实时数据状态），或小样本调研的基础上得出结论，就‘一头扎进’研发活动中，造成了创业者及其团队的时间、经费和人力资源等方面的浪费”。因此，调研中发现，无论是高校学术创业实施部门的负责人，还是开展学术创业的产业教授，他们都认为：“在学术创业的研究与发展这一初始阶段就对用户消费行为和市场需求进行大数据分析，精准对接消费者的需求，选准研发项目，是学术创业成功的重要前提。”二是研究与发展过程中出现技术难题或者缺乏成果中试和产品开发的资源，导致后续创业难以进行。研究与开发的过程不同于追求闲逸好奇的基础研究，不以发表学术论文为主要目标，而是以开发出可以商品化的产品或服务为主要目标。浙江A大学和南京B大学的创新创业部门负责人都认为：“由研发成果到市场产品的过程会遇到产品的硬件、结构、软件的设计验证，以及工艺、物料、质量的标准检测等环节，而高校往往缺乏相关的试验条件，难以进行产品的开发，导致大量的‘休眠’专利，创业失败。”

（二）企业创建与运营阶段的困境

当学术创业者成功研发出产品，准备进行创业时，容易遭遇相关的困境，比较突出的有：一是难以识别和捕捉市场中的学术创业机会。由于信息不对称，学术创业者缺乏对市场机会的识别，尤其是对某类产品细分市场数据的了解和定位，从而导致技术许可、转化难以进行，或者企业创建困难。例如，江苏省“产业教授”L教授认为缺乏市场信息，没有捕捉住机会导致其研究开发的软件无“用武之地”。二是缺乏创业资源。由于风险投资数量的有限和投资者倾向于对市场中成熟的产品进行投资，而学术创业者大都为高校教学、科研人员，往往现有资金不足，导致企业创建、技术转让困难。此外，容易出现企业合伙人、管理人员、销售人员等人力资源不足的情况，因为学术创业者前期工作主要局限于高校内部，人脉资源明显不足。三是有关企业创建和运营管理的知识与经验不足。在动态性、竞争性更加强烈和复杂的市场环境下，如何创建一家企业并有效创造价值成为学术创业者面临的困境。学术创业者可能善于研发，却对创业相关的知识掌握不足。尤其是大数据背景下，如何创新商业模式、开展数字化营销、智能生产、智能管理等业务环节，对缺乏企业管理经验和市场资源的高校学术创业者是严峻挑战。“博士后在线”孵化平台 F 总经理认为，针对高校学术创业者的不足，该平台主要服务于“博士后”高端学术创业者，通过平台的数字化资源帮助学术创业者应对挑战，跨越从基础研究到成果应用的“死亡之谷”。

二 工业互联网平台的内涵与建设应用

近年来，全球工业互联网平台保持着持续高速增长态势。2019 年，我国工业互联网产业经济增加值规模为 2.13 万亿元，同比实际增长为 47.3%，占 GDP 比重为 2.2%，对经济增长的贡献为 9.9%[①]。我国已经拥有数百家、各种类型的工业互联网平台，诞生出“海尔、宝信、树根互联、腾讯木星云”等一批新型工业 App。2017 年 4 月在德国汉诺威工业博览会上，海尔集团向全球发布了 COSMOPlat 工业互联网平台（Cloud of Smart Manufacture Operation Plat）。它基于“用户中心”“协同开放”的设计理念，在全球率先引入用户全流程地参与研发、生产、制造、销售以及售后智能体验。2018 年，该平台被评为中国第一个国家级工业互联网示范平台[②]。目前，COSMO 平台建设了 9 个互联网工厂模式，并运用到电子、装备、运输、家居等 15 个行业，以及上海、青岛、天津、广州等 12 个区域和 20 个国家，服务全球 4.3 万家企业，已成为全球最大的大规模定制解决方案平台和创新创业生态系统[③]。

（一）工业互联网平台的内涵与组织架构

工业互联网平台是基于市场导向、产用融合（产业与用户）的建设理念，通过人、机、物的全面互联，打造适应产业数字化、网络化、智能化需求，创新创业资源泛在连接、覆盖企业研发设计到销售服务的全生命

① 中国信息通信研究院：《工业互联网产业经济发展报告》，《中国信息通信研究院》2020 年 3 月。

② 海尔 COSMOPlat 官方网站，https：//www.cosmoplat.com/。

③ 徐恒：《海尔 COSMOPlat：壮大生态系统，赋能产业未来》，《中国电子报》2018 年 4 月 27 日。

周期的工业云平台①②。海尔 COSMO 平台架构共分为四层（见图 6-1），较好地代表了我国工业互联网平台的组织结构：第一层是资源层。依托开放的资源接口和大数据计算功能，重点聚集了创新创业所需的业务资源、软件资源、硬件资源、服务资源，并通过优化资源配置和实施分布式调度

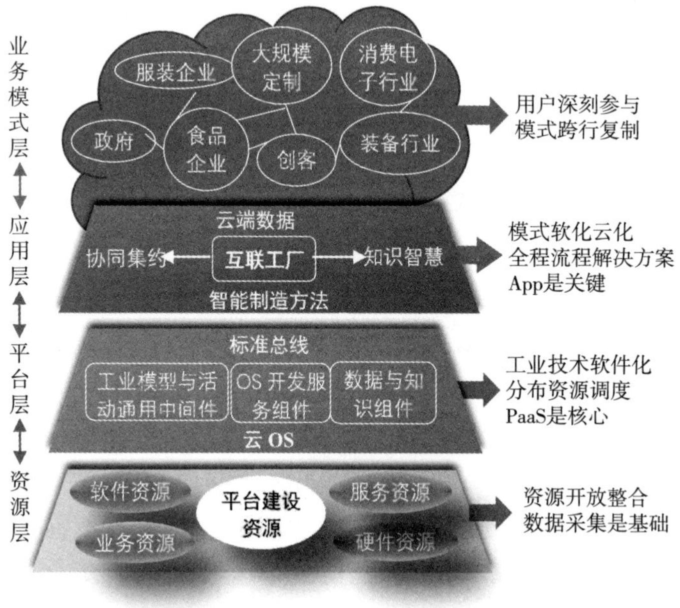

注：PaaS 的全称是 Platform-as-a-Service，意思是平台即服务。创业者在此平台上，可以根据自己的创业需要，通过 PaaS 开发或自定义基于云的应用程序，这正是工业互联网平台不断孵化和催生出新的业态的重要基础③。工业 App 面向特定的创新创业应用场景，诸如协同研发、企业创建等。用户通过对工业 App 的调用实现对相应创新创业场景的资源调配和数字化管理。

资料来源：根据《工业互联网平台白皮书》（2017）和 COSMO 官网资料整理形成。参考工业互联网产业联盟《工业互联网平台白皮书》（2017）2017 年第 9 期。COSMO 官网：https：//www. cosmoplat. com/。

图 6-1　海尔 COSMO 平台架构

① 吕文晶、陈劲、刘进：《工业互联网的智能制造模式与企业平台建设——基于海尔集团的案例研究》，《中国软科学》2019 年第 7 期。

② 李燕：《工业互联网平台发展的制约因素与推进策略》，《改革》2019 年第 10 期。

③ 谢富胜、吴越、王生升：《平台经济全球化的政治经济学分析》，《中国社会科学》2019 年第 12 期。

的运行机制，从而为平台层、应用层和业务模式层提供必要的资源服务。第二层是平台层。基于“工业技术软件化”的理念，通过云 OS（云操作系统）提供开放的云平台，实现云服务、云管理。比如，学术创业者可以在研发阶段就链接到消费者行为数据，实现智慧研发。第三层是应用层。COSMO 基于智能制造方案，打造互联工厂，为不同企业提供协同集约、智能制造、智慧服务等。第四层是业务模式层。依托互联工厂，实现用户早期就能介入研发设计，以及后续的消费反馈，形成用户深度参与的定制模式，打造了用户、企业（创业者）、资源三位一体，开放共赢的创新创业生态系统，既能满足用户个性化定制需求，又赋能创业者的技术研发、企业数字化管理与绩效提升（见图 6-1）。

（二）工业互联网平台的建设现状与应用

近年来，全球工业互联网平台市场持续呈现高速增长。根据研究机构 Markets and Markets 统计数据显示，2017 年全球工业互联网平台市场规模为 25.7 亿美元，预计 2023 年将增长至 138.2 亿美元。我国近年来涌现出一批知名的工业互联网平台，各类型平台数量总计已有数百家之多，平均工业设备连接数近 60 万台/套，孵化出一批新型工业 App。例如，有海尔、宝信、树根互联、徐工、TCL、富士康、优也、昆仑数据、黑湖科技等平台。阿里巴巴、腾讯、中国电信等互联网和通信巨头企业，推出了 supET 工业互联网平台、木星云、One NET 平台，形成了一批创新解决方案和应用模式。

工业互联网平台涵盖企业研发设计、生产管理、运行维护、销售服务等全生命周期的优化决策和解决方案，是典型的数据和知识驱动型经济，实现了从消费端到生产端的数据连接，形成了市场导向、产用融合的商业模式[①]。基于对国内 42 家平台企业的 180 个应用案例，分析发现当前工业互联网平台应用主要集中于业务和运营优化服务、新模式新业态、设备及产品管理三大类场景（见图 6-2）。

① 李燕：《工业互联网平台发展的制约因素与推进策略》，《改革》2019 年第 10 期。

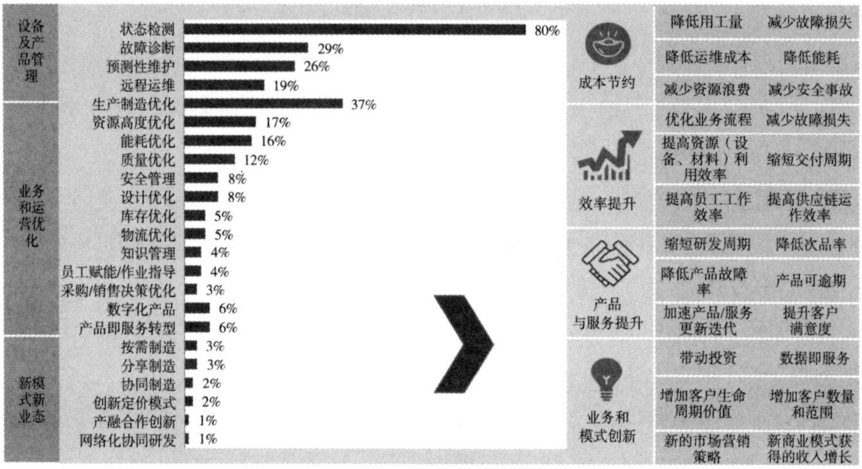

资料来源：工业互联网产业联盟：《工业互联网平台白皮书》，2017 年 11 月 4 日。

图 6-2 工业互联网应用场景案例分布及案例的成效

第二节 工业互联网平台赋能高校学术创业的应用场景

“赋能”是指给予他人正能量，以最大限度地发挥个人才智和潜能①。当前，数字化赋能备受关注，它是指通过大数据技术、物联网和人工智能技术等赋予创新创业者或企业以能力。数字化赋能促进个性化需求的挖掘，加快创新创业的进程和企业的及时决策，适应快速变化和竞争激烈的市场，放大了创新创业效益②。基于 COSMO 平台的分析发现，工业互联网平台具有分布式、开放性、协作性和连接性等特点，能够吸引全球的研发者、生产者和消费者，围绕产品全生命周期开展平台应用，通过数字化赋能，催生出网络化协同研发、众包设计、个性化定制、协同制造等新模式，有利于破解学术创业中缺乏市场数据造成研发决策难，缺乏技术难题攻关和研发条件支持造成科技创新和成果转移困难，缺乏资金和管理经验造成企业创建难等问题。工业互联网平台赋能学术创业应用场景如下。

---

① 斯坦利·麦克里斯特尔等：《赋能：打造应对不确定性的敏捷团队》，林爽喆译，中信出版社 2017 年版。

② 周文辉、王鹏程、杨苗：《数字化赋能促进大规模定制技术创新》，《科学学研究》2018 年第 8 期。

一　高校学术创业的研究与发展阶段

在学术创业的研发阶段，学者利用网络化协同研发模式加快学术创业。网络化协同研发模式主要应用于“研发决策”“市场机会捕捉”“研发技术协同攻关”等重要场景中，加速从单打独斗、线下研发向网络化、协同研发转变，为学术创业者高效、便捷、低成本开展创新创业开辟新渠道。例如，COSMO-Hope 平台拥有全球在线资源网络 390 万个，全球技术资源监控的产业 51 个，跨领域注册专家 7200 位，涉及技术领域 913 个，能构建开放创新系统，为高校学术创业者服务。

（一）研发决策与市场机会捕捉场景

精准决策是高校教师学术创业成功的基本前提。在研发决策场景中，学术创业者基于工业互联网平台，可以获取大量消费者实时在线消费行为数据。例如，通过对消费者购物频率、评价内容、虚拟社群聚集等数据的挖掘分析，能发现消费者的偏好和市场产品的缺陷，为学术创业者研发决策提供有效的参考，突破了学术创业者基于学术文献分析和小范围调研获取数据不足，导致研发决策不准的困境。同时，通过大数据分析，有利于创业者识别和捕捉创业机会，也为产品的差异化设计和后续创业阶段开展大规模定制化生产奠定基础，促进企业未来的差异化竞争发展。学术创业者基于大数据分析，从源头上选准研发项目、捕捉住市场机会，这对高校教师传统的研发而言是一种质的变化，是从依靠人的经验进行研发决策向“数据驱动决策”的重要转变。浙江大学的 Z 教授带领团队与宁波市的工业互联网平台合作，进行大数据挖掘分析和建模预测，在庞大的芯片市场中，精准定位工业控制芯片市场，及时进行研发与应用。该企业荣获第八届中国创新创业大赛优秀企业。

（二）技术协同攻关场景

高校学术创业者单兵作战或者囿限于高校内部的实验室团队进行科技攻关的传统模式，已经难以应对大数据时代快速、高效的研发需求。在研发技术协同攻关场景中，学术创业者基于工业互联网平台，可以实施“众创研发”。当学术创业者遇到技术攻关难题时，可以在工业互联网平台上发包，即将技术难题或者技术创新所需的资源面向全球发布，接包方是面向全球的普通消费者，也可能是专业化的用户、创客，或者具有研发能力的某个企业、实验室等。COSMO-Hope 通过共创共赢的分享机制，聚集全球优质设计资源，结合互联网大数据智能匹配技术，为拥有创意理念的学术创业者精准对接设计师，基于学术创业者提供的创意输出专业的产品设计方案，破解学术创业者产品设计方面的弱项。后续阶段，COSMO-Hope 覆盖了产品化流程中的原型设计、结构设计、小批试制、投资孵化等全产业链的研发资源、智能制造资源，能帮助学术创业者实现创意到产品转化。湖南大学的 W 博士团队，在实验室研发出高效的臭氧发生器，可以用于家庭饮用水领域，但限于没有中试条件和企业孵化场地，无法实现量产。借助工业互联网平台进行了实验样品中试，将产品及时转移给了 C 企业，使原本很可能沉寂于实验室的成果实现了产业化。

二　高校学术创业的企业创建与运营阶段

本研究调查从事服装制造企业运营的学术创业者，发现传统的服装企业生产模式是先生产后销售，一般提前 3—4 个月生产，导致库存高；所用员工多，成本高；不能真正掌握市场需求数据，订单数据不能及时传递到企业决策者，产量和销售不匹配；消费行为数据难以获得，不能满足消费者的个性化需求，这些都是创业者的痛点。COSMO“海织云”正是针对这些由于缺乏大数据导致的生产、销售、企业管理问题，提供大规模定制服务，构筑企业—销售门店（线上+线下）—用户的创新创业生态，实现共创共赢（见图 6-3），也体现了工业互联网平台在高校学术创业的企业创建与运营阶段的应用场景。

（一）生产制造场景

生产制造是大多数高校学术创业者经验缺乏之处，可以依托工业互联网平台，实施智能化生产。一是在生产流程场景中，例如通过 COSMO“海织云”平台将生产供给和顾客需求相结合，将从线下或线上采集到大量分散的顾客需求数据转变成生产数据，并实时传输到生产流程中的各个节点上，解决因中间商产生的时间差、信息不对称和交易成本问题。工厂可以在第一时间获得顾客订单并进行生产，减少了货品积压，增加了资金的流动，带来了零浪费、零库存、周转快的诸多优势。二是在定制化场景中，众多客户共同参与互动提升产品价值，增强用户黏性。例如，海尔依托 COSMO“海织云”平台利用智慧洗、智慧衣柜及其相应的 App，将用户洗涤过程、衣橱管理过程、智慧门店 3D 试镜过程的数据综合收集，例如，涉及顾客的身高、体重、职业，以及对衣服颜色、款式的偏好、洗涤时间和方式的选择等数据进行汇聚，并将这些数据的智能分析与产品订单、产品设计、生产组装等环节打通，因而 COSMO “海织云” 平台的个性化定制方案已经达到6000 多种，用户订单合格率提高了 2%，交付周期却缩短了 50%①，见图 6-3。

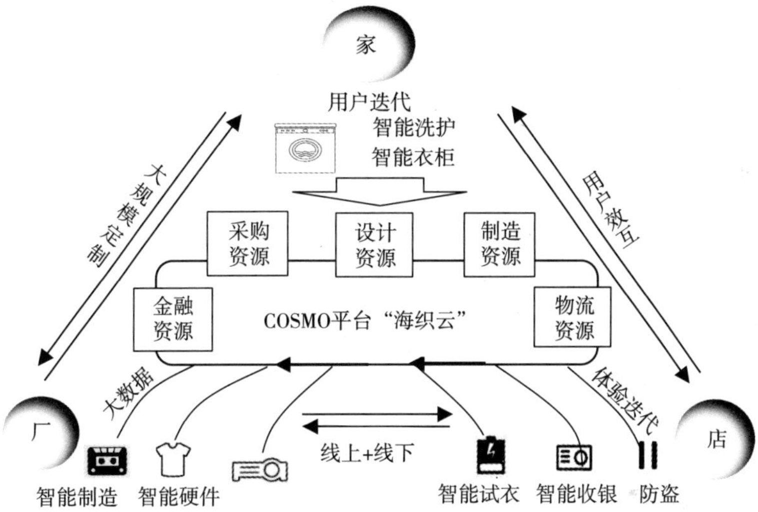

资料来源：根据海尔 COSMO 平台案例资料整理形成，https：//www. cosmoplat. com/product/micro/？productId = 101。

图 6-3　海尔 COSMO 平台“海织云”运行

（二）经营管理场景

学术创业者传统的企业管理方式主要基于经验管理和线下管理。大数据时代，工业互联网平台提供了新的模式。一是在企业管理决策场景中，借助工业互联网平台将消费者市场实时数据、生产现场实时数据、企业管理内部运营实时数据和供应链动态数据进行多方数据链接和共享，实现更加精准、快速的决策管理。例如，企业是否在海外建设分工厂，是否在某个时间节点降低库存成本。通过大数据可以有效跟踪海外某个市场的需求情况，企业所有不同地区的仓库的库存动态变化情况，从而快速做出正确决策。二是在经营管理场景中，充分利用工业互联网平台中 PaaS 提供的可扩展的操作系统，自行开发适合自己企业运行所需的操作软件，提升企

① 王一晨：《运用工业互联网推动中国制造业转型升级》，《中州学刊》2019 年第 4 期。

业数字化管理能力，降低管理成本。例如，南康家具加工中小企业通过租用江西工业云平台的云化 SaaS 服务，提升企业经营管理与产业协作水平，平均每家企业可节约 10 万元/年的成本①。

（三）智能化服务延伸场景

传统的学术创业模式往往呈现“一次性服务”的特点，尤其是技术许可或技术转让形式，常常是“一锤子买卖”的特点，难以对顾客开展后续服务或者进行再创业。依托工业互联网平台，以智能化服务方式可以拓展或创新商业模式，改变高校教师学术创业的传统方式，推动价值链向后延伸，扩展社会服务空间和利润空间②。例如，海尔 COSMO 平台“海织云”通过射频识别（RFID）技术，自动识别衣物的面料和颜色，并根据衣物不同的面料和颜色自动匹配洗涤程序。“智能衣柜”则实现衣物分类整理、智能搭配，甚至可以为用户推荐和定制合适的衣物，从而实现从服装制造延伸到智慧洗衣和智慧管理衣橱，有效延伸价值链条，加速创新迭代，不断衍生出新的创意、产品和服务。高校学术创业者依托这样的工业互联网平台，通过大数据的获取，可以进一步了解到产品的改进之处，或者更为精准的创业机会，进行技术的迭代升级和开拓新的服务市场。

（四）创业与金融结合场景

融资困难是学术创业遭遇的普遍问题，工业互联网平台正在探索解决这一难题。在创业与金融结合的场景中，一是工业互联网平台通过对学术创业者本人情况、成果发展前景、市场机会、风险等方面数据的收集与汇聚分析，为风险投资公司等科技中介机构和银行等金融机构，提供学术创业者信贷能力和风险承担能力等方面的评估支撑，为风险投资、银行放贷、企业保险等金融业务提供量化依据，吸引、支持和加速相关科技转移中介机构、风险投资公司、银行和保险公司对学术创业者（企业）给予投资、贷款和保险。例如，超过 13000 家中小微企业接入至天正公司的 I-Martrix 平台，通过对生产设备数据与工业信用数据的交叉分析，使金融机构能够更准确评估中小企业的信用等级，从而实现精准放贷。目前已

---

① 工业互联网产业联盟：《2019 工业互联网平台白皮书》，2019 年 5 月 9 日。

② 船舶工程期刊编者：《“互联网+”制造四大模式：智能化生产下的模式创新》，《船舶工程》2017 年第 11 期。

为超过 1200 家中小微企业提供了近 13 亿元的放贷额①。二是高校学术创业者还可以利用平台进行创业资金众筹。发起方即为缺乏创新创业资金支持的学术人员，接包方是具有一定资金支持能力的公众（个人、机构）。工业互联网平台为学术创业者提供创业项目需求信息发布机会，并对“众包”进行处理。创业成功后，学术创业者可以多种约定的方式回报给接包方，即问题的解决者。

第三节　工业互联网平台赋能高校学术创业的实现路径

本研究基于数字经济背景和海尔 COSMO 平台案例，探讨了高校学术创业遭遇的困境、工业互联网平台的内涵及其在学术创业过程中的应用场景，研究发现（见表 6-2）：（1）工业互联网平台赋能高校学术创业的六大应用主要包括“研发决策与市场机会捕捉、技术协同攻关、生产制造、经营管理、智能化服务延伸、创业与金融结合”，能有效破解传统学术创业模式的困境。（2）赋能的方式主要是通过大数据分析支持学术创业者的研发决策和创业机会捕捉。网络化协同研发运用于技术协同攻关场景，大数据模型优化生产流程应用于生产制造场景，智能化管理应用于经营管理场景，数字化反馈应用于智能化服务延伸场景，运用大数据进行创业风险评估、融资。（3）“数据化→协同化→智能化”是其内在的运行机理，其中数字化是基于工业互联网平台进行学术创业的基础，主要通过数据实时高效采集和云端汇聚共享实现；协同化是学术创业的重要途径，通过工业互联网平台实现资源泛在连接，覆盖企业全生命周期和创新创业全价值链，解决高校传统学术创业中创业资源缺乏的困境；智能化始终贯穿其中的创业主线，工业互联网平台以用户为中心，让用户数据化方式参与其中，实施大规模定制，进行技术迭代升级，进行服务延伸，形成新的学术创业模式，提升高校教师学术创业绩效。

各级政府高度重视工业互联网平台建设，各种类型的工业互联网平台正在不断涌现，并且在部分高校学术创业中得到运用，为高校学术创业的数字化、智能化转型奠定了坚实的基础。工业互联网平台数字化赋能高校

① 工业互联网产业联盟：《2019 工业互联网平台白皮书》，2019 年 5 月 9 日。

学术创业的实现路径如下。

表 6-2　　工业互联网平台对高校学术创业的作用与应用概览

创业阶段	高校传统学术创业的困境	工业互联网平台在高校学术创业中的应用场景	赋能方式	运行机理	
R&D阶段	1. 研发决策失误 2. 技术攻关难、产业化条件缺乏	场景 1：研发决策场景	大数据支持决策和捕捉商机	数字化→	创业基础：数据实时高效采集和云端汇聚共享 创业途径：资源泛在连接、覆盖企业全生命周期和创新创业全价值链 创业主线：以用户为中心，规模定制、技术迭代升级、服务延伸
		场景 2：技术协同攻关场景	网络化协同研发	↓	
企业创建与运营阶段	3. 市场机会捕捉难 4. 创业资源缺乏 5. 企业创建和运营管理的知识与经验不足	场景 3：生产制造场景	大数据模型优化生产流程	协同化→	
		场景 4：经营管理场景	智能化协同管理	↓	
		场景 5：智能化服务延伸场景	平台的智能化链接		
		场景 6：创业与金融结合场景	运用大数据进行风险评估、融资	智能化→	

一　高校教师学术创业方式的数字化智能化转型

高校教师学术创业亟须强化互联网+观念，充分利用工业互联网平台赋能，实施线下创业、线上创业、云端创业等多种方式。一是向数据驱动决策转型。依托工业互联网平台和相关的大数据资源库，对拟开展的研发项目进行精准研判，避免依靠经验决策造成的研发失误。二是向网络协同研发转型。面对“求新、求变、求快”的数字经济时代，学术创业者要打破以实验室、校园为主的封闭式创新现状，积极融入数字化、智能化、面向全球开放的创新创业生态系统，让大众、领先用户、创客等数据化方式参与研发转变。三是向智能化生产、管理和服务转型。学术创业者可以依托所在地区的工业互联网平台和高校的大学科技园智能化管理平台，运行工业生产或服务管理 App，开展大数据研发决策和协同研发，提高自动化生产程度，降低生产成本；提升企业或创业项目的数字化管理能力，实行更加精准、便捷的沟通、合作与资源优化配置；利用智能化服务，实时跟踪掌握客户的需求和产品动态，捕捉新的商机，延伸服务链。

二　高校学术创业管理的数字化智能化转型

数字经济背景下，高校应当积极转变传统的学术创业管理模式，利用工业互联网平台赋能，促进创业管理的数字化、智能化。一是提升高校创业管理部门的数字化服务能力。高校一般通过设立技术转移办公室、校地服务办公室、区域经济合作处等相关部门承担教师的创业管理工作，但这些部门存在管理设备偏旧、管理人员大数据意识不强的问题。一方面学校应该加强相关的培训，培植大数据管理的意识和大数据分析的能力。另一方面要更新设备，做到能有效对接社会大数据部门如工业互联网平台的端口，实现互联互通。二是转型升级大学科技园、大学生创业园的智能化管理能力。我国大学科技园和创业园区，相当部分建立于20世纪90年代，硬件设施和数字化管理模式亟须升级。要加大投入，建设工业互联网平台，对传统的创新创业园区进行数字化智能化改造，提升园区的智能化研发能力、智能化创业项目孵化能力，链接社会上的企业、创客、投资人通过多元形式解决科技成果商业化过程中所需的仪器设备等孵化条件不足和融资难的困境。三是高校要主动对接政府科技、创业等管理部门和大数据服务公司、工业互联网平台。将高校的管理与这些部门的要求，以及与大数据行业部门和工业互联网平台的标准统一起来，实现数据的互联互通。为高校教师开展学术创业提供全流程的支持。

三　政府支持高校学术创业数字化智能化转型

高校拥有数量巨大的科技创新创业资源，中央政府和地方政府要及时适应数字经济发展需要，推动政府对高校学术创业支持的数字化智能化转型，加快我国高校科技成果的转移转化。一是要加强顶层设计，及时出台工业互联网平台建设的具体引导政策和法规。全国各地正在积极推动工业互联网平台建设，但出现各自为政、重复建设和共享与集成不够的现象。尤其是地方政府需要引导当地的研发机构、企业和高校联合共建工业互联网平台，形成统一的建设标准和数据共享机制，推动市场需求与高校科技成果转化的对接，推动创业项目通过智能化手段，快速、精准、有效地落地。二是政府要加强大数据建设。目前我国的商业大数据主要集中在百度、阿里和腾讯三大互联网公司中，以及遍布全国各地中、小大数据服务公司中。同时，我国政府还掌握有大量的数据，如国家统计局的经济数据、工业数据、人口健康数据等，但这些数据缺乏统一的大数据平台，共享程度、利用程度还不够。我国要进一步利用国家大数据综合试验区建设工程，强化大数据平台的建设，并向高校免费开放，支持高校教师创新创业，赢得社会更大的发展。三是政府要出台专门支持政策，引导高校的研发创新融入工业互联网平台，实现智慧研发。政府给予启动资金支持有关高校主动参与地方工业互联网平台建设，或积极融入高层次的工业互联网平台。同时对支持高校创新创业的工业互联网平台企业，政府在人才招聘、税收等方面给予政策倾斜，打造高校创新创业平台与工业互联网平台相互交融的创新创业生态系统。

四　工业互联网平台赋能大学生数智创业

受新冠肺炎疫情影响，大学生创业面临更大的困境。正在全球兴起的"数智创业"为破解大学生创业困境提供了重要契机。数智创业是借助数字技术、数字组件和数字平台实现与商业机会融合并创造价值的过程。它是数字经济的核心引擎，通过赋能教育、制造、零售、互联网等行业，创造了巨大的经济价值。截至 2018 年年底，我国数字经济规模达到 31 万亿元，约占全国 GDP 的 1/3。疫情影响下，借助数字技术而火爆的"云复工、在线消费、远程办公、在线医疗"等"宅经济"新业态不断涌现。随着我国疫情基本控制，经济活动改善，进入可预期的"后疫情时代"，无论政府部门，还是腾讯、华为等数字巨头，以及包括大学生在内的广大创客，都对数智创业给予了极大关注。

数智创业融合现代信息技术和工业技术，创业要素数字化流动减少了中间环节，云平台提供智慧研发等创新应用场景，消费者共同参与形成开放式创业模式，使得数智创业在组织管理模式上具有高度的网络化和智能化特征，创业门槛和成本降低，产品和服务迭代更新加速、创业形式更加多元，给大学生传统的创业模式带来了巨大的冲击。高校在战"疫"的过程中必须危中见机、乘势而上，采用"数智"创业新模式，为大学生创业探索新路径①。

（一）打造"数智化"创业学院

高校要对传统的创业学院进行数字化、智能化改造升级，打造数智化创业学院，破解大学生创业困境。

建设云平台。云平台由汇聚创业要素的资源层，创业云管理的应用层和用户使用层所构成。聚集资源是云平台的基础，开发面向特定创业应用场景的 App 是关键。首先，利用泛在感知技术和开放的资源接口，实时收集创新创业过程中大学生、产品研发、企业创建、企业运营、市场动态

① 易高峰：《后疫情时代催生大学生"数智创业"》，《中国教育报》2020 年 4 月 27 日。

等各种要素信息。其次，通过云平台的应用层对所收集到的信息在云端汇聚和数字化处理。最后，在用户层，师生可以通过 App 的调用或者自行开发程序，对创业场景进行资源调配和数字化管理。盐城师范学院商学院利用云平台，链接“双 11”期间的上海某公司大数据平台，学生实时参与网上营销等环节，依托销售数据优化产品研发，做到精准决策，实现企业运营双向循环，也在实战中锻炼学生的创业技能。

建设云上创业学习系统。云上创业学习系统包括创新创业课程学习和创业模拟两大板块。云上学习系统包括微课学习区，大学生、创业导师、风险投资者社区，学习评价反馈区等主要模块。云上创业模拟系统以强化创业实战能力为核心，为学生提供创业仿真模拟平台，指导他们在平台上开展创业机会识别、研发攻关、银行借贷、企业登记、税务申报、电子商务等操作，解决大学生创业实践难题。云上学习系统设立门户网站，每位学生登录后形成自己的网页，动态记录学习数据，创业导师及时指导，优化学习效果。

建设云上众创空间。云上众创空间能突破创业资源汇聚的时空障碍，为学生创业团队构建全要素、敏捷化、低成本、开放式的创业服务平台。如为创业团队提供智能孵化服务，创业团队可以直接面向市场展示项目，链接真实市场中的创业环境，以更灵活的方式进行校外创业诊断咨询。也可以通过发布创业需求，在海量的创业资源中与相关实验室、市场资源精准匹配，促进产品研发合作、市场推广合作、人员合作等。也可以整合线下众创空间，既为线下众创空间提供大学生服务市场机会，也为云上众创空间提供线下服务支撑。例如，成功的案例就有某企业的“智能孵化器方案”在大学生创业园中落地，开设了“智慧门店”，架构了智能货架 App、智能零售服务平台等，满足互动营销、智能售后服务等业务场景，开阔了学生的创业视野，提升了创业成功率。

（二）构建大学生“数智化”创业应用场景

“数智化”创业学院重在实效，围绕创业过程涉及决策、研发、管理与融资等环节，落地在大学生创业相应的应用场景中。

创业决策与机会捕捉场景。创业始于决策与机会捕捉。决策失误是大学生创业失败的重要原因。基于数智创业学院的云平台，大学生可以获取大量实时在线消费行为数据，通过数据挖掘识别出消费者的偏好、市场产品的缺陷和新消费需求，为是否启动创业项目提供决策参考。这将实现从依靠人的经验决策向“数据驱动决策”的重要转变，从而在源头上选准创业项目，捕捉住市场机会。例如，盐城师范学院商学院利用云平台与盐城某电子商务运营公司数据分析部门链接，实时监测和收集电商平台中众多产品的市场数据，然后通过开发的软件包进行大数据分析与挖掘，有助于大学生精准定位细分市场，发现市场机会。

研发创新场景。大学生创业单兵作战或者囿限于高校内部的实验室团队进行科技攻关进而创业的传统模式，难以适应数字经济时代的创业需求。高校通过数智创业学院的网络化特征，可以多种方式加强与科研众包平台的合作，有益于大学生的创新创业。通过云平台与已经建有的不同类型的众包研发平台对接，例如，广州大学城研发众包平台、百度大数据众包平台、各类工业互联网平台等。通过这些平台，创业者可以将技术难题或者创业所需的资源面向全球发包，接包方可以是普通消费者或领先用户、创客，也可能是某个企业、实验室等。这有助于大学生快速和低成本地获取技术知识和创业资源，攻克研发难题。

企业管理场景。大学生往往缺乏企业管理运营的经验，可以借助智能化手段，提高企业管理效益。通过数智创业学院云平台将消费者购买、生产制造、企业内部运营和供应链等环节的实时数据进行多方数据链接和共享，不仅有助于精准、快速的决策管理，而且可以解决因中间商产生的信息不对称和交易成本问题；还可以通过物联网开展智能化服务，推动价值链向后延伸。例如，从“智慧门店”选购衣服到“智慧洗衣”再到“智能衣柜”，对全过程中消费者的个体特征数据，服装款式、颜色、洗涤方式和搭配等数据的全程分析，实现智能搭配衣服和智能推荐款式，加速技术创新迭代，也不断开拓出新的服务市场。

创业融资场景。云平台通过对高校创业教育、创业者本人情况、创业项目前景、市场机会、创业风险等方面数据的收集与分析，提供创业者信贷能力和风险承担能力等方面的评估支撑，为风险投资、银行放贷、企业保险等金融业务提供可靠依据，吸引、支持相关机构对大学生创业给予投资、贷款和保险。也可以利用平台面向公众进行融资，使创业资金获取变得容易些。

（三）培育跨界融合的数智化创业环境

培育跨界融合的数智化创业生态系统，需要政府、高校、企业进一步协同推进创新创业各种要素的数据化及其共享。

加快数字技术创新与基础设施建设。政府要鼓励企业将新基建作为后疫情时代着力点，加快数字化共性技术、关键技术研发应用，尤其是人工智能、数字孪生、5G、物联网和区块链等新一代数字技术应用。政府也要出台专门支持政策，引导高校的研发创新融入数字化平台，实现自身的智慧研发，也助推数字技术发展。要加快数智创业中的网络环境、数字终端、通用软件、应用场景、云平台建设，夯实数智创业基础。

加强大数据建设和数据共享。目前我国的商业大数据主要集中在百度、腾讯等大型互联网公司中，以及中、小型大数据服务公司中。我国政府也掌握有大量的数据，如国家统计局的经济数据、工业数据、人口健康数据等，但这些数据共享和利用程度还不够。要利用国家大数据综合试验区建设工程，强化大数据平台的建设，鼓励大型互联网企业、孵化器、工业互联网平台之间的联通，向高校免费开放平台入口，提供大数据资源，以支撑大学生数字创业。

建设一批高校数智化创业平台标杆和典型应用场景。政府出台支持政策，引导一批高水平大学率先建设一批高校数智化创业平台标杆和典型应用场景。高校要突破传统的创业平台建设理念，树立万物互联的观念，着力对原有的大学科技园、创业园、实验室进行数字化改造。要通过融入地方数字企业、大数据园区和数字产业，对接工业互联网平台和云创空间，实现与数字产业市场、金融和社交网络的跨界融合，建设网络协同研发、生产现场管理、企业内部管理、售后智能服务等典型智能化应用场景。政府对支持高校创新创业的数字化平台企业，在人才招聘、税收等方面给予政策倾斜，从而打造高校创新创业平台与社会各类数字化平台相互交融的数智化创业生态系统。

第七章

数字技术赋能高校学术创业失败修复

高校学术创新创业链日益被认为是促进知识转移、实现高校科技成果转化的重要工具①②。学术创新创业链是指围绕某一个创新的核心主体，以满足市场需求为导向，通过知识创新活动中的基础研究、应用研究、产品开发、生产和营销等各个环节构成的链条，将相关的创新参与主体连接起来，以实现知识的经济化过程③。许多国家都在积极采取战略行动，优化高校学术创新创业链，实现研究成果的转移转化，促进实现从效率经济到创新经济的转型。然而，目前高校科研成果转化效率普遍较低④，高校对企业的技术需求和市场消费需求缺乏了解，高校的研究结果通常缺乏产品商业化的中试条件，从而导致创业链断裂带的出现和创新活动的终止。

数字技术赋能促进学术创业，对破解高校科技成果转化困境具有重要意义。数字技术参与创业机会的识别及其价值实现过程，赋能加快科技创新创业进程，提升创业绩效，表现在数字创业推动科研人员从经验向数据驱动的研发模式转变，从而精准对接市场、缩短研发周期、控制研发风险；数字技术的开放性能降低科研人员感知的风险和市场进入障碍，提高创业机会的可能性，促进科技成果转化；数字技术的关联性促使创业者以

---

① Ankrah, S., AL-Tabbaa, O., "Universities-industry Collaboration: A Systematic Review", *Scandinavian Journal of Management*, Vol. 31, No. 3, 2015, pp. 387-408.

② Chan-Yuan Wong, Y. -C. H., Ching-Yan Wu, Mei-Chih Hu., "Academic Entrepreneurship for Social Innovation in Taiwan: The Cases of the Ourcitylove Platform and the Forest App", *Science Technology & Society*, Vol. 24, No. 3, 2019, pp. 446-464.

③ Tang, M., Li, C., Baskaran, A., Cheng, Y., Chandran, V., "Reshaping the Business Incubator Model: The Case of the Value Chain Model of Innovation Works in China", *Science Technology & Society*, Vol. 24, No. 1, 2019, pp. 401-422.

④ Guerrero, M., Urbano, D., Herrera, F., "Innovation Practices in Emerging Economies: Do University Partnerships Matter?", *Journal of Technology Transfer*, No. 44, 2019, pp. 615-646.

较低的成本与多主体建立连接，有利于形成数字创业生态系统，推动创业企业的成长。

第一节 理论模型与研究设计

近四十年来，许多学者研究高校学术创新创业链在促进经济繁荣发展中的重要作用。研究者反复论证了企业和学术机构之间合作对创新绩效的推动作用①，且大部分的研究主要聚焦高校学术创新创业链的成功经验。Chedid 和 Teixeira（2019）认为高校—企业产学研合作组织存在高失败率②，为了克服失败率，促进高校与企业的合作，开展了大量的研究，然而，很少有研究聚焦到高校学术创新创业断裂带问题。从基础研究到应用开发的转化阶段，以及产品中试到商业化节点，而这最关键的节点往往容易形成学术创新创业链上的断裂带。高校学术创新创业链环节之间的链接是薄弱点，也正是要害之处。从研发、应用到科技成果产业化的创新创业链上，仍然有着明显的断裂带，阻断科技成果转移③。但很少有研究关注高校学术创新创业链断裂带问题。因此，我们需要进一步研究高校学术创新创业链断裂带问题，寻求修复断裂带的策略。

一 理论模型

关于高校学术创新创业链断裂带的研究，有著名的“达尔文之海论”（Darwinian Sea）。在创新供给和企业实际需求之间，存在着“达尔文之海”的鸿沟，站在鸿沟两侧的企业家和科研人员彼此存在需求，却难以跨越“达尔文之海”实现合作。Branscomb（2002）用“达尔文之海”来描述从研究发明到创立新企业之间的技术风险和商业风险，认为高校学术创新创业链断裂带发生在由技术成果迈向市场阶段，尽管此时研发已经进

① Laursen, K., Salter, A., “Searching High and Low: What Types of Firms Use Universities as a Source of Innovation?”, *Research Policy*, Vol. 33, No. 8, 2004, pp. 1201-1215.

② Chedid, M., Teixeira, L., “The University-industry Collaboration Advanced Methodologies and Technologies in Modern Education Delivery”, *IGI Global*, 2019, pp. 701-715.

③ Yi, G., “Cross-border Collaboration Strategies in Academic Entrepreneurship of New R&D Institutions: Insights from Explorative Case Studies in China”, *Science Technology & Society*, Vol. 24, No. 2, 2019, pp. 288-315.

行，但可能因产业界不愿意承担风险而使创新中止[①]。应针对创新创业链断裂带的问题，研究它们的应对策略。例如，在团队建设方面，Yang 和 Tang（2017）对 88 个高校科研团队进行实证检验，发现需要采取有效的干预机制来降低团队断裂带的负面影响，进而提高团队创新绩效[②]。在组织建设方面，建设大学技术转让办公室（Technology Transfer Office，TTO），或三螺旋组织，发挥它们在高校和企业协作伙伴之间的知识和技术转让的促进作用。政策方面，出台政策激励大学科研人员从事创新创业活动，主动寻求校企合作等（Boh et al.，2016）[③]。然而，已有研究大都聚焦高校—企业合作中的障碍问题，针对高校学术创新创业链断裂带问题开展的研究很少。

本研究认为高校学术创新创业链断裂带主要发生在基础研究到产品应用开发阶段的一个明显断裂带，即断裂带Ⅰ；产品应用开发到产业化阶段的第二个明显断裂带，即断裂带Ⅱ，如图 7-1 所示。

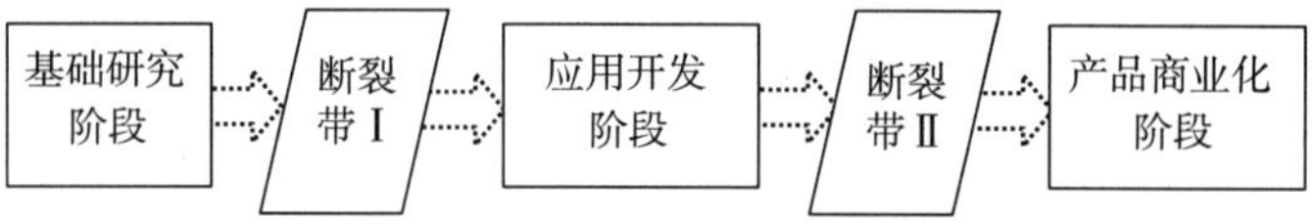

图 7-1　高校学术创新创业链及其断裂带

资料来源：易高峰、刘万聪：《大学科技创新链断裂带修复实践》，《中国高等教育》2016 年第 7 期，第 49—51 页。

针对高校学术创新创业链的断裂带，协同创新成为有力的研究理论。协同创新是以知识增值为核心，创新主体中高校、科研机构、企业、政府之间，跨界融合，整合资源，形成协同关系。创新环节的活动如基础研究、应用研究与开发、产业商品化等环节的活动表现为不同程度的协同。但高校与企业各自的研发动机、组织结构、研发能力和激励政策的不同，

① Branscomb，R.，"Rhinosporidiosis update"，*Laboratory Medicine*，Vol. 33，No. 8，2002，pp. 631-633.

② Yang，C.，Tang，M.，"Affecting Mechanism of Team Faultlines on Team Innovation Performance"，*Science and Management of S. & T*，Vol. 38，No. 3，2017，pp. 172-180.

③ Boh，W. F.，De-Haan，U.，Strom，R.，"University Technology Transfer Through Entrepreneurship：Faculty and Students in Spinoffs"，*Journal of Technology Transfer*，Vol. 41，No. 4，2016，pp. 661-669.

造成高校学术创新创业链断裂带的出现。为了修复学术创业链断裂带，本研究针对高校学术创新创业链中的关键问题即“研发动机、组织结构、研发能力和激励政策”的不同，基于 Barnes et al.（2002）的“行为—过程—绩效”理论模型①，构建高校学术创新创业链断裂带修复模型：以动机、组织、能力、政策的协同为关键“行为”，断裂带Ⅰ和断裂带Ⅱ修复机制构建为“过程”，科技成果转化成效为“绩效”的动态修复模型（见表 7-1）。

表 7-1　　高校学术创新创业链断裂带修复理论模型

<table>
<tr><th rowspan="2">行为</th><th colspan="3">过程（断裂带Ⅰ—断裂带Ⅱ）</th><th rowspan="2">绩效</th><th rowspan="2">修复机制</th></tr>
<tr><th>要素</th><th>路径</th><th>关键修复策略</th></tr>
<tr><td rowspan="3">动机协同机制</td><td>政府发展动机</td><td colspan="4" rowspan="11">动机协同—组织协同—能力协同—政策协同</td></tr>
<tr><td>大学研发动机</td></tr>
<tr><td>企业产业化动机</td></tr>
<tr><td rowspan="3">组织协同机制</td><td>混成组织 1</td></tr>
<tr><td>混成组织 2</td></tr>
<tr><td>混成组织 3</td></tr>
<tr><td rowspan="3">能力协同机制</td><td>大学基础研究能力</td></tr>
<tr><td>企业产业化能力</td></tr>
<tr><td>园区管理服务能力</td></tr>
<tr><td rowspan="2">政策协同机制</td><td>大学支持校企合作政策</td></tr>
<tr><td>政府支持校企合作政策</td></tr>
</table>

资料来源：Lin, X.,“Multiple-case Research on University: Enterprise Innovation Chain ‘Fractures Repair’ in China”, *Science Technology & Society*, First Published December 21, 2020, doi. org/10. 1177/0971721820963400。

二　研究设计

（一）案例选择

本研究主要依据理论抽样原则来选择样本，选择的案例是出于构建理

① Barnes, T., Pashby, I., Gibbons, A.,“Effective University - industry Interaction: A Multi-case Evaluation of Collaborative R&D Projects”, *European Management Journal*, Vol. 20, No. 3, 2002, pp. 272-285.

论的需要①。通过大量查阅公开资料、新闻媒体报道、行业报告、出版书籍、相关网站等公开的二手资料来获得关于案例对象的背景资料，并咨询有关专家，确定所选案例对象是否为合适的样本。本研究选择案例，从数字赋能学术创业的视角进行选择，从众多案例中选择深圳虚拟大学园、南山智园和深港产学研基地为研究对象。所选案例均运行良好，在实践中持续不断的修复学术创业链的断裂带，对断裂带的修复机制有积极的启发作用。所选取案例样本基本信息如表 7-2 所示。

表 7-2　　案例样本基本信息及数据收集来源

案例主体名称	深圳虚拟大学园	南山智园	深港产学研基地
成立时间	1999.09	2013.11	1999.08
发起主体	深圳市政府	深圳市政府、南山区	深圳市政府、北京大学、香港科技大学
所在区域	深圳市高新区	深圳市南山区	深圳市南山区
入驻机构	62 所国内外高校，孵化企业 1362 家	深港产学研环保工程股份公司、深圳集成电路设计创业发展有限公司、广东高清视信科技公司、微网视频技术有限公司、深圳高正软件有限公司等	先进技术研究所、深港发展研究院、深信服网络科技公司、深圳市优必选科技股份有限公司、深圳市道通科技股份有限公司等
一手数据来源	访谈高校代表、运营管理负责人、创业人员；实地考察入驻的高校		
二手数据来源	官方网站、相关新闻、内部资料、其他研究者的研究成果等		

（二）数据收集

数据收集主要采用访谈法。通过访谈法，可以深入了解高校学术创新创业链断裂带及其修复机理。同时应用问卷调查、档案资料和参与式观察，从而达成数据的三角验证，使研究结果更加可信和准确。通过电话访谈、QQ、微信、面对面访谈以及去大学、企业调研，建立案例研究资料库，完善相关研究设计。将一手调研获得的访谈录音、调研笔录整理成数据，此外查询大学、企业的档案资料来丰富数据。与访谈对象和相关管理人员确认收集的信息、数据是否准确，如有出入，就进行调整。案例样本数据收集来源如表 7-2 所示。

① Lin, X., "Multiple-case Research on University: Enterprise Innovation Chain 'Fractures Repair' in China", *Science Technology & Society*, First Published online, December 21, 2020.

第二节　高校学术创新创业链“断裂带”修复案例分析

高校学术创新创业链“断裂带”修复案例分析，主要从发展动机、组织结构、激励政策三个维度，对深圳虚拟大学园、南山智园、深港产学研基地三个典型案例进行研究。

一　深圳虚拟大学园

深圳虚拟大学园（Shenzhen Virtual University Park，SZVUP）是深圳市政府为了促进大学—企业合作，加强科技成果转移的重要举措。1978年，深圳作为中国最早进行改革开放的城市，经历了经济的快速发展。然而，当经济结构不断调整，产业更新换代加快，尤其是进入20世纪90年代末之后，深圳尤其需要技术创新支持发展创新型经济，提升城市在全球的核心竞争力。而此时的深圳，没有中国一所“985工程”高校。在此背景下，1999年，深圳市政府为吸引和促进国内外名校、科研院所来深圳进行科技成果转化和产业化，把大学的综合智力优势与深圳的市场环境优势相结合，于是决定成立深圳虚拟大学园，即中国第一个集成国内外院校资源、按照一园多校、市校共建模式建设的创新型产学研结合示范基地。数字技术发挥重要，当时由于深圳本地没有一所研究型大学，深圳虚拟大学园采用“虚与实”结合的办学建立，所以称之为虚拟大学园。“虚”指的是通过网络与各加盟大学相连接，形成合作网络关系。“实”，既表示地理概念，在深圳市的高新区集中一块地域进行高新技术研究开发的创新创业中心建设，又表示吸引高水平大学、企业和人才通过创办实体性研究院、实验室、工程研究中心、科技创新团队入驻该创新创业中心，开展科技创新创业活动。表7-3列举了部分深圳虚拟大学园大事件①。

---

① Lin, X., “Multiple-case Research on University: Enterprise Innovation Chain ‘Fractures Repair’ in China”, *Science Technology & Society*, First Published online, December 21, 2020.

表 7-3 深圳虚拟大学园大事件

时间	大事件
1999. 09	深圳虚拟大学园大楼奠基
2000. 05	深圳虚拟大学园科教进修学院成立
2001. 03	深圳虚拟大学园孵化器成立
2002. 03	深圳市政府启动深圳虚拟大学园；北京大学深港产学研基地落成
2003. 08	深圳虚拟大学园被国家科技部、教育部认定为“国家大学科技园”
2006. 05	国家人事部批准设立“深圳虚拟大学园博士后科研工作站”
2009. 09	深圳虚拟大学园博士后科研工作站的首名博士后出站
2012. 11	“深圳海洋研究与技术联盟 SMART”成立
2014. 05	深圳虚拟大学园产业化大楼投入使用
2017. 10	深圳虚拟大学园名校名师公益课堂获评“深圳市终身学习品牌”
2018. 12	入选“2018 中国高校孵化器 10 强”
2019. 04	第十一届深创赛港澳高校预选赛暨首届深圳虚拟大学园创新创业大赛启动

1. 发展动机

一是政府的发展动机。深圳市政府发展创新型经济的强烈动机。二是大学研发的动机。高水平大学寻求在创新创业氛围浓厚的城市开展科技成果转移的动机，企业寻求技术创新合作的动机相互协同，助推中国第一家虚拟大学园的建成。其中，深圳市政府发展创新型经济的强烈动机起到根本性的推动与协同作用。例如，初期，园区建设主要通过政府主导，政府出资的方式来建设。后期，园区建设投资主体逐步转变为以院校为主体、企业多方参与的模式。园区内各院校研究院建立了符合市场机制的理事会和董事会管理架构。三是企业产业化的动机。企业希望获得技术创新能力，提高企业市场竞争力，寻求与大学合作，促进学术创业。从早期的政府引导和投入建设，协调大学和企业的建设动机，到后期，政府逐渐退出，采取市场化运作模式，转变成以院校为主体、企业多方参与的建设方式，有效地实现了政府、大学、企业三者动机的协同，形成共同的目标，有效地修复高校学术创新创业链上断裂带Ⅰ。至今，深圳虚拟大学园在政府和院校共同支持下，聚集了 62 所国内外知名院校，包括清华大学、北京大学、香港大学、香港中文大学、佐治亚理工学院等。深圳虚拟大学园已经被国家有关部委、省市认定为“国家大学科技园”“国家高新技术创业服务中心”。

2. 组织结构

深圳虚拟大学园成立以来陆续成立了深圳虚拟大学园孵化器、深圳虚拟大学园国家大学科技园、深圳虚拟大学园博士后科研工作站以及多所高校的产学研基地等，这种组织结构的协同创新，形成了学术创业链上混成组织的结构形态，对克服学术创业链上的断裂带起到重要作用。

大学科技园吸引大批高水平大学和企业的入驻，带来大量的创新创业资源。博士后科研工作站吸引高水平科创人才，而孵化器的设立实现对科创成果产业化的落地。创新创业资源的汇聚、人才的加盟和孵化器的配套支持，有效解决了大学—企业的学术创业链断裂带，尤其是创业链上的断裂带Ⅱ，有利于促进研发成果商品化，最终走向市场。例如，2001 年建成的深圳虚拟大学园国家大学科技园，用地面积 28.4 万平方米。由政府主导，由多家著名院校孵化器组成。高校科技产业群、重点实验室群、技术转移机构群、风险投资机构群、教育培训机构群、中介服务机构料和配套服务机构群等产学研各要素有效聚集于此，产出大量的研究成果。

基于混成组织，深圳虚拟大学园形成了政产学的三螺旋结构，大学的基础研究能力、企业的应用开发能力和园区管理组织的产业化支持能力三者既相互协同，又相对独立。大学的科研人员在这里具有多重身份，既是科研人员，又可以是企业的技术研发人员，还可以是股东，以技术入股企业创建和管理，逐渐形成了基础研究能力和应用开发研究能力的协同和统一，统筹基础研究、应用开发、成果转化、产业发展等环节，修复创业链上的断裂带。此外，深圳虚拟大学园的管理服务中心，集中为入园院校、研发机构、孵化企业提供服务，尤其是协调与政府的关系，通过实施科技保险、天使投资引导、科技金融服务体系建设和股权投资项目，汇聚银行、保险、证券、创投等要素资源支持企业创新创业。从整体上，保障了学术创业链上从基础研究到产品商品化各环节所需要素的流动和供给。

3. 激励政策

政策协同主要来自两个方面，包括入驻深圳虚拟大学园区的母体大学的政策支持，以及来自地方政府的政策支持。第一，入驻深圳虚拟大学园区的主要是母体大学派出的研究院等实体性机构。母体大学给予大量的政策支持，一般都给予研究院相对独立的运营管理权限，允许按照市场化的运行机制操作，激发创新创业活力。如浙江大学深圳研究院，浙江大学派出专门的管理运营团队，给予经费支持成立 9 个实验室及浙江大学深圳新能源产学研联盟。第二，深圳市政府从多维度对深圳虚拟大学园进行政策支持，如土地使用、人才引进、项目审批等。市政府设立深圳虚拟大学园专项经费，每年支持1000万元，以促进深圳虚拟大学园各成员院校开展科技成果转化和产业化。深圳市政府出台《促进创客发展三年行动计划（2015—2017年）》等政策文件。从2015年开始，全市每年新增50个创客空间、10个创客服务平台、3万创客。市财政设立创客发展专项资金，并探索发展科技担保融资、知识产权融资、股权质押融资等新型融资方式，为创客活动提供资金支持。通过系列政策支持，深圳虚拟大学园建立起一个以基础研究为引领，产业及市场化为导向，企业为主体的开放合作、官办民助为特色的创新载体体系，有效破解了高校学术创新创业链断裂带难题。

深圳虚拟大学园积极采取动机协同、组织协同、能力协同和政策协同的策略，取得了显著的成效。各入驻大学和科研机构在深设立研发机构229家，① 其中获批市级以上重点实验室、工程实验室等创新载体74家；形成了从学士到硕士、博士的在职学历学位培养和从短期专项到为企业量身定做的订单式人才培养体系，累计培训各类人员35.9万余名。其中，培养本科生7万余名，硕士4万余名，博士2千余名；举办国际学术会议1300余场，院士专家讲座3000余场；深圳虚拟大学园内博士后工作站进站博士后280名；国家大学科技园已建成清华大学、北京大学、香港中文大学等15家产业化基地，园区启用面积48万平方米；累计孵化科技企业1362家；各成员院校承担一大批科研项目，其中国家级科技项目1378项，省部项目265项。在专利、论文和成果转化方面获得丰收，例如，获得专利1592项，软件著作权314项，发表论文3999篇，转化成果2081项，技术服务1236项，见表7-4。

表7-4　　深圳虚拟大学园内转化成果项目数前20名机构情况

序号	院校	转化成果	孵化企业	获得专利	论文	技术服务	国家项目	设立研发机构	产学研基地面积（m^2）	国际学术交流活动	院士专家论坛
1	清华大学	498	410	315	133	224	48	16	32000	3	150
2	浙江大学	486	2	16	40	24	3	5	128	4	6

① 资料来源：http：//www. szvup. com/。

（续表）

序号	院校	转化成果	孵化企业	获得专利	论文	技术服务	国家项目	设立研发机构	产学研基地面积（m^2）	国际学术交流活动	院士专家论坛
3	北京大学	154	295	72	187	188	59	13	36000	91	101
4	哈尔滨工业大学	137	38	151	34	59	24	5	12000	101	80
5	南京大学	88	40	5	42	22	3	12	25685.89	16	165
6	中国科技技术大学	65	58	25	0	12	2	2	1049	10	3
7	香港科技大学	59	86	21	435	28	79	10	14936.27	100	37
8	湖南大学	54	10	8	25	4	1	6	3000	12	6
9	西北工业大学	53	38	43	427	14	24	4	49170.41	30	46
10	中国地质大学	53	2	20	5	7	2	—	36000	1	13
11	中山大学	50	23	242	203	49	9	12	26000	71	79
12	武汉大学	34	46	46	117	55	4	17	25000	90	60
13	合肥工业大学	19	8	4	0	0	0	1	0	0	9
14	华中科技大学	18	55	72	108	18	0	7	46227.1	8	27
15	东南大学	18	1	0	0	13	0	3	192	7	2
16	香港理工大学	17	61	68	213	184	275	11	12500	55	118
17	北京理工大学	15	2	34	67	11	1	3	23000	22	0
18	北京邮电大学	12	11	58	64	32	50	4	45000	9	30
19	香港城市大学	11	20	66	653	38	253	20	12630	144	28
20	中南大学	10	2	46	174	20	0	5	3110.6	16	5

资料来源：参考如下文献，同时根据深圳虚拟大学园调研数据整理，截至 2019 年 8 月。Lin X.，“Multiple-case Research on University：Enterprise Innovation Chain ‘Fractures Repair’ in China” Science Technology & Society，First Published online，December 21，2020.

二 南山智园

南山智园位于西丽湖国际科教城，区位得天独厚、交通优势明显、生态禀赋优异，是深圳科教资源最丰富、高端人才最密集、科技创新能力最强、发展水平最高的区域。园区将主要引进互联网、生物医药、新能源、新材料、新一代信息技术、文化产业、医疗器械、集成电路和智能电网等重点支持领域的企业，支撑粤港澳大湾区打造具有全球影响力的国际科技创新中心，见表7-5。

表7-5　　南山智园大事件

时间	大事件
2013.11	智园一期42万平方米，共计11栋楼宇建成并交付使用
2014.12	建立深港青年创新创业基地
2015.05	清华—伯克利深圳学院入驻
2016.03	智园二期项目23万平方米开工
2016.10	深圳市水木深研创业研究院成立
2017.04	天益人工智能研究所落户南山智园
2019.04	清华大学深圳研究生院i-Space入驻

资料来源：笔者整理。

南山智园由一期、二期、三期（崇文园区）和塘朗城广场5号楼四个园区组成，总建筑面积92.75万平方米①。一个智园三种运管模式：针对四个产业园区相邻相通的现状，大沙河建投公司创新推出了三种运管模式。南山智园一期：实行政府全面主导。南山智园一期，产业空间体量大、开发时间早、产业类型多、创新主体多元。园区由11栋产业大厦组成，涉及新能源、新一代信息技术、互联网、人工智能等战略新兴产业和未来产业，入驻单位有高校、企业和创客团队等。据此，南山区实行了由大沙河建投公司全面负责运营管理的模式。崇文园区：引入混合制专业团队。南山智园崇文园区由3栋总部研发大楼组成。国企大沙河建投公司与民企深圳天安骏业合资成立了混合制公司，具体承接园区管理运营。借此，南山区将打造湾区产城智慧化社区的“崇文模式”。塘朗城广场5号楼：全面融入智园。塘朗城广场5号楼紧邻南山智园期，建筑面积约5万平方米。基于地缘因素和智园的规模优势，南山区把5号楼全面融入智园发展之中，大沙河建投公司将借助“互联网+云”，对5号楼实行去地域化的全生态智慧化运营管理。

1. 发展动机

拓展南山区产业发展空间、推动北部片区经济发展的重要项目，更是促进南山区战略性新兴产业腾飞的重要载体，将着力打造成为大学城科技

① 资料来源：http：//www.nanshanzhiyaun.cn/index.html。

产业园和“国际知识创新村”示范区。产业园区引进的互联网、生物医药、新能源、人工智能等新兴产业符合深圳市产业发展规划及产业转型升级要求。(产业发展动机)

2. 组织结构

南山智园位于西丽湖科教城，以“产、学、研、用”深度融合为特色，将建设成为世界一流大学城、国家基础研究和应用基础研究高地、粤港澳大湾区协同创新引领区。

“三区融合”与“五链融合”的智园，“三区融合”即高校校区、产业园区、公共社区深度融合。运营管理单位以“智”运营“慧”服务着力构建“五链融合”，即“腾笼换鸟行动”联通产业链：按照“一楼一园区”进行产业布局，着力发展网络安全、人工智能等 10 个产业；“优才行动”联通人才链：常态化招才引才，园区有博士 292 人，硕士 2024 人，学士 10419 人；“活水行动”联通资金链：开展多种形式的银企对接活动，送上市融资政策到企业身边；“创新升级行动”联通创新链：园区布局了原始创新到技术创新再到产品创新的全链条创新链，铺就了从 0—1 以及 1—100 的全成长创新路径；“雨林行动”联通生态链：通过存量服务升级和增量服务创新，实现生产、生活、生态的融合共生。

3. 激励政策

南山区政府为把南山打造成深圳向全国展示国家可持续发展创新示范区做了大量工作，从资源高效利用、生态环境治理、民生建设、创新服务支撑体系、多元人才支撑体系等方面着手，在高新技术产业优势，高端人才集聚、创新资源、创新团队引进等方面下功夫。为南山智园发展提供了良好的环境，南山智园享受南山区资金政策，如南山区知识产权示范企业与认证奖励支持，南山区国内有效发明专利年费奖励，南山区科技金融贴息资助，自主创新产业发展专项资金等。

园区服务机构——深圳市南山区科技创业服务中心将为入园企业提供投融资、展会服务、交流合作、科技政策讲堂等全方面的创业服务，并在园区设立以下功能区域，全方位服务园区企业。主要包括：(1) 企业产品展示区、公共测试平台、公共服务平台；(2) 科技服务机构：引进财税、法律、金融、管理咨询等科技服务机构；(3) 咖啡厅、便利店、文具店；(4) 图书馆、阅读时、资料室、体娱中心；(5) 员工餐厅及商务用餐区；(6) 多功能厅、会议室。南山智园入驻企业及各类创新机构 106

家，被认定为国家市高新技术企业数达 58 家，吸纳就业 30006 人，可租赁面积 32 万平方米，园区企业共获得各项专利 7462 项，其中发明专利 3150 项。2018 年年营业收入达 306. 14 亿元，纳税 11. 61 亿元。

三　深港产学研基地

深港产学研基地是深圳市政府为了促进大学—企业—政府合作，加强科技成果转移的重要举措。1978 年，深圳作为中国最早进行改革开放的城市，经历了经济的快速发展。然而，当经济结构不断调整，产业更新换代加快，尤其是进入 20 世纪 90 年代末之后，深圳尤其需要技术创新支持发展创新型经济，提升城市在全球的核心竞争力。在此背景下，1999 年 8 月，由深圳市政府、北京大学、香港科技大学三方携手，在深圳高新区共同创建深港产学研基地。原始投入：创建时由市政府划拨土地并投资 6000 万元，两校分别投入 1000 万元；股东权益分别以 34%、33%、33% 分配①。深港产学研基地实行理事会决策，主任负责的管理体制。理事会是深港产学研基地的最高权力机构。理事会决定深港产学研基地的一切重大事宜。理事任期四年，经合作三方委派，理事会现设理事长 1 人，副理事长 2 人，秘书长 1 人，理事 14 人，见表 7-6。

表 7-6　深港产学研基地大事件

时间	大事件 Milestone
1999. 08	由深圳市政府、北京大学、香港科技大学共同在深圳高新区创建
2000. 06	招商局蛇口工业区合作创建高科技孵化基地
2000. 12	重组深圳上市公司深安达
2001. 12	与北京大学签署了合作建立四个重点实验室的协议
2002. 10	与香港科技大学和固高科技（深圳）有限公司分别就“智能材料实验室”和“机电一体化工程中心”两个合作项目
2005. 11	与北京大学数字中国研究院、深圳市科信局联合主办第二届数字中国发展高层论坛
2006. 04	深港发展研究院成立
2006. 05	国家人事部批准基地设立博士后科研工作站
2008. 10	深圳市科信局授予基地与固高科技合作建立的自动化装备技术研发平台为：“深港创新圈合作平台—装备制造核心技术”

① 资料来源：http：//www. ier. org. cn/。

（续表）

时间	大事件 Milestone
2008.12	被国家科技部审批为“国家高新技术创业服务中心”
2009.09	国家科技部公布第二批共58家国家技术转移示范机构，深港产学研基地产业中心名列第七
2010.01	与龙岗区合作建立深港中海信科技园
2011.03	与香港数码港、深港科技合作促进会、香港科技资讯联会共同举办深港青年ICT大赛
2013.12	与中国生物材料学会合作在深举办中国生物材料学会2013年大会，来自全国各地的1000多名专家学者参会
2014.07	在中国产学研合作大会上，获得中国产学研合作创新示范基地称号
2015.03	深港青年ICT大赛与高校校友大赛与深圳创新创业大赛及中国创新创业大赛实现对接
2016.08	深港产学研基地又一孵化企业——深圳市北科瑞声科技股份有限公司，在全国中小企业股份转让系统中心隆重举行新三板挂牌敲钟仪式
2017.01	基地孵化企业固高科技再次荣获国家科学技术进步二等奖
2018.04	深港产学研基地被认定为深圳市知识产权孵化基地
2019.04	中标深圳市政府采购中心组织的“深港科技创新特别合作区深圳区域综合规划项目”

1. 发展动机

深圳市政府为吸引和促进国内外名校、科研院所来深圳进行科技成果转化和产业化，把大学的综合智力优势与深圳的市场环境优势相结合。

深港产学研基地探索和实践官、产、学、研相结合的新路子，为深圳发展高新技术产业和提升教育事业服务，形成强大的创新科技能力及高新技术产业化能力，注入新的活力，现为北京大学和香港科技大学最重要的对外合作基地之一。深港产学研基地的成立，实现了深港科技合作的突破，成为深港合作的一个标志。

2. 组织结构

深港产学研基地引入北京大学、香港科技大学资源，建立了深圳市SOC重点实验室、深圳市智能信息系统重点实验室、深圳市环境模拟与污染控制实验室、深圳市海洋与大气研究重点实验室、运动控制实验室、智能媒体和语音实验室、高分子材料实验室、先进技术研究所、生物医学工程研究中心、深圳人体组织再生与修复重点实验室、深港发展研究院、北科区域发展研究院等若干实验室和工程研发中心，并建立了博士后科研工作站，为深圳市高新技术产业化的可持续发展提供了强大的公共技术平台和人力资源支持。

深港产学研基地探索和实践官、产、学、研相结合的新路子，形成以市场为导向、以产业为龙头、以研发为支撑、以效益为目标、与现代市场经济相符的技术创新机制，促进学术创业。实行强强结合、优势互补，为北京大学和香港科技大学建设成为世界一流大学，为深圳发展高新技术产业和提升教育事业服务，形成强大的创新科技能力及高新技术产业化能力，注入新的活力，促进深港湾区经济繁荣持续发展。

3. 激励政策

深港产学研基地以创新服务为核心，建立了完善的创业服务体系，力争为两校科技成果转化及为参股、加盟和进驻基地大楼企业创造良好的创业环境。北京大学和香港科技大学已有二十多个产业项目加盟基地，主要分布在信息技术、生物工程、光纤通信、机电一体化、环保等高新技术前沿领域。

为更好地服务入驻的高科技企业和研发机构，深港产学研基地产业发展中心联络专业机构建立起从人才引进、项目推广、政策指导、投融资服务、咨询管理服务等完备的一站式、一条龙服务体系。深港产学研创业投资有限公司是深港产学研基地发起设立的专业创业投资机构，投资的 14 个项目已在境内外上市，管理资产约 50 亿元。深港产学研基地相继被国家科技部认定为国家高新技术创业服务中心、国家技术转移示范机构。深港产学研基地成立以来已先后开展了包括本科生教育、研究生教育、高级研修班、论坛讲座四个方面的众多项目；北大附中在南山区建立了分校；香港科技大学自 2001 年起就率先也在深圳招收应届高中毕业生自费赴港就读本科；北大光华管理学院和香港科大商学院也在深港产学研基地建立分院。

第三节　高校学术创新创业链“断裂带”修复策略

在本研究的案例中，不同的创新创业要素和运作机制整体作用于创新创业价值链上，形成基础研究、应用研究、产品中试和商业化等不同创新创业环节的相互联系和合作。在所概述的案例中，根本的挑战在于研究成果转化过程中所涉及的参与者的多样性，以及从传统上而言，他们之间组织的异质性导致的分离。研究三个案例发现重要的修复机制，具体见表 7-7，包括不同的动机协同、不同的组织协同和不同的政策协同，通过这些机制加强创新创业链上不同环节的联系与合作，而这些增强的联系与合作不断增强高校学术创新创业链上不同环节之间合作的价值。

表 7-7　高校学术创业“断裂带”修复机制

<table>
<tr><th>行为</th><th>要素</th><th>路径</th><th>修复策略</th></tr>
<tr><td rowspan="3">动机协同机制</td><td>政府发展动机</td><td>政府实现地方经济社会发展，采取早期主导，投资建设；后期协同大学、企业运行</td><td rowspan="3">早期政府投入和引导</td></tr>
<tr><td>大学研发动机</td><td>大学希望促进科技成果转化，提升大学竞争力。加强与企业合作，获得政府支持，入驻园区，校企共建共享</td></tr>
<tr><td>企业产业化动机</td><td>企业希望获得技术创新能力，提高企业市场竞争力。寻求与大学合作机会，获得政府支持，降低研发成本，入驻园区，校企共建共享</td></tr>
<tr><td rowspan="3">组织协同机制</td><td>国家大学科技园</td><td>提供空间和优惠政策吸引大学、企业入驻</td><td rowspan="3">创新资源与创业资源的融合</td></tr>
<tr><td>博士后科研工作站</td><td>提供科研工作机会和实验室等科研条件，吸引博士后高端人才</td></tr>
<tr><td>孵化器</td><td>促进科技成果转化条件</td></tr>
<tr><td rowspan="2">政策协同机制</td><td>大学支持校企合作政策</td><td>母体大学灵活的管理体制机制释放创新创业活力；人才与资金支持</td><td rowspan="2">多元政策工具形成支持合力</td></tr>
<tr><td>政府支持校企合作政策</td><td>人才、土地、税收、资金，以及营商环境改善等多方面支持</td></tr>
</table>

三个案例揭示的关键机制在修复和加强创新创业各环节的联系和合作方面具有重要意义。具体建议如下。

一　构建学术创业动机协同机制

高校需要承担教书育人角色，更需要自觉承担社会服务功能，明确加强与企业合作的组织使命和价值导向，应当把科技成果产业作为重要的使命，引导科研人员进行科研时考虑社会的需求。政府应设有专项资金并制定拓宽经费来源的优惠政策，解决创新研发经费不足的问题。另外要形成制度保障，政府建立产学研合作的联席会议制度，协调大学—企业战略联盟，破解高校学术创新创业链断裂带。

二　构建高校学术创业组织协同机制

通过建设混成型组织，充分利用异质性组织优势资源，融合组织资源优势，促进断裂带修复。要建设创客空间、创业梦工场等多元化的组织和孵化器；构建基于大数据、云服务的政府指导与市场运行、线上线下有机结合的校企合作体系，拓展传统的创新创业链模式。要加强与金融机构、科技转化中介组织的合作，丰富创新创业链的要素，增强创新创业链要素之间的协同能力和创新创业能力。

三　构建高校学术创业政策协同机制

作为政策制定者，政府要发挥引导性作用，通过构建 R&D 支持系统，激发大学、企业共同研发，引导和支持金融机构支持大学企业的合作，开展股权激励、成果转化、创业孵化、创业融资的政策支持，营造良好的创新创业环境。支持高校、科研院所、创业园区等试点建立“学科（人才）特区”，构建能进能出的灵活用人机制。

这三种基本机制侧重于研究成果转化的过程和不同的逻辑方面。动机协同机制是驱动力，链接不同的组织目标，使不同组织不同目标协同起来，使大学与企业合作起来，使基础研究与应用研究价值协同起来。组织协同机制是平台，为创新创业链薄弱环节提供基础支撑，特别是混合组织（三重螺旋组织）能弥补单一组织的缺陷。政策协同机制是工具，高校学术创新创业链的载体，通过提供财政、土地、人才、税收等优惠政策，促进高校创新创业。总体而言，本研究试图通过动机协同机制、组织协同机制和政策协同机制的发展，来展示高校学术创业断裂带的修复和研究成果的有效。通过这一框架，能更好地理解基于学术创业链断裂带的修复机制设计及其在研究成果转移过程中的作用。

第四节　数字技术赋能高校科技成果转化

高校要充分利用数字技术赋能作用，以“强前台”，助力科技成果与市场衔接；以“大中台”，赋智知识管理与研发生产；以“稳后台”，强化数字支撑与数据标准化。通过数字技术的前台、中台、后台三个层面共同发力，实现数字技术与高校科技成果转化有机融合，有效提升科技成果转化效率①。

高校科技成果转化水平是国家科技与经济结合程度的直接反映。国务院印发的《促进科技成果转移转化行动方案》提出，要支持高校围绕产业和地方需求开展科技成果转化，实现科技成果的市场价值。然而，高校科技成果转化容易陷入“达尔文之海”的困局，难以跨越研发与产业化之间的鸿沟。根据《2019 年中国专利调查报告》② 显示，高校有效专利实施率仅为 13.8%、有效专利产业化率仅为 3.7%，均低于全国平均水平。伴随着大数据、云计算、人工智能、区块链、5G 等数字技术的持续创新，我国的数字经济正在向数据化、智能化、平台化、生态化快速发展，数字经济对我国 GDP 增长的贡献率已达到 67.9%③，高校科技成果转化环境正在发生根本性的变化。面对科技成果转化前台市场障碍、中台知识管理与研发生产困境、后台数字支撑与数据标准化不足问题，高校只有抓住机遇，拥抱数字化和智能化，利用数字技术从前台、中台、后台三个层面共同发力，激发科研活力，制定与市场需求和资源相匹配的研发策略，并在瞬息万变的市场中不断地调整和创新，才能提升成果核心竞争力，促进高校科技成果转化。

一　强前台：助力科技成果与市场衔接

当前，市场障碍是我国高校科技成果转化面临的一大主要障碍④。具体而言，一是信息搜索障碍，是指一方面科研人员由于缺乏市场调查的专业技能，导致难以寻找到合适的合作企业或投资机构；另一方面相关企业或投资机构虽然拥有相当资源，也难以找到合适的专家。二是效益评估障碍，是指企业或投资机构由于缺乏科研领域的专业知识，难以准确评估科技成果转化所带来的经济、社会效益，导致对科技成果研发、转化投资不足。三是监督执行障碍，是指由于科技成果的高技术性与高资金投入，以及可能出现的机会主义行为，增加了高校与企业或投资机构双方的契约执

① 易高峰、王洋：《数字技术赋能高校科技成果转化的实现路径》，《中国高等教育》2021 年第 11 期。

② 国家知识产权局：《2019 年中国专利调查报告》，2019 年。

③ 中国信息通信研究院：《中国数字经济发展白皮书》，2019 年。

④ 陈涛、李颖：《大学科技成果转化障碍研究综述》，《中国高校科技》2018 年第 1 期。

行监督成本①。借助数字技术赋能，建立第三方科技成果转化中介服务前台，是破解上述障碍的有效途径。

（一）信息搜索障碍的破解

科技成果转化中介服务前台的主要职能就是对科技成果信息进行收集、筛选、分析与加工，并服务于市场两端的成果提供方与成果需求方。市场信息搜索本质上是机会的识别，传统的机会识别方式需要耗费巨大的人力进行市场调研，而数字技术深刻地重塑了机会识别方式，从依靠人的经验转变为依靠数据驱动。首先，科技成果转化中介服务前台汇总高校科研成果信息，以及企业与机构的投资需求信息。其次，利用大数据分析技术，科技成果转化中介服务前台能够深度挖掘多模态、海量的科技成果与市场需求信息数据，智能匹配科技成果与市场应用场景。最后，将匹配完成的供给、需求信息反馈给相关高校与企业机构，使科研人员做好与企业对接，助力研发成果落地。比如全国技术转移公共服务平台，一直致力于利用平台数字技术支撑，帮助优秀科技成果实现转化。在深入了解河南安阳某 F 公司的抛光粉生产技术需求后，平台从涵盖 104 个国家 1.3 亿条科技成果数据库中找到了可以解决 F 公司难题的相关技术，匹配到北京某大学 L 教授发明的高端抛光粉自动化生产技术，最终成功地帮助双方完成科技成果对接。

（二）效益评估障碍的破解

要评估科技成果转化潜在的商业价值和社会效益，消除成果需求方的交易疑虑，必须准确地衡量科技成果的成熟度。科技成果成熟度可以从技术先进性、外部支撑性、市场转化性三个维度衡量②。技术先进性方面，主要包括对技术难度水平、技术发展阶段、研发团队实力的考量。科技成果转化中介服务前台利用人工智能技术，搭建智慧评估系统，通过对科技成果技术组成的成分分析判定其技术难度，通过对已有技术回溯判断技术发展程度，通过对成果完成人员科研项目分析甄别研发团队实力。外部支撑性方面，主要包括市场竞争、资金资源配套。基于云计算技术，智慧评估系统开展市场环境扫描，对科技成果潜在市场规模、细分市场情况、所

---

① 黄劲松、邓爱军：《基于交易费用分析范式的高校技术转让问题研究》，《科技管理研究》2014 年第 20 期。

② 首都科技服务业协会：《科技成果转化成熟度评价规范》T/BTSA001-2016，2016 年。

需投入的资金资源进行精确分析与核算。市场转化性方面，主要包括产品特性、用户特性、盈利预算。通过大数据分析，获取消费者行为数据，并结合产品特质实现数据洞察，构建潜在用户画像，预估科技成果市场收益。比如，北京中关村天合科技成果转化促进中心，是全国首家制定科技成果成熟度指标的服务机构。通过从技术创新基因 TID、转化支撑要素 TSE、职业专家意见层面 24 个指标，对 Q 大学储能电池技术进行技术成熟度与市场转化效益评估，助力该成果被浙江衢州某化工企业应用。

（三）监督执行障碍的破解

委托代理是科技成果转化中介服务前台的主要职能之一，即接受科技成果供给方或需求方的委托，开展对契约履行的监管代理活动。基于大数据与深度学习技术，科技成果转化中介服务前台构建起融合技术、法务、商务、管理于一体的复合性知识结构，能够对双方契约的执行情况进行全过程的监督管理。具体包括，判断科研成果的完善程度和实用价值；熟悉合同法、知识产权法、促进科技成果转化法等相关法律法规，判断合同标的是否是知识产权成果，熟悉合同当事人情况，明确技术合同类型，按照合同的规定的权利义务、支付条款等，对技术研发、知识产权管理、成果应用推广等一系列环节进行监督。因此，消除了高校与企业或投资机构由于专业领域不同而产生的非对称信息差，避免了可能出现的钻契约漏洞，损害对方利益的机会主义行为。比如，上海盛知华知识产权服务有限公司从实践中归纳出科技成果转化中介服务机构承担合同履行监管的职责，在进行技术的许可转让价格和合同谈判的过程中，充分保护了专利和科技成果拥有者的利益，规避潜在风险。

二　大中台：赋智知识管理与研发生产

（一）知识管理中台

数字化时代，我国高校科技成果转化面临“知识困境”的挑战。一是科研数据形式多样，从传统的结构化数据拓展至包括文本、图片、音频、视频在内的非结构化数据。二是科研数据量呈指数级别的增长，根据《大数据白皮书》（2019）统计显示，2019 年中国数据流动占全球四分之一，预计到 2035 年，全球数据产生量将达到 2142ZB[①]。三是科研知识更

① 中国信息通信研究院：《大数据白皮书》（2019）。

新速度加快，信息技术的发展使得众多学科在 2—3 年的周期内就完成知识的更新。知识管理中台是以数据为基础的一站式智能知识管理平台，能够对高校科技成果转化所面临的知识困境展开破局，赋能科技人员完成从科研数据堆砌到知识满足，再到智能决策的三级跳跃。

知识管理中台以科研数据为“根”，以科研人员为“本”，具有全链路的知识管理能力，覆盖知识生产、知识组织、知识应用三个层面。一是知识生产层面。知识来源于数据的提炼，因此科研数据不仅仅是高校的资源，更可以转变为知识资产。在数字时代，海量数据分散在不同的系统内，知识管理中台能够整合大量孤岛化、碎片化的科研数据并深度挖掘数据之间的联系，将数据提炼为有效的科研知识，形成初阶知识库。二是知识组织层面。知识管理中台能够有效组织、加工海量知识，并将知识分成多维度的知识形态，形成智能知识库。智能知识库不仅具备多模态的知识存储能力，能够沉淀专业化知识，而且具有自生长性特征，即能够实时接受最新科研数据并进行萃取提炼，实现知识的再生产，保持知识动态更新。三是知识应用层面。知识管理中台可以为科研人员提供不同类型的知识应用服务。比如智能搜索应用，可以大幅度缩减获取知识的时间，且提高获得结果的相关度。又比如主动推荐应用，基于用户特征，面对不同研究领域科研人员的个性化需求，快速定制知识产品与服务，向科研人员主动推荐知识，帮助科研人员实现“精准研发”。还比如智能决策应用，基于人工智能技术，辅助科研人员对专业场景分析，达到知识洞察的目的。

（二）虚拟研发团队

疫情为数字化进程按下了加速键，虚拟研发团队的重要性明显提升。目前的研发团队模式存在如下弊端。一是知识互补效应不足。主流研发模式是导师带领学生组成研发团队进行攻坚，由于师生间的专业领域相同，其知识背景也相似，难以形成知识交叉互补。二是知识共享不足。研发团队作为知识密集型主体，拥有重要的知识资源资产，但由于组织单位间存在壁垒，知识难以顺畅流动。通过数字技术搭建虚拟研发团队，能够有效协同各方面人才，促进知识共享，提高研发效率。

一是虚拟研发团队知识资源协同。虚拟研发团队的主体不局限于知识结构相似的成员，而是采用“众创研发”的模式，汇聚各方智慧解决研发过程中遭遇的难题。比如，当现有知识无法解决研发瓶颈时，团队可以将所需技术知识、资源发布在互联网上，邀请不同技术背景的科研人员、实验室，甚至是具备专业能力的企业，为研发提供有效的解决方案。通过跨界融合，实现资源整合。二是虚拟研发团队知识共享加速。“为有源头活水来”，共创分享是实现科技成果转化的重要保障，数字化时代，知识流动是常态，知识共享使得组织边界模糊化，促进交流与协作。虚拟研发团队能够打破时空限制，实现信息实时交互，并且借助知识图谱有力地推动知识共享。知识图谱是一种大规模语义网络，用图模型来表述世间万物之间的关系，具有结构友好、语义丰富的显著优势，通过对多模态海量知识的深度挖掘和分析，找到其隐形关系并进行可视化展示。一方面，可以利用专业知识图谱加速同领域前沿知识的共享。专业知识图谱具有强大的专业认识深度，能够满足科研人员对垂直领域的学术知识深度学习；另一方面，可以利用跨领域知识图谱加速不同专业科研人员知识共享。跨领域知识图谱能够理解科研人员的深度需求，实现标题级、关键词级、段落级、语句级的高精度搜索，输出文字、图像、音频、视频等多模态知识形态，并将搜索结果以自然语言有序排列，提高知识共享效率与使用体验。此外，通过对科技工作者构建精确的用户画像，还可以针对性地给研发团队成员推荐相关科研资讯、政策法规。

（三）数字生产场景

2020年，国家发改委和中央网信办发布《关于推进“上云用数赋智”行动 培育新经济发展实施方案》，强调“引导各方参与提出数字孪生的解决方案”。后疫情时代，交通管制导致科技交流受阻，经济下行导致科研经费削减。面对物理世界的重重阻碍，数字孪生技术能够构造一个物理世界的镜像，发挥数据融合供给能力与场景可视化呈现能力，结合AI技术建模，为科技成果研发生产提供数据支撑、中试预演、监控诊断。

一是数据融合供给能力。数据融合能力是指以各类实验数据、研发数据为基础，以市场需求侧数据为索引，建立多层次、一体化的数据融合体系。在数字孪生科研场景下，高校科研人员可以突破实验条件的限制，进行大量的科学实验与仿真分析，积累了丰富的研究数据与经验。接着，将市场数据导入数字孪生场景，洞察数据间的潜在联系，形成以数据为基础，以算力为保障，以算法为支撑的数据融合知识地图，实现全面呈现、动态监测、虚实结合，辅助科技成果转化的研发、中试、生产各个阶段的决策，建立完整闭环。二是场景可视化呈现能力。首先，在研发过程中通过各类传感器，采集物理、化学等各种属性信息，实现物与物以及物与人之间的有效连接，建立智能化感知。其次，通过多层次渲染，还原研发生产场景及细节，实现数据分析和仿真结果的可视化。具体来说，包括按照物理实体的属性，以及生产环境属性，实现生产场景的可视化；对生产流程进行可视化渲染，可以对生产流程的各个环节进行呈现；通过大数据可视化，针对生产数据的特定属性，提供动态变化的数据视图，对生产过程起到实时监测的效果；对科技成果商业化后的应用场景进行可视化，分析可能出现的问题，进而对科技成果实现优化改善。

三　稳后台：强化数字支撑与数据标准化

高校科技成果转化后台是利用数字技术搭建的、按照科研数据开放标准运行的数字基础设施，为科技成果转化中介服务前台、知识管理中台与研发生产提供强力支撑。要理解数字支撑后台，必须弄清楚数字技术的各种特性。数字技术本质上是信息、计算、沟通和连接技术的组合①，将文字、音频、图像等信息用二进制数字“0”和“1”表达，具有数据同质化、可编辑性与可供性三种特性。数据同质化不难理解，就是说现实世界的所有信息都可以被转化为二进制的“0”和“1”进行处理。由于处理这些由“0”和“1”所表达的信息的程序也可以用二进制数字表达，因此可重新编程。此外，相同的数字技术可供不同的主体基于不同的目的，创造出不同的价值。

（一）数字基础设施支撑

与高校科技成果转化紧密相关的数字技术，主要指大数据、云计算、人工智能等与数据获取、数据挖掘、数据应用能力相关的数字技术。一是数据采集，主要包括科研数据，也包括市场信息等其他数据。数据采集需要投入充足的资金建设数据库，具备数据保存时间长、数据存储空间大、数据资源丰富的特征。二是数据挖掘，获取数据库中有价值的信息。面对海量、杂乱的数据，必须利用云计算等强大的算力网络，先对数据进行清洗，去除无效、重复、干扰的数据，再对数据进行不断分类加以区分，最后将彼此联系的数据加以聚类找出共性，实现数据洞察。三是数据应用，为科技成果转化供给方以及需求方提供个性化服务。比如科研人员作为数据信息的接收者，利用人工智能技术，根据服务对象的专业特点、研究领

① 魏江、刘洋等：《数字创新》，机械工业出版社 2021 年版。

域，为其智慧选取所需的科研信息以及市场信息。近年来，国家出台一系列指导方针、政策，大力推进5G信息网络、数据中心等新型基础设施建设，支撑科技成果创新与产业发展。在此背景下，高校也要加强大学科技园、众创空间等的数字化转型。比如，华中科技大学科技园通过运用大数据、云计算、人工智能、区块链等数字技术，搭建"一云四端"双创智能系统，以云端统领数据，企业端、孵化机构端、第三方服务机构端作为服务和数据接口，通过推动硬件数字化，进而实现园区管理和运营数字化，有效促进了科技成果转化。

（二）科研数据开放标准

利用数字技术赋能高校科技成果转化必须建立完善的科研数据开放标准。建立科研数据开放标准，旨在更好地使科研人员利用开放数据，防止不正当竞争。一是科研数据格式标准。不同学科、不同领域的数据格式往往是不同的，若没有统一的格式规范，则一方面会造成数据混杂无章，难以有效归类；另一方面也不利于学科交叉，阻碍跨学科间的数据交流。因此，必须采取相同的命名方式，对科研数据进行统一编号，以提升数据规范程度，便于对数据元素进行识别和利用。二是科研数据安全标准。科研数据上关乎国家安全，下关乎个人隐私，亟须建立完善的风险评估机制，识别敏感信息，保证数据安全。数据安全中的薄弱环节除了使用的密码安全程度偏低，导致信息泄露外，还包括由于分布式数据存储的路径相对清晰，导致异常流量攻击；由于传统的数据保护技术主要针对静态数据，而大数据环境下科研数据是动态变化的，导致数据隐私难以受到保护。因此，必须提高安全密码级别，对数据状况进行可视化处理，对敏感科研数据的访问进行动态实时跟踪。三是科研数据更新标准。科学研究每天都在产生海量的数据，因此数据库也必须保持动态更新状态。必须规范相关主体职责，明确制度流程，使数据更新制度化、常态化，及时删除过期数据、补足缺失数据，保证数据质量。

第八章

创业教育模式创新赋能高校学术创业

深化高校创新创业教育改革，是从源头上促进学术创业或修复创业失败的重要途径。创新高校创业教育模式，对培养大学生的创业意识、提升大学生的创业技能具有重要作用，对修复学术创业失败具有重要的价值。本章主要通过对有关高校创业教育实践的考察，总结高校创业教育创新的路径及其对学术创业的促进作用。

第一节　创业教育的现状与问题

在数字经济和知识经济的浪潮下，高等学校开展创业教育已经成为促进国民经济发展，提升国家综合竞争力的重要手段。2015 年国务院办公厅颁布《国务院办公厅关于深化高等学校创新创业教育改革的实施意见》（以下简称《意见》），指出推动高等学校创新创业教育改革是实施国家创新驱动发展战略、促进经济提质增效升级的迫切需要，标志着高校创业教育已经上升到国家战略的高度。《意见》认为高校创业教育的重点要落实到完善人才培养质量标准、创新人才培养机制、健全创新创业教育课程体系、改革教学方法和考核方式、强化创新创业实践以及加强教师创新创业教育教学能力建设。概括而言，高校创业教育主体包括教师和学生，是教师对学生进行创业教学，学生进行创业实践的过程。国内外高校创业教育研究也是遵循这个理论逻辑展开并不断深化。

一　研究现状

（一）国外高校创业教育研究概况

国外高校创业教育研究兴起于 20 世纪 70 年代的欧美国家，其中以美国和英国为代表。1947 年，美国哈佛大学迈尔斯・梅斯教授开设了“新企业管理”课程，成为高校开展创业教育的肇始。英国则在20世纪80年代掀起从“研究型大学”到“创业型大学”的学术革命，促使英国高校争相开设创业教育课程。此外，芬兰、澳大利亚、新加坡等国家也在高校创业教育理念、模式、实践的探索上取得了许多收获。

1. 美国的创业教育

美国是世界上较早开展创业教育（entrepreneurship education）的国家，且创业精神深深根植于美国社会。1970年美国第一次创业学术会议在普度大学召开，会议主题是大学在促进创业发展中的作用。1974年Jeffry A. Timmons较早编写出版了创业课程教材《New Venture Creation》，强调“以问题为中心”和大量案例分析来培养学生的创业能力①。目前，美国创业教育已经经历萌芽期、启动期、发展期和成熟期四个阶段，实现了高校创业教育的体系化②。美国高校创业教育拥有完整的学历体系，涵盖从副学士、学士、硕士到博士的所有类型，以及完整的学科体系，包括57个创业本科专业。Vesper和Gartner于1997年对941所大学的商学院院长的问卷调查结果显示，美国高校给本科生开设最多的创业课程是创建企业、小企业管理、创业咨询、运营新企业、创业计划书的撰写、创业财务管理、创业机会的识别、创业营销等③。美国创业教育联盟接连颁布《创业教育内容国家标准》《创业教育实践国家标准》，将创业能力精细化为一系列表现指标，有利于评估创业教育效果。当然，不同高校也根据自身特色开展不同的创业教育实践。加州大学伯克利分校的工学院重视对学生进行发明性创业教育，强调技术创业、机会探寻与创业实践。斯坦福大学的设计学院则聚焦流程改进性创业教育，通过“移情—下定义—头脑风暴—产品原型—产品测试”五个步骤培养学生的“设计思维”，发现客户需求并提供优质服务④。

---

① 克里斯汀娜·埃尔基莱：《创业教育：美国、英国和芬兰的论争》，汪溢、常飒飒译，商务印书馆2017年版。

② 夏仕武、毛亚庆：《美国创业教育体系化建设：历程及启示》，《江苏高教》2020年第8期。

③ 陈雪钧：《国内外高校创业教育研究综述》，《重庆科技学院学报》（社会科学版）2015年第1期。

④ 陈霞玲：《高校创新创业教育模式与实践研究——以美国四所高校为例》，《国家教育行政学院学报》2019年第7期。

2. 英国的创业教育

英国创业教育的开端晚于美国且受其影响，于20世纪80年代开始创业教育改革。其更注重个体特质的培育。杜伦大学、华威大学将创业教育拓展到海外，促进了国际社会发展。英国的高校创业教育模式主要分为商业型、教学型以及研究型①。牛津大学是商业型创业教育的代表，目前已与1500多家高科技公司开展产业开发合作，开创100多家科技企业，年推出100个创业管理实践活动。剑桥大学实行教学型创业教育，开设“创业学习中心”提供创业课程，为学生提供创业实践场所和机会，以及商业计划服务和知识产权管理等的咨询。研究型创业教育的代表是斯特林大学，其大学创业园和布斯特网站为学生提供创业培训、创新研究与产品开发。英国创业教育重点实施了“企业创办计划”“小工场计划”等创业教育计划。2019年，英国政府更是颁布了《高校创新创业教育国家框架》，对高校创业教育进行顶层设计，更加关注创业课程与创业实践的有机结合，鼓励知识交换与转移，强化与利益相关者的合作②。

3. 其他国家高校创业教育——芬兰、澳大利亚、新加坡

20世纪90年代芬兰遭遇经济危机，成为推动高校创业教育的重要背景。芬兰对高校创业教育的理念承接自英国，也受北美地区的影响，认为创业教育“旨在为学生提供工作和学习所需的知识和技能，加强学生内在的创业精神、主动性、创造性和毅力”。

澳大利亚高校创业教育采用专业模式、普及模式和培训模式进行，已经形成比较完备的体系③。商学院通常开展专业模式的创业教育，通过专业课程、专业教学方法培养创业型人才。普及型创业教育以培养小企业家为目标，提供实践机会给具有创业意愿的学生。培训模式的创业教育着重实地观摩与演示，关注创业意识的培养。

新加坡是亚太地区较早开展高校创业教育的国家，形成了一套完整的创业教育体系。良好的政策环境、高素质的教师队伍、国际化的课程体

---

① 欧庭宇：《英国高校创业教育模式探讨》，《当代青年研究》2017年第1期。

② 崔军：《创新创业驱动下英国大学发展的动向与借鉴》，《高校教育管理》2021年第2期。

③ 李文英、王景坤：《澳大利亚高校创业教育模式探析》，《比较教育研究》2010年第10期。

系、校园创业服务体系是新加坡高校创业教育取得成功的关键因素①。著名的新加坡南洋理工大学成立南洋科技创业中心和NTUitive公司，开发创业课程以及推动科技成果转化，从理论和实践两个方面助力高校创业教育的发展②。

（二）国内高校创业教育研究概况

我国高校创业教育的起步较晚，始于20世纪90年代。1997年首届“清华大学创业计划大赛”的举办被认为是我国高校创业教育的开端③。在20多年的发展历程中，我国高校创业教育大致经过了3个发展阶段，包括自主探索创业教育阶段、政府主导创业教育试点阶段以及多元协同创业教育阶段。自主探索创业教育阶段，一些高校开发出各具特色的创业教育模式，如清华大学探索了“大学—政府—企业”三螺旋结构的创业教育生态网模式，浙江大学探索出“五位一体”创业教育路径与“六创”协同创业教育系统，重庆工商大学走出了四力导向、四轮驱动O2O活动链仿真创业教育模式等④。政府主导创业教育试点阶段，高校探索具有中国特色的创业教育，如上海交通大学作为首批创业教育试点高校，打造专业教师、创业导师、创投导师“三位一体”的师资力量，提高创业教学的实战性⑤。北京航空航天大学除了构建完备的创业教育保障体系，还注重分类培养，开设了艺术创业、生物工程创业以及IT创业等专业的创业课程⑥。多元协同创业教育阶段，随着“大众创业、万众创新”的理念深入人心，高校创业教育更加多元化。除了开设创业课程、参加创业比赛，一些大学还组建

① 黄兆信、刘丝雨、张中秋：《新加坡大学生创业教育的成功经验及启示》，《高等工程教育研究》2016年第4期。

② 宋海斌、王军杰：《新加坡南洋理工大学创新创业教育的实践与思考》，《民族教育研究》2018年第3期。

③ 卢应涛：《国内关于大学生创业教育模式研究综述》，《教育现代化》2020年第3期。

④ 黎青青、王珍珍：《创新创业教育综述：内涵、模式、问题与解决路径》，《创新与创业教育》2019年第1期。

⑤ 侯士兵、冯霞、玄雪梅：《双创视角下优化研究生创业教育的路径研究——基于上海交通大学创业教育的实践》，《学位与研究生教育》2018年第2期。

⑥ 董志霞：《大力推动创业教育 培养高素质创新型人才——以北京航空航天大学为例》，《创新与创业教育》2012年第3期。

了创业学院，建设了创业园和创客空间。此外，有研究者将我国高校创业教育模式分为聚焦式和发散式两种①，其中聚焦式包含科研项目孵化模式、政产学研用合作模式，发散式包括专业实践模式和综合模式。也有研究者将高校创业教育模式分为“以校企合作为核心的大学生创业教育模式”“以教育架构为中心的大学生创业教育模式”“以重点环节为框架的大学生创业教育模式”“以创新创业为核心的大学生创业教育模式”四种类型②。

我国高校创业教育也存在着一些问题，表现在教育观念陈旧，认为创业教育就是培养企业家，或者认为创业就是开公司，缺乏多元化的理念，尤其是不能适应数字经济发展的需求；课程同质化、碎片化现象严重，与专业脱离；课程资源不够，教材内容偏旧；教学方法单一，教学手段不够灵活；缺乏实战经历的教师以及实践平台少，创业实训不够。特别是随着新一轮科技和产业革命的爆发，国家迫切需要新工科人才支持。在这一背景下，学者们研究了高校如何通过开展创业教育培养新工科人才③。从新工科创业教育建议模式和创业实践平台构建两方面给出建议，提出建立产教融合多方支持的机制和师资保障，在课内创新创业教育上，完善课内双创课程体系、增加教师“双创”意识和责任感、改革教学方法以及优选实践内容，在课外创业教育上，完善各类创业实践竞赛，鼓励学生开展自主创新创业实践活动。同时，加强各类工科专业实验室和科创平台的建设。因此，加强对高校创业教育的理论研究和实证研究，提高创业教育的系统性并走出适合中国发展的创业教育之路。

二　实践状况

（一）创业教育的发展阶段

随着市场经济的进一步发展，创业教育于20世纪90年代在我国一些高校引起重视，逐步实施起来。随着创业教育的深入发展，创业教育可以

---

① 黎青青、王珍珍：《创新创业教育综述：内涵、模式、问题与解决路径》，《创新与创业教育》2019年第1期。

② 卢应涛：《国内关于大学生创业教育模式研究综述》，《教育现代化》2020年第3期。

③ 赵冬娥：《新工科背景下创新创业教育模式研究》，《黑龙江教育（高教研究与评估）》2021年第1期。

分成四个依次递进的发展阶段。

1. 高校自发探索阶段（2002 年之前）

这一阶段，高校为适应社会发展的需求，尤其是随着校企合作的逐渐增多，一些学院和教师结合大学生教育的现状，开始尝试创业教育，推行创业教育课程，主要以校本课程为主的方式推进，并结合开展相关的创业比赛。如 1998 年，清华大学发起首届“清华大学创业计划大赛”，历时 5 个多月，来自清华和首都其他高校的 320 多名学生组成 98 个竞赛小组，递交了 114 份创业计划①。清华大学以学生创业计划竞赛为载体的创业教育探讨与实践，复旦大学教育学生创业基础知识和基本技能，华东师范大学尝试开设“创业教育课程”，武汉大学实施“三创”教育（创造、创新、创业教育），北京航空航天大学科技园等机构对学生创业给予注册、资金支持等，进行积极的自发性探索②。

2. 政府引导下的多元探索阶段（2002—2010 年）

2002 年 4 月，教育部在清华大学、北京航空航天大学、中国人民大学、上海交通大学、西安交通大学、武汉大学、黑龙江大学、南京财经大学、西北工业大学 9 所大学开展创新创业教育试点工作，这标志着我国高校创新创业教育由自发探索阶段进入到政府部门引导下的多元探索阶段。这一期间，教育部先后多次召开创业教育试点院校座谈会，高教司还举办了“教育部创业教育骨干教师培训班”，来自全国 100 多所高校的 200 多名教师参加了培训学习。2008 年，教育部通过“质量工程”项目，又立项建设了 30 个创业教育类人才培养模式创新实验区③。

3. 创业教育推进阶段（2010—2015 年）

以《教育部关于大力推进创新创业教育和大学生自主创业工作的意见》为标志，进入了政府部门指导下的全面推进阶段。当时的背景是党的十七大提出“提高自主创新能力，建设创新型国家”和“促进以创业带动就业”的发展战略。而大学生是最具创新、创业潜力的群体之一。在高等学校开展创新创业教育，积极鼓励高校学生自主创业，对建设创新

① 朱兴国：《大学生创业教育模式探索》，硕士学位论文，东北师范大学，2005 年。

② 教育部高教司：《推进高等学校创新创业教育有关情况》，http：//www. moe. gov. cn/jyb_xwfb/xw_fbh/moe_2606/s3644/s3907/s3916/201006/t20100621_91535. html，2014 年 4 月 23 日。

③ 教育部高教司：《推进高等学校创新创业教育有关情况》，http：//www. moe. gov. cn/jyb_xwfb/xw_fbh/moe_2606/s3644/s3907/s3916/201006/t20100621_91535. html，2014 年 4 月 23 日。

型国家具有重要意义。一是强化组织机构和机制建设。教育部建立了由高教司、科技司、学生司、就业指导中心四个司局联动机制，形成了创新创业教育、创业基地建设、创业政策支持、创业服务“四位一体、整体推进”的格局。成立由知名企业家、企事业单位专家、高校教师、政府部门负责人组成的“教育部高等学校创新创业教育指导委员会”。二是明确工作推进的重点。①重视创业教育课程体系建设。把创新创业教育有效纳入专业教育和文化素质教育教学计划和学分体系，建立多层次、立体化的创新创业教育课程体系。②加强创新创业师资队伍建设。引导各专业教师、创新创业教育指导教师积极开展创新创业教育方面的理论和案例研究，不断提高结合专业教育开展创新创业教育的意识和能力。③全面开展创新创业实践活动。通过举办创新创业大赛、讲座、论坛、模拟实践等方式，丰富学生的创新创业知识和实践体验，提升学生的创新精神和创业能力。④建立创新创业教育质量检测跟踪机制。建立在校和离校学生创业信息跟踪系统，收集反馈信息，建立数据库，把未来创业成功率和创业质量作为评价创新创业教育的重要指标①。

4. 创业教育深化改革阶段（2015 年至今）

以《国务院办公厅关于深化高等学校创新创业教育改革的实施意见》为标志，创业教育进入深化改革阶段。这一阶段，突出的特点是：一是明确要求相关高校坚持问题导向，突破人才培养薄弱的环节。把解决高校创新创业教育存在的突出问题作为深化高校创新创业教育改革的着力点，增强学生的创新精神、创业意识和创新创业能力。坚持协同推进，集聚创新创业教育要素与资源，形成全社会关心支持创新创业教育和学生创新创业的良好生态环境。二是着力抓管理机制改革。在学生创业教育方面，要求高校要设置合理的创新创业学分，建立创新创业学分积累与转换制度，探索实施将学生开展创新实验、发表论文、获得专利和自主创业等情况折算为学分等措施，客观记录并量化评价学生开展创新创业活动情况。实施弹性学制，保留学籍休学创新创业。创业教育师资队伍建设方面，完善专业技术职务评聘和绩效考核标准，加强创新创业教育的考核评价。配齐配强创业教育与创业就业指导专职教师队伍，并建立定期考核、淘汰制度。加

① 教育部高教司：《推进高等学校创新创业教育有关情况》，http://www.moe.gov.cn/jyb_xwfb/xw_fbh/moe_2606/s3644/s3907/s3916/201006/t20100621_91535.html，2014 年 4 月 23 日。

快完善高校科技成果处置和收益分配机制，支持教师以对外转让、合作转化、作价入股、自主创业等形式将科技成果产业化，并鼓励带领学生创新创业①。三是数字技术逐步赋能高校创业教育。随着互联网的进一步发展和人机交互的不断完善，数字技术开始赋能高校创业教育。在线教育提供了更加丰富的创业教育课程资源、实践模拟资源。同时数字技术赋能，产生了更加灵活的创业资源获取渠道，连接了高校内部和市场、社会的信息、技术和资金等创业资源，为提升创业教育质量和开展创业活动提供了更加便利的条件。

总体而言，我国的创业教育取得了比较突出的成绩，形成了由开设创业教育系列课程、举办各种创业竞赛与活动、建立创业实践基地三大部分组成的教育系统，但还存在一些不完善的地方。

（二）创业教育的主要类型

在不断的探索实践过程中，创业教育形成了三种模式。

1. 平台型的创业教育模式

平台型的创业教育模式具体有课堂教育+校外辅导的创新创业教育模式。一是通过第一课堂和第二课堂相结合开展创业教育。如中国人民大学通过开设“企业家精神”“风险投资”“创业管理”等创业教育课程，将第一课堂与第二课堂相结合来开展创业教育，强调创业教育“重在培养学生创业意识，构建创业所需知识结构”。二是通过校内导师和校外导师的“双导师”模式，以及校内实践基地，如大学生创业园和高新技术园区创业孵化基地相结合的方式，实现课堂教育+校外辅导相结合，但目前主要以课堂教育为主，校外辅导，尤其是校外创业导师师资不足，难以满足大学生创业指导需要。此外，还有以“课程平台、第二课堂平台和社会实践平台”为创业载体，将创新创业教育融入人才培养方案，构建新型的创新创业教育模式，也有称为线上+线下平台等方式创新完善创业教育模式。

2. 技能型的创业教育模式

技能型的创业教育模式偏重于能力培养，注重创业教育的实战性，例如，一些大学专门设立创业管理培训学院，建立大学生创业园和科技

---

① 国务院办公厅：《关于深化高等学校创新创业教育改革的实施意见》（国办发〔2015〕36号），政策文件，2015年5月13日。

成果孵化园，教授学生如何创业，并提供创业及咨询服务。例如，湖南工业大学创新模式，按照“3345”模式对具有强烈双创意愿和较好双创潜质的学生群体实施重点培养，具体内容包括“三跨优选”：跨学院、跨专业、跨年级选拔学生，组建20个创新创业实验班；“三师共导”：以学校专业导师为首席导师，组成193人的专业导师+企业导师+校友导师“三师”团队，实施课程教学和校外实践、学科竞赛、创新训练、创业项目指导等任务；“四向对接”：紧密对接各类学科竞赛、双创大赛、创业孵化平台、创新训练和企业研发项目；“五维拓展”：构建由人文素质修养、专业领域拓展、企业经营管理、双创能力提升、双创实践训练五大模块的课程体系。两年多来，双创班学生发表论文132篇、申请专利120项、软件著作权8项，孵化创业企业32家，获得省级以上的各类奖励1125项①。

3. 综合型的创业教育模式

综合型的创业教育模式将多种创业教育平台、教育手段综合集成，实现创业教育与专业教育的融合，校内与校外的融合，提升学生的创业能力和综合素养。代表性院校有上海交通大学创业学院，以“无形学院、有形运作”的特色，充分发挥了组织优势和平台作用，实现了校内外资源的高效整合。其培养理念坚持创新引领创业，实现创新与创业项目的联动；实践和理论相结合，创新课程内容与教学方式；“面上覆盖，点上突破”，实现对创新创业人才的分类培养；“教学—实践—孵化”相结合，实现学生的创业意识和创业能力的同步提升②。形成了课程体系、实践体系、支撑体系和国际化办学体系的创业教育系统，融合了校友、合作企业、风投机构和地方政府的优质资源，培养创新创业人才，孵化初创企业（见图8-1）。

三　主要问题

我国高校创业教育取得了突出的成绩，提升了大学生创业能力，营造了良好的创新氛围，但还存在相关问题。

---

① 湖南省教育厅发布：《湖南工业大学创新模式着力高素质创新人才培养》，http：//xsc.gov.hnedu.cn/c/2019-05-13/956296.shtml，2019年5月13日。

② 上海交通大学创业学院官网，http：//chuangye.sjtu.edu.cn/index.php/About/pytx。

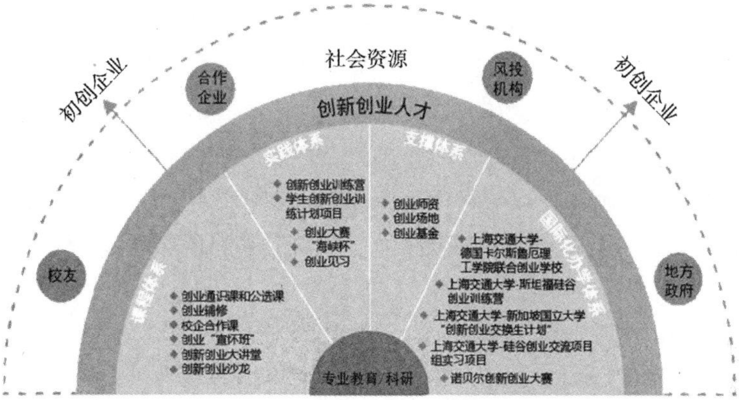

图 8-1 上海交通大学创业学院培养体系

资料来源：上海交通大学创业学院官网：http：//chuangye. sjtu. edu. cn/index. php/About/pytx。

（一）创业教育实践不足

创业教育与实践脱节，主要表现为：一是创业教育与专业教育结合不紧密，创业教育与一些专业实践活动结合不紧密，未能将一些专业实践环节的机会和资源充分利用起来，导致学生动手能力不强；同时由于缺乏专业能力支撑，导致后续创业的持续能力不强难以形成核心竞争力；二是创新创业教育自身"虚"而不"实"的问题。现有课程体系偏重专业理论，创新创业内容过"虚"，创新创业教育游离在课堂之外，学生受益面不大；三是与创业实践的环节结合不紧密。课程中与企业共建教育资源不够，创业场地、孵化器等设施支撑不够，学生创业实战机会少。建议以"创新创业能力+职业胜任能力"为培养目标，解决创新创业人才培养目标定位不清晰的问题。坚持"能力为本、重在应用"，从知识、技能和潜质等维度，构建形成显性能力和隐性能力相协调、创新与创业能力相促进、理论教育与实战训练相互动的能力培养体系，破解创业教育与实践脱节的难题。

（二）创业教育师资队伍不足

高素质的创业导师指导团队是培养大学生创业能力的核心要素，但是不少高校自身双师型师资缺乏，教学模式更倾向于照本宣科，指导水平不专业，缺乏系统化、体系化培训；校内导师缺乏实践经历，指导学生创业的意愿不强；校外导师数量不够，且缺乏教学经验，难以“授业”。现有的教师评价制度，对创业导师的支持政策不够，愿意指导创业教育的教师数量少，积极性不高，学生找导师困难，难以满足学生创新创业能力培养需求。高校可以通过设立“创业导师之家”，促进创业导师之家的相互交流；构建导师“传帮带”的机制，促进有经验的导师和青年导师帮扶机制，促进校外导师和校内导师的交流。建立创业导师挂派机制，实现高校与企业的互动，促进高校教师到企业、创业园区的创业实践。

（三）创业教育平台不足

创业教育平台短缺问题突出，尤其是实践类平台缺乏。传统实践平台过于专业，缺乏与创业教育功能的融合，大量的教学及科研实验室没有同校外企业进行对接，更没有向学生创业活动开放；各类创新创业实践教育竞赛平台利用率不高，开展活动时间短，参加学生少，限于“精英群体”。校内实践平台缺乏深度融合，挂牌的多，实际运行的少。因此，难以破解创业虚而不实和创业孵化“最后一公里”问题。建议以“创新创业平台+训练—竞赛—孵化”的专业化创新创业人才培养链，解决这一难题。通过创业学院实体化、实践平台网络化，创建“创新创业平台+训练”的立体式、网络化的创新创业实践平台体系；以项目建设为依托、第二课堂为载体、产教融合为路径、方法改革为手段，通过企业家进课堂、实验室情景模拟、沙盘推演推行等手段，构建多样化、实效性的训练体系，确保打通创业孵化“最后一公里”。

（四）创业教育资源不足

首先，课程资源不足，一些高校使用的是较为传统的教材，教材内容没有及时更新，缺乏创新和特色；创新创业教程零散、不系统，缺乏围绕专业特色开设专门的创业课程。其次，创业资源不足。大学生创业场地不够，一些高校的大学生创业园面积不足，设施设备不齐全，难以保障创业所需。创业资金短缺，大学生创业往往缺乏“第一桶金”，没有启动资金，导致不少创业项目搁浅。最后，创业服务资源不够。缺乏专业性的创业服务指导团队，创业帮扶流于形式。在研发定位、市场分析、营销策略和公司运营等方面服务保障不到位，以及缺乏有效的指导。破解这一难题的关键在于，高校要高度重视创业教育的顶层设计，构筑学校大创业教育体系，开放的创业教育体系，充分利用数字经济发展的特点和政府创业支持政策，在创业场地、创业资金、创业服务方面提供帮扶。

第二节　“创新创业+”产教融合教学团队建设

江苏省A校积极建设“创新创业+”产教融合教学团队，致力于人才培养模式改革创新，形成了“OECD”创新创业人才培养模式，以及“五双协同”“三轮驱动”“两化支撑”“一链式”为特色的教改路径，在教学、科研、学科建设、社会服务方面取得较为丰硕的成果，产生良好的社会反响。通过访谈、实地调查研究，总结分析了A校面向数字经济的“创新创业+”产教融合教学团队建设的情况。

一　“创新创业+”产教融合教学团队形成背景

建设“创新创业+”产教融合教学团队，是深化高校创新创业教育改革和建设数字经济强国的迫切需要。团队建设依托于江苏省高教综合改革试点高校——A校“深化‘六位一体’创新创业教育改革实践”项目的优质资源，以建构主义哲学思想和教育生态系统理论为指导，以跨学科群和数字化创新创业平台为支撑，形成了独特的“OECD”“创新创业+”产教融合协同育人模式，培养面向数字经济的“创新创业能力+职业胜任能力”的高素质应用型人才。其中OECD分别为Outcome、Entrepreneurship、Competency、Digital四个单词首字母缩写。

团队的形成和发展经历了基础建设阶段（2000—2010年）、快速发展阶段（2011—2015年）和持续创新阶段（2016年至今）。团队建设最早可追溯到20世纪80年代，A校就构建了理论与实践并行的“双纲双线”教学培养体系。进入新时代，经过系统性建设，团队拥有省级大学生创新创业示范基地、省级大学生创业园和省级大学生创新创业实践教育中心，以及省级商务人才培养基地等，获批“创新创业”主题的省教改重中之重课题、重点课题3项、教育部教学改革项目3项。在全面对接国家创新创业战略的实践中，形成了一支勇于创新、结构合理、发展势头强劲的“创新创业+”产教融合教学团队。

二　“创新创业+”产教融合教学团队主要特色和创新

“创新创业+”产教融合育人是指面向数字经济，围绕应用型人才“创新创业能力+职业胜任能力”的双能力培养目标，基于OBE

(Outcomes-Based Education) 产出导向的教育理念，研制出独具特色的"OECD"人才培养范式（见图 8-2），创建"创新创业教育+专业教育"的应用型人才培养链，以及通过"数字化、智能化"育人途径与资源体系，确保打通创业孵化"最后一公里"。

图 8-2 "OECD"的"创新创业+"高素质应用型人才培养模式

（一）"五双协同"的"创新创业+"能力培养体系

一是紧紧围绕"双能力"的人才培养目标，紧贴实战，构建创新创业人才培养的"五双"教学体系（见图 8-3），以"双案"为根本，即以校内人才培养方案、校外人才培养方案相互协同，强化校企合作；以"双师"为保障，即以校内创业导师、企业创业导师的双重指导，强化综合素质；以"双基"为载体，即以校内实践基地、企业实习实训基地强化创新与创业结合；以"双习"为引领，即以学科知识学习、行业知识学习强化职业素养；以"双证"为抓手，即以毕业证、职业资格证强化职业胜任能力。二是以数字经济产业发展需求为核心，构建"课中学、做中学、练中学、赛中学"四位一体实践体系。坚持理论知识"课中学"，科研训练"做中学"，创业教育"练中学"，科技竞赛"赛中学"。

（二）"三轮驱动"的"创新创业+"产教融合平台

团队努力构建产学研"三重驱动机制"实现资源优势互补，为"创新创业+"教育生态系统实践奠定基础。由校、企、政三方共同发起成立

图 8-3 "五双协同"的"创新创业+"能力培养体系

"专业建设与发展指导委员会"，作为三方合作的统领机构，下设"创新创业合作组""跨学科合作组"和"数字经济产学研合作组"三个工作组，主要研究人才培养方案、课程体系、教学模式、实践教学、教材建设、师资队伍建设六大内容。教学团队全体成员长期以来扎根地方开展创新创业教育，持续建设 U-I（大学—产业）数字化深度合作平台，形成了省、市、校三层"层次高数量多"的创新创业平台体系，在同类高校中具有明显的优势和特色。

（三）"两化支撑"的"创新创业+"教育资源供给体系

对传统的创业学院进行数字化、智能化的"两化"改造升级，打造数智化创业学院，建成以培养学生职业胜任能力和创新创业能力的资源供给体系，包括"三库"教学资源共享平台、"四化"实践教学平台和"两创"创新创业资源平台，形成满足线上线下混合式教学的资源供给体系，有力支撑新创新创业人才培养（见图 8-4）。"三库"包括校本教材库、网络案例库和情境教学视频库；"四化"指实训平台网络化、操作流程智能化、训练竞赛一体化和决策实训情景化；"两创"是构建"数智化"创新创业场景，以及构建"数智化"创新创业学院，学生通过云平台、云上创业学习系统、云上创业模拟系统、云上众创空间等资源强化职业胜任能力和创新创业能力。

（四）"一链式"的"创新创业+"人才培养过程

整合创新创业生态要素，构建"课程—平台—训练—竞赛—孵化—保障""一链式"的"创新创业+"人才培养链。一是在人才培养体系中强化创新创业教育在专业教育培养过程中的基础性和全面性功能，形成创

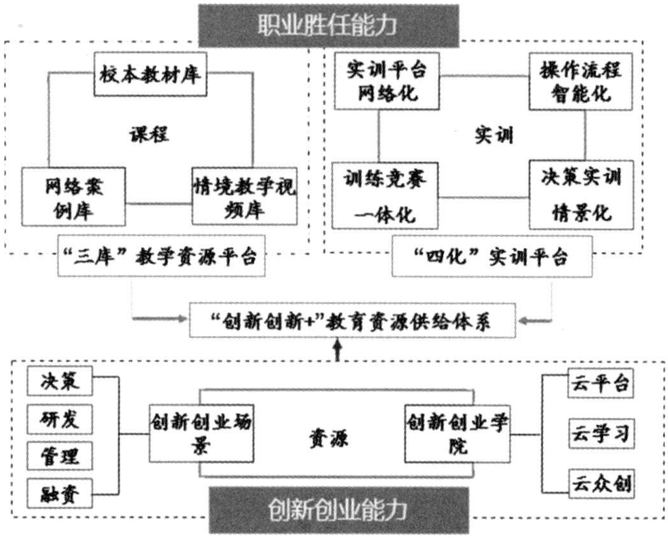

图 8-4 数字化智能化教学资源供给体系

新创业教育全程全面全覆盖。二是协同多方搭建多样化的"创新创业+"实践平台，形成"立体式""网络化"的"创新创业+"教育新途径。三是开展多样化有实效的"创新创业+"训练。推行基于问题、项目、案例的教学方法和学习方法，形成分享式、启发式、模拟式和体验式的创新创业学习新方式。四是在创新人才培养中，充分发挥"创新创业+"竞赛活动。以赛带训，增强创业教育的实践性和现场感。五是注重"创新创业+"项目成果孵化。对学生创新创业项目的启动、运营、保障提供全方位的服务，让大学成为创新创业的"梦想工场"。六是建设"创新创业+"教育体系的保障机制。鼓励社会组织、公益团体、企事业单位和个人设立大学生创业风险基金，建设"创业教师"、"创业导师"和"创投导师"三支队伍。连续四次蝉联全国大学生创业大赛"挑战杯"大学生创业计划竞赛金奖，在全国同类高校中名列前茅。涌现出一批大学生创业典型和创业校友。

三 "创新创业+"产教融合教学团队的创客型人才培养案例

（一）创客型人才培养目标

2015 年我国首次将"创客"写入《政府工作报告》并指出要以创新

创业打造经济“新引擎”。大学生创新创业教育成为高校教育质量工程的重要内容，开展创客教育、探索创客型人才培养体系成为推进和落实创新创业教育的重要课题。其目标一是探索校企合作的人才培养新模式，以创客教育为抓手，促进高校教学改革，全面推行以创客教育为主题的创新创业教育，培养创新型人才；二是建立与专业教育相融合、实践导向的创客教育体系，探索高校创新创业教育新模式；三是打通院系之间壁垒，整合校内外资源，构建创新创业生态系统，搭建大学生创客实践和训练平台，支持创新创业教育的可持续发展。

（二）创客型人才培养内容和实施路径

高校创客教育的开展要秉承“创新、实践、分享”的创客理念和“精益求精”的工匠精神，以大学生创客为中心，以创客空间为载体，挖掘大学生的创新思维、实践能力和创造力，打造大学生创新创业的助跑区，提升高校对社会创新创业的辐射能力。本项目通过学生—创客—创新人才的创客人才教育路径，帮助学生利用技术发展自我、改变自我，对接学生的碎片化时间片段，创新产生创客项目并进行低成本科学孵化，降低从创意到商业成果落地的风险，提升综合效益。

1. 建设内容

从产业资源保障规划、专创融合课程规划、专创融合实践规划到资金和政策保障规划等几个不同层次进行整体规划，同时按照从低年级到高年级顺序安排不同种类的教育主题。

产业资源的整合。企业大咖校园讲座、沙龙、直播课堂、互动社区；知名企业实战课程、知名企业创新实验室、知名企业科研课题、知名企业工程中心；知名企业创新大赛、大企业就业实习；国内外创业孵化资源。

专创融合课程的规划。创新创业及前沿科技通识课程；前沿科技及互联网+科技创新与创业学程课程；前沿科技及互联网+专业学历教育、国际创新夏令营；国际双硕士培养计划等。

专创融合实践的规划。体验式跨学科创客实践、体验式跨学科创客实践、创新创业训练、创新创业大赛、创新型企业孵化、实习实训、毕业设计等。

资金和政策保障。教育教学经费、校内竞赛奖励基金、国家及省校科研创新和创新创业训练计划、创意创新培育基金、科研团队引导基金、社会公益与风投基金；开放实验室、科研成果孵化平台、校内创新创业孵化基地等。

按年级分主题，强化实践操作能力。通过大一至大三学习创新创业类模块课程，初步具备创客思维和精神，到了大四阶段，在校内遴选招生，开展以精益创业方法论、创客实践工坊强化理论与动手实操并存的课程体系，通过商科创业教育课程及专创融合的课程实现大学生产生创业成果的可能。整体教学组织与安排可以通过丰富的教学形式，通过校内创业课程自建+引入优质外部课程构建丰富完整的教学体系，加强创客人才的培养和孵化。

2. 实施路径

创建应用型创客空间。在创客空间建设上，充分发挥学校自身的学科专业优势，对接地方产业发展趋势，从中形成自己的优势与特色；在组织运行方式上，利用现有的互联网平台进行组织，在资源交流和分享上发挥引导作用，主动提供线上资源，如校园的多媒体论坛、博客、校园社区等；在资源共享机制上，利用创客空间提供的丰富资源实现学生间的协作联动。通过建设应用型创客空间强化教育实践，促进相关学科理论和应用发展，学生相互学习并建立新型人际关系，通过整合专业技术、艺术设计及科学管理的知识，在参与创客实践项目的过程中创造新产品。

创建应用型创客课程体系。应用型创客课程体系是在学校现行课程体系的基础上融入创客教育课程，通过整合学校现有课程资源，甄别筛选相关课程作为专业必修课，开设创新思维、创新实践、创业方法等作为公共选修课，创建创客教育专项课程。在创客教育专项课程设置上，采取以创造类、创新类、能力素质类和创业实务类为主体的课程设置，淡化学科专业之间界限，鼓励跨学科学习，强调学科专业之间的交叉与融合；在创客课程实施上，强调动手实践，调动每个学生的积极性和能动性，利用项目开展专题研究和实践，在项目开展的过程中内化学科知识、提升创新意识和能力。

开展专创融合的教学改革。通过开展专创融合教学改革，优化升级专业建设，重构提升师资队伍，以内容、模式和师资三要素作为抓手，改变创客教育与专业教育脱节现状。按照不同专业特点设计创客课程内容，将创客教育内容融入专业学习、科研、实践实训、实习等环节，从而推动专创融合教学改革。

创建产教共创的双创人才实训平台。强化校内外创客教育平台建设，以校内科研实验资源和产业研究平台为基础，挖掘产业需求，对接科研成果转化，引入产业资源，建设创客创新实践平台、互联网+技能创新实训平台、创客项目实训孵化平台、双创人才实训平台等同时通过校企合作，引进优秀的企业技术和管理师资，建设大数据、云计算、互联网金融及营销等前沿科技实验室及共建专业，培育学生专业技能和实践能力，指导学生建立自己的作品和商业模式。

（三）创客型人才培养特色

通过校企合作，构建融入“创客理念”的课程体系，搭建“创客型”实践平台，构建创客教育师资队伍，将创客文化融入校园文化等措施，打造以培养创新思维和创业精神为目的的人才培养模式，搭建大学生从课堂走向创业的桥梁。

1. 构建融入“创客理念”的课程体系，提升学生的创客意识

以“面向全体、因材施教、结合专业、注重实践”的理念为指导，通过专业调研，修订专业人才培养方案，在人才培养方案中注入创新创业元素，以专业训练项目为载体，通过创业教育通识课程、创新创业专业技能课程和创新创业实训课程逐步提升和固化学生的创新创业意识。

2. 搭建“创客型”实践平台，雕琢学生的创客技能

以促使学生掌握专业知识和技术技能，激发学生求新、求变、求发展的创新创业驱动感的理念为指导，搭建与“创客教育”课程体系配套的实践平台，即专业实训平台、专业社团平台、实操实践平台。选拔具有创新能力的学生进入创客空间，通过竞赛和创新创业项目等，实行“项目+竞赛”的驱动模式，进一步促进“实践+创新”能力的培养。

3. 打造多层次、高水平的创客师资队伍

高水平的导师团队是高校深化创客教育，提高学生创新创业能力的重要保障。引入社会资源，组成一支专兼结合的导师团队。针对兼职教师稳定性和延续性不够的情况，通过专兼教师师徒制的方式培养本专业的具有创新创业能力的教师。专业教师可根据自己的兴趣，在课堂教学、科研、创业等方面选择相关领域，向兼职教师学习，使得师资队伍拥有指导大学生技能大赛的教师、创新创业指导教师，以及有科技服务能力的教师。

4. 创客文化融入校园文化

构建校园、专业、班级逐层递进的三级文化体系，通过创客文化融入校园文化，提高教师和大学生对创客教育、创客文化的认识，营造创新创

业氛围，通过创客文化和专业文化融合，提高大学生基于专业的创新能力和创业能力，通过创客文化和班级文化的融合，让大学生从方方面面真切感受到创客文化的存在，加深大学生对创客文化的认同度。

5. 完善创客型人才培养质量评价体系

针对近年来很多高校人才培养质量评价体系和监控机制存在的问题和缺陷，应运用当前最先进的创新创业教育人才培养质量评价理论予以审视和剖析，吸取经验和教训，努力构建完善的创客型人才培养质量评价体系和监控机制，做到完善评价机构，细化评价内容，厘定评价指标，加强评价监督，发挥评价效果，打造评价长效机制，从而为高校科学建立创客型人才培养体系提供质量保障。

第三节　高校创业教育赋能学术创业的路径

高校创业教育是提升大学生创业能力的重要途径，大学生是学术创业的重要力量，也是学术创业能力形成的重要基础阶段。尤其是一些大学生在本科阶段就加入了教师的科研团队，一些研究生则更加直接地参与或从事学术创业。

一　以课程改革为突破口，提升创业教育质量赋能学术创业

（一）树立“双能力”的创业课程理念

探索“创新创业能力+职业胜任能力”的“双能力”课程理念。坚持“立德树人”的办学宗旨，以地方产业数字化转型升级对人才的需求为导向，培养有家国情怀和诚信品质、有创新创业精神的应用型高级专门人才。在这一理念的引领之下，不断创新教学方法与内容，结合区域社会与科学进步需求，进行跨专业整合，以知识融合为起点，用大数据思维进行课程再造，建设优秀课程、特色课程、在线开放课程。

（二）构建“通识+专业+实践”的课程体系

通识类课程：在常规性创新创业课程基础上，增设了创新思维、企业家精神、工商管理类、法律文书类等六大类学科交融拓展的创新创业通识课程。专业类：创新创业课程，将创新创业教育与专业教育深度融合，在专业人才培养方案中设置专业类创新创业课程模块，开发开设研究方法、学科前沿、案例分析研讨等方面的选修课，精心打造创新创业的金课。实

践类：依托校内外创新创业实验实践平台，融入政府、行业协会、知名企业等各方资源，针对性开设创新工场、项目仿真、项目实战、三创竞赛等实践课程，提升学生创新创业实战能力。

（三）开发数字化的课程资源体系

通过数字化技术，形成“创新创业+”教育资源供给体系。对传统的课程资源体系进行数字化、智能化改造升级。一方面，可以引进中国大学慕课平台、智慧树网、超星尔雅网络通识课平台、Coursera 等平台优质创新创业课程，推动线上线下课程建设方式和内容的变革；另一方面，通过建设数字化校本创新创业特色课程、在线创新创业课程；挖掘、拍摄和数字化整理在校生和校友创新创业典型，创建数字化百人创新创业教育案例库，形成创新创业不同环节的课程资源包。

二　以教学方法和教学手段改革为重点，提升创业教育能力赋能学术创业

（一）实施全过程、灵活多样的“浸润式”教学方法

联合数字化、平台型企业、政府，以企业家进课堂、实验室情景模拟、沙盘推演推行等手段，探索建立以学生为中心的线上线下混合教学新方式，推行基于问题、基于项目、基于案例的贴近实战的教学方法，形成分享式、启发式、模拟式和体验式的学习新方式，体现出“参与、合作、体验、探究”为特征的“浸润式”学习特点，调动学生的参与热情，提高了课堂效率。同时开展课外个性化全程指导，成立教学指导中心，以专业为单位组织开展系室学习指导活动，对学生进行课外个性化全程指导。

（二）实施弹性学制和微学分的多元化教学手段

实行弹性学制和学分置换机制。进一步完善《创新创业学分管理办法》，学生参加各类创新创业等活动及发表论文、获得专利授权等与专业学习和学业要求相关的经历或成果，均可折算为创新创业实践学分，超出学分还可置换专业选修课程学分；参与创新实践、休学创业的学生，经个人申请、学校批准可以转入相关专业学习或延期毕业。实施微学分和校企置换学分制度。对于实践性强的课程实施微学分和校企置换学分的办法，即把某门实验课的学分化整为零，鼓励学生到企业完成不同实践项目来获取规定学分。如会计学专业的审计实训学分，允许学生参加会计师事务所的项目审计，由事务所进行学分认定，回校后可以置换学校学分。

三　以实践教学改革为基础，提升创业教育效果赋能学术创业

（一）创建“创业+平台”的实体化网络化支撑体系

创业学院实体化。通过创业学院，整合全校师资力量，探索“专业+创业”培养模式，开设“大数据+创业”“电子商务+创业”“新能源+创业”“某某专家+创业”实验班，面向大二年级招生，采取小班化、项目制、导师制、小学期制的“一化三制”教学方式，建立全新课程体系，深化产教融合、校企合作，联合企业专家和创业成功人士共同组织各教学环节，着力培养创业型专业人才。

实践平台网络化。构建融“创新与创业、孵化与投资、实训与实战”于一体的国内与国际、校内与校外、课内与课外、线上与线下的网络化创新创业实践平台。整合学校科教创新资源，建成智慧教室，引导大学生主动自发开展科技创新和创新创业。

（二）创建“创业+多元化路径”的训练体系

创业+项目。深入实施大学生创新创业训练项目和创新基金项目，扩大覆盖面，培养学生原始创新精神。在扩大项目覆盖面的同时，探索协同创新教育形式和创新创业联动机制，为创新成果向创业项目转换提供必要条件支持。创业+第二课堂。定期开展创业讲坛、创业沙龙、创业分享等活动，对学生的创业项目进行个性化指导。加强大学生创新创业社团建设，积极组织专业兴趣小组、跨学科俱乐部、创业技能培训班、创业工作坊，广泛开展第二课堂创新创业活动。创业+产教融合。团队成员以在研的教育部产学研合作项目为契机，与地方政府和企业合作，共建创新创业集聚区、孵化区，为学生提供更多的贴近实际的创新创业训练机会，丰富创新创业体验，及时对学生的创新创业教育训练状况进行跟踪评价。

（三）创建“创业+竞赛”的国省校院四级竞赛体系

构建创新创业竞赛体系。坚持“以赛促学、以赛促练”，构建国家、省、校、院四级学生创新创业竞赛体系，有效实现对学生实践能力、设计能力与创新能力等“硬技术”的培养和对学生团队合作能力、项目管理能力，以及终生学习习惯等“软技能”的培育。打造创新创业竞赛的品牌项目。团队成员通过自身先期培育或与政府企业合作等方式，每学期重点推出一批创新创业项目，并指导学生通过参加学校每年举办的“三创”

大赛，进行院级层面大比拼，遴选出优秀项目并予以重点打造，推荐参加全国、全省大赛。

（四）创建“创业+孵化”的创业育成体系

一是做强校内孵化器。本教学团队成员均为大学科技园和创业园的指导教师，充分发挥校内孵化器大学生科技园和创业园的功能，形成“萌芽—选拔—挖掘—孵化—培育”工作链条，每年遴选有科技含量和专业结合度高的项目进入园区。团队成员全程参与指导，积极为优质大学生创业项目争取政府扶持资金，加速创新创业成果孵化进程。二是打造校外加速器。深度对接社会孵化器、整合众创空间、联合孵化基金等，打造校外加速器。加强与省内外著名孵化器对接，借鉴孵化基金成熟运作管理经验，打通从科研成果到产业孵化的“最后一公里”，实现对初创项目进行重点孵化和牵引，成功孵化毕业一批企业，培育了一批创业人才。

（五）创建“创业+网络”的数字化学习平台

一是深度实施网络化教学手段。采用网络信息技术开展教学活动，积极探索“互联网+”技术与专业教学的融合，云班课、作业平台、微课堂等教学手段综合运用使得教学过程更加细腻，学生参与度更高，教学效果评价更加科学。二是深度构建网络化教学平台。建立学生自主学习网络平台、研发教学质量过程评价系统，使课内课外、网上网下的教学活动能有机衔接，增加学生学习的主动性和灵活性。三是深度推进网络化课程资源建设。课程按在线开放课程的标准进行升级改造，适应数字化时代需求。

第九章

高校学术创业失败扶持政策工具构建

创业活动离不开政策的推动，高校学术创业也不例外。研读与高校学术创业相关的政策及其研究资料，梳理政策的演变历程与特征，总结其政策工具，结合学术创业的现实情况，优化学术创业政策工具。

第一节　创业政策研究基础与发展现状

创业政策的本质是刺激创业，其作用在于减少创业或新创企业所面临的不确定性影响。Lundstrom 和 Stevenson 较早研究了创业政策，认为创业政策着眼于创业者创业动机、机会和技能，鼓励创业精神并提高其创业活动而采取的政策措施①。创业政策可看作一套复合的政策工具体系，Hart 将创业政策界定为促进创业、政府对地方、行业与国家采取的相关政策，认为构建创业政策体系的目的在于如何降低创业过程中的诸多不确定因素②。

一　创业政策研究现状

（一）政策工具

政策工具理论是基于公共政策的“结构论”发展起来，将政策看作由“要素”或“模块”构成。政策工具实际上是具体的方式方法，使用政策工具的目的是解决实际问题，或者实现某一既定目标。学者们将政策

---

① Stevenson, L., Lundstrom A., *Entrepreneurship Policy: Theory and Practice*, Springer US, 2005.

② David, M., Hart., *The Emergence of Entrepreneurship Policy*, Cambridge University Press, 2003.

工具归为不同类别，Rothwell 和 Zegveld 的政策分析框架将政策工具分为供给型、需求型和环境型，主要运用于科技创新政策领域的分析（见表 9-1）①。Lundstrom 和 Stevenson 围绕机会、技能和动机三个核心要素提出创业政策的理论框架，主要包括激发创业动机的政策，获取创业所需要的知识和技能的政策，为潜在创业者提供创业机会的政策②。凯尼（Kayne，1999）认为创业政策应该包括创业共识、税收与政府规制环境、创业融资的支持、创业教育和知识资本积累五个方面③。国内学者从新企业形成维度，提出创业政策工具有“税收政策、孵化服务、创业教育”等 6 项工具，从新企业成长维度，提出的创业政策工具包括“风险投资、私募基金、成长型资助”等 5 项工具④。通过对 2002 年至 2018 年的创业政策文本进行政策工具分析，我们深入分析了中国创业政策关注点。即政策工具呈现全面性和非均衡性的趋势⑤。大学教师学术创业的校本政策需要坚持鼓励与规范并重并行的基本立场，人才培养与成果转化的双元目标，基于“发明人主义”的利益驱动的价值向度⑥。

表 9-1　　Rothwell 与 Zegveld（1981）的政策工具分类

供给面的政策工具	需求面的政策工具	环境面的政策工具
财政支援的政策工具 1. 辅助 2. 融资 3. 创投资金	创造需求的政策工具 1. 合约研究 2. 合约采购	建立产业基础结构的政策工具 1. 公共服务

① Rothwell，R.，Zegveld，W.，*Innovation and Public Policy：Preparing for the 1980s and 1990s*，London：Frances Printer，1981.

② Stevenson，L.，Lundstrom，A.，*Entrepreneurship Policy：Theory and Practice*，Springer US，2005.

③ Kayne，J.，*State Entrepreneurship Policies and Programs*，Kauffman Center for Entrepreneurial Leadership at the Ewing Marion Kauffman Foundation，1999，p. 33.

④ 易朝辉、夏清华：《基于创新型企业成长视角的国外创业政策述评》，《技术经济》2008 年第 8 期。

⑤ 高秀娟、彭春燕：《国家创业政策演化和发展的计量分析：特征与前瞻》，《重庆大学学报》（社会科学版）2021 年第 1 期。

⑥ 付八军、王佳桐：《大学教师学术创业校本政策的顶层设计与落地策略》，《高校教育管理》2020 年第 6 期。

（续表）

供给面的政策工具	需求面的政策工具	环境面的政策工具
人力支援的政策工具 1. 教育 2. 培训	干预市场的政策工具 1. 技术标准 2. 贸易代理	激励创新意愿的政策工具 1. 租税优惠 2. 专利 3. 奖赏
技术支援的政策工具 1. 公营事业 2. 研究发展组织 3. 咨询服务		引导创新的经济规范政策 1. 经济规范政策 2. 技术管制政策 3. 贸易管理政策 4. 外资管理政策

资料来源：Rothwell，R.，Zegveld，W.，*Innovation and Public Policy*：*Preparing for the 1980s and 1990s*. London：Frances Printer，1981.

（二）创业政策内容

通过对整个中国四十年创业政策历程的回顾，可以从内容上对这四十年经历的创业政策划分成五大阶段，即中国创业政策从零碎到整体、从阶段到系统的过程，并提出现在已经到了最关键的环节，即要做好政策的落实工作①。中华人民共和国成立七十年来，我国创业政策的历史变迁包括以促进个体经济、私营经济等非公有制经济发展为主要目的创业政策萌芽阶段；以促进创业带动就业为主要内容的创业政策试点阶段；以及创业政策全面推进阶段②。有研究者通过对 2015 年至 2018 年中央出台的相关大学生创业政策文件的搜索和整理研究，将创业政策分为了创新创业教育、创业环境、创业融资和商业支持政策四类，并指出政策运行中存在宣传不到位、针对性不强等问题③。首先，通过对从 1985 年至 2016 年国家层面的创业政策搜集与整理分析，认为政策内容从“技术成果商品化”向“科技成果转移”演化，政策工具从“单项”向“多维度”演化，并

① 林龙飞、陈传波：《中国创业政策 40 年：历程回顾与趋向展望》，《经济体制改革》2019 年第 1 期。

② 张东东：《新中国成立 70 周年：我国创业政策的历史变迁与展望》，《中国市场》2019 年第 34 期。

③ 杜天宝、于纯浩、温卓：《大学生创新创业政策扶持体系优化研究》，《经济纵横》2019 年第 9 期。

且指出了目前存在政策链不完整、政策工具之间不能协调的问题①。绘制我国高校 1985—2016 年学术创业文件内容的关键词出现频次图，如图 9-1 所示②，高校是最大的节点，其次，“自主创新、知识产权、技术创新、科技成果、产业化、中小企业、工程、股权、科研机构、技术转移”等，可以窥见我国高校学术创业政策的主要内容。

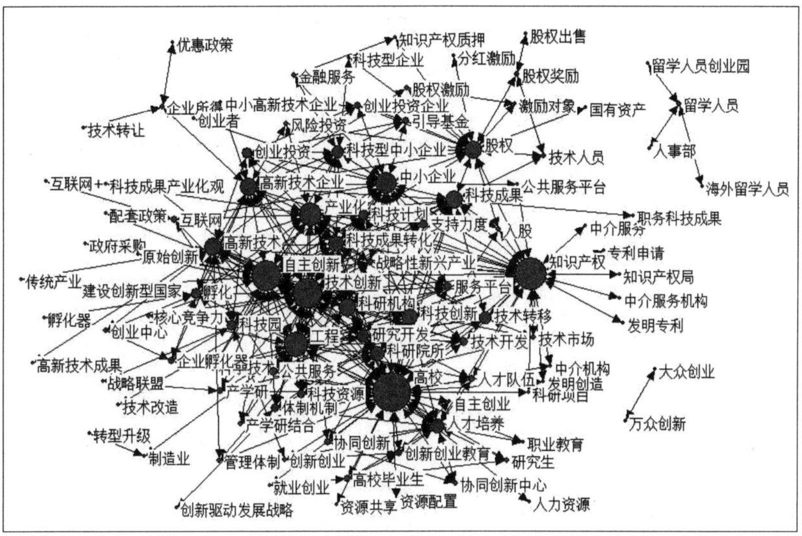

资料来源：易高峰：《中国高校学术创业：影响因素·实现机制·政策设计》，人民出版社 2017 年版，第 229 页。

图 9-1　我国高校学术创业政的总体图景（1985—2016）

二　学术创业扶持政策发展现状

（一）研究对象与数据收集

在中国政府网（http：//www. gov. cn/zhengce/index. htm）等相关网站搜索整理 2008 年到 2020 年 10 月，中央政府和省级政府发布的创业相关政策 182 份为主要研究对象。例如，表 9-2 所示的国务院有关创业政策文件。

---

① 易高峰：《我国高校学术创业政策演化的过程、问题与对策——基于 1985—2016 年高校学术创业政策文本分析》，《教育发展研究》2017 年第 5 期。

② 易高峰：《中国高校学术创业：影响因素·实现机制·政策设计》，人民出版社 2017 年版。

表 9-2 国务院颁发的创业政策

政策名称	颁布时间
国务院办公厅关于提升大众创业万众创新示范基地带动作用进一步促改革稳就业强动能的实施意见	2020-7-30
科技部、教育部印发《关于进一步推进高等学校专业化技术转移机构建设发展的实施意见》	2020-5-22
国务院关于推动创新创业高质量发展打造“双创”升级版的意见	2018-9-26
国务院关于强化实施创新驱动发展战略进一步推进大众创业万众创新深入发展的意见	2017-7-27
国务院关于做好当前和今后一段时期就业创业工作的意见	2017-4-19
国务院办公厅关于支持返乡下乡人员创业创新促进农村一二三产业融合发展的意见	2016-11-29
国务院关于促进创业投资持续健康发展的若干意见	2016-9-20
国务院办公厅关于建设大众创业万众创新示范基地的实施意见	2016-5-12
国务院办公厅关于简化优化公共服务流程方便基层群众办事创业的通知	2015-11-30
国务院关于加快构建大众创业万众创新支撑平台的指导意见	2015-9-26
国务院办公厅关于同意建立推进大众创业万众创新部际联席会议制度的函	2015-8-20
国务院办公厅关于印发进一步做好新形势下就业创业工作重点任务分工方案的通知	2015-6-26
国务院关于大力推进大众创业万众创新若干政策措施的意见	2015-6-16
国务院办公厅关于深化高等学校创新创业教育改革的实施意见	2015-5-13
国务院关于进一步做好新形势下就业创业工作的意见	2015-5-1
国务院办公厅关于发展众创空间推进大众创新创业的指导意见	2015-3-11
国务院办公厅关于做好 2014 年全国普通高等学校毕业生就业创业工作的通知	2014-5-13
国务院办公厅转发人力资源社会保障部等部门关于促进以创业带动就业工作指导意见的通知	2008-10-30
国务院办公厅转发发展改革委等部门关于创业投资引导基金规范设立与运作指导意见的通知	2008-10-22

（二）研究方法

本研究主要采用文献研究法、文本分析法、关键词分析法等。在收集并阅读我国相关创业政策后，重点对与学术创业扶持政策相关的文件进行梳理和统计，对政策内容的特征进行量化分析，并对政策内容演变方向进行挖掘分析。

（三）学术创业扶持政策的基本情况

1. 学术创业扶持政策的类型统计

如表 9-3 所示，以国务院与中央为中心共发文 182 条，其中主要以“通知”/“通报”与“实施意见”这两大形式为主，占比达到 79.9%。其他则为“政策解读”“公告”与有关政策“问答”等形式。政策发文具有权威性与领导性，多为纲领性文件。政策按主题分为综合服务、国民经济管理和国有资产监管、科技和教育、劳动和人事四大类，这些政策从“放管服务改革”、“双创”、降低税费、互联网+和民间投资五个方面进行了宏观指导与微观措施的制定（见图 9-2）。

表 9-3　学术创业扶持政策类型统计

文本类型	通报/通知	意见	方案	解读	公告	问答	规程	计划	总计
文本数量(条)	59	86	11	15	3	5	1	2	182
占比（%）	32.4	47.3	6.0	8.2	1.6	2.7	0.5	1.1	100

数据来源：中央人民政府网。

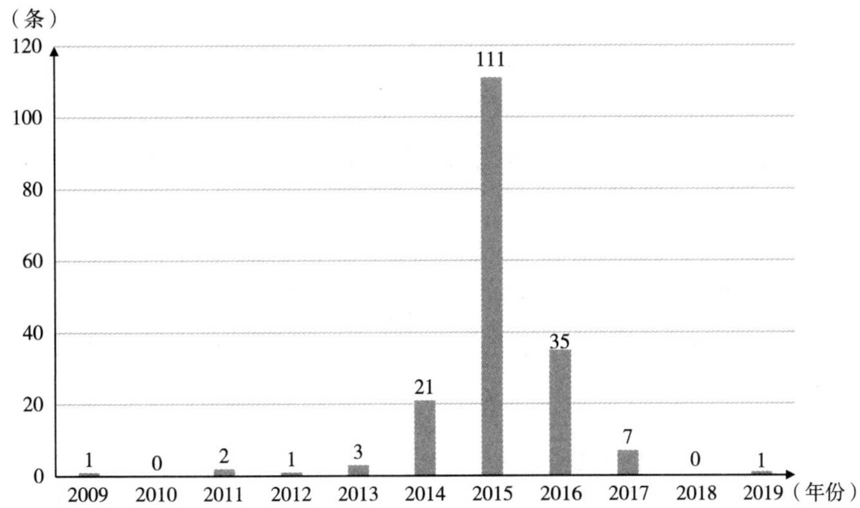

图 9-2　近年创业政策发布数量统计

从时间上来看，学术创业政策发布情况呈现倒 U 状，以 2015 年为发文高峰，总计数量达到 111 条。

2. 学术创业扶持政策发文主体统计

从学术创业扶持政策主要发文部门看（见表9-4），是以中央、国务院发文为主体统筹全局，以及地方政府发文为重要发文机构，再以各部门发文为辅的途径。

表9-4　　创业政策文本主要发布部门情况

发文主要部门	发文数量（条）	发文占比（%）	发文主要部门	发文数量（条）	发文占比（%）
国务院	18	9.9	监管局	2	1.1
中央	1	0.5	经济和信息化委	1	0.5
人社部	2	1.1	人民网	1	0.5
人力资源社会保障厅	14	7.7	税务局	2	1.1
地区政府	112	61.5	科学技术厅	5	2.7
劳动就业服务局	1	0.5	工商部	2	1.1
教育部	5	2.7	发改委	1	0.5
财政部	1	0.5	教育委	1	0.5
地税局	1	0.5	地方市委	3	1.6
其他	8	4.4	生产建设兵团	1	0.5

数据来源：中央人民政府网。

第二节　创业扶持政策的演化特征与政策工具

创业扶持政策的演化特征从政策工具成型与探索阶段、政策工具拓展与丰富阶段和政策体系构建与发展阶段进行分析。创业扶持政策工具研究主要究综合性法规与政策，财税金融政策、中介服务政策和激励政策等方面。

一　演进时间阶段划分

（一）第一阶段（1998—2008年），政策工具成型与探索阶段

这一阶段政策不够完善，主要是作为促进就业的补充部分，以鼓励和提倡为主。1998年，教育部发布《面向21世纪教育振兴行动计划》，第27条突出强调了加强对教师和学生的创业教育。1999年国发办29号文件《关于促进科技成果转化的若干规定》中，第一条即明确提出要鼓励高新

技术研究开发和成果转化。2001年国涵办发布的58号文件在高校科技成果产业化、解决学校经费不足等方面发挥了重要作用。在2007年国发办7号文件《国家自主创新基础能力建设"十一五"规划》中，政府的工作重点得以明确，文件也提出要营造创新环境和完善体制机制。2008年国发办《关于促进自主创新成果产业化的若干政策》的发布为推动自主创新成果产业化的发展奠定了基础。

（二）第二阶段（2008—2015年），政策工具拓展与丰富阶段

在此阶段，学术创业政策数量逐渐增多，政策工具更加具体。《科技进步法》《促进科技成果转化法》等进行了修订完善，促使相关部门出台了更加具体的创业政策。2008年发展改革委、财政部、商务部出台《关于创业投资引导基金规范设立与运作的指导意见》；同年，国务院办公厅转发发展改革委等部门《关于促进自主创新成果产业化若干政策的通知》，为高校教师开展学术创业，推进自主创新成果产业化提供了政策基础。此外，2012年的《关于深化科技体制改革加快国家创新体系建设的意见》则是具有标志性意义的政策文件，更加进一步明确高校要加强科技成果转移转化，明确了高校的社会服务职能，对营造高校学术创业氛围也发挥了重要作用。

（三）第三阶段（2015年至今），政策体系构建与发展阶段

在此阶段，学术创业政策开始呈现体系化构建的特征，进入深度发展阶段。一方面，2015年国务院办公厅《关于转发知识产权局等单位深入实施国家知识产权战略行动计划（2014—2020年）》，将知识产权上升到国家战略的高度，推动了高校教师对知识产权权益的重视，促进了高校教师对学术创业的重视。同年，国务院还下发了《关于深化体制机制改革加快实施创新驱动发展战略的若干意见》，明确发挥高校科研人员的重要作用，促进科技成果转移转化。另一方面，政策工具在"众创空间、众筹、股权、现代金融工具、互联网创业、数字经济、中国制造"等新兴领域持续发力。例如，2015年国务院办公厅《关于发展众创空间推进大众创新创业的指导意见》，2016年的《关于加强高等学校科技成果转移转化工作的若干意见》，以及科技部教育部印发《关于进一步推进高等学校专业化技术转移机构建设发展的实施意见》等。从国务院及中央发布的19条创业政策、共计24万余字中进行关键词筛选，查看其出现的频率，得到以下结果（见表9-5、图9-3）。

表 9-5　　国务院与中央关于创业政策关键词统计

优惠	34 次	创新创业	214 次
贷款	69 次	实践	103 次
免费和免收	21 次	制度	548 次
补贴	77 次	服务	1176 次
教育和培训和培养	1123 次	指导	162 次
取消限制	61 次		

数据来源：中央人民政府网。

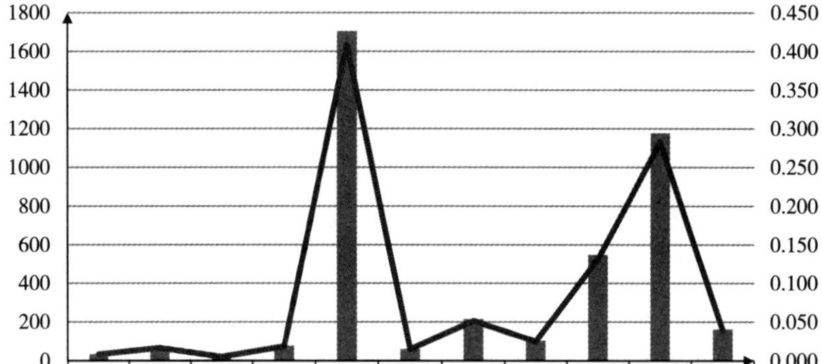

	优惠	贷款	免费+	补贴	教育+	取消限制	创新创业	实践	制度	服务	指导
频数	34	69	21	77	1704	61	214	103	548	1176	162
频率	0.008	0.016	0.005	0.018	0.408	0.014	0.051	0.024	0.131	0.282	0.038

图 9-3　创业政策关键词频数、频率统计

二　具体政策

（一）综合性法规与政策方面

国家涉及科技成果转化的法律可以分为两个层面，一是直接针对科技进步和成果转化的专项立法，如《科技进步法》和《促进科技成果转化法》；二是成果转化过程中涉及的相关法律法规，如《专利法》《著作权法》《合同法》《公司法》等。在法律之下，还有行政法规、部门规章以及其他规范性文件，如《关于加强技术创新，发展高科技，实现产业化的决定》《国家中长期科学和技术发展规划纲要（2006—2020 年）》《关于加强高校科学技术成果推广应用工作的决定》《关于充分发挥高校科技创新作用的若干意见》等。

各地贯彻科技进步法和成果转化法而定制的地方法规或地方规章主要是明确本地区贯彻国家法律和政策的立场，原则性较强，如各省、自治区、直辖市制定的科学技术进步条例、促进科技成果转化条例等。此外，地方政府出台的一些指导科技成果转化工作的规范性文件，往往更为具体和细化，对实际工作有较大的指导意义，如《深化南京国家科技体制综合改革试点城市建设　打造中国人才与创业创新名城的若干政策措施》《关于促进东湖国家自主创新示范区科技成果转化体制机制创新的若干意见》《北京市关于进一步加强北京市产学研联合工作的意见》《广东省关于深化省部产学研结合工作的若干意见》《福建省促进科技成果转化行动方案》等。

（二）财税金融政策方面

近些年国家设立了多项基金，以财政力量对高校技术转化和学术创业给予扶持，同时又出台了一系列税收优惠措施，着力减轻高校学术创业方面的税收负担。具体包括：《国家科技成果转化引导基金管理暂行办法》《产业技术研究与开发资金管理办法》《关于贯彻落实〈中共中央国务院关于加强技术创新，发展高科技，实现产业化的决定〉有关税收问题的通知》《关于促进科技成果转化有关个人所得税问题的通知》。金融方面，近年来国家出台了多项政策法规，促进金融资源与科技资源结合。具体包括《国务院关于鼓励和引导民间投资健康发展的若干意见》《关于进一步做好科技保险有关工作的通知》《促进科技和金融结合试点实施方案》《支持国家重大科技项目政策性金融政策实施细则》等。

地方政府针对学术创业和科技成果转化的重点技术进行项目和经费支持。如山东省省财政厅、省科技厅联合印发了《山东省自主创新成果转化重大专项资金管理办法（试行）》，设立了自主创新成果转化重大专项。重大专项重点支持已取得的拥有自主知识产权的科技成果，经中试能够实现产业化或能够直接进入产业化开发，并能较快形成较大产业规模，显著提升相关产业技术水平和核心竞争力的重大自主创新成果转化项目。

（三）中介服务政策方面

根据科技中介服务机构的不同类别，国家分别出台了相应的政策文件。例如，整体性规范有《关于大力发展科技中介机构的意见》；在技术市场方面，有《技术市场管理暂行办法》《关于加快发展技术市场的意见》等；在科技园和孵化器方面，有《国家大学科技园认定和管理办法》《科技企业孵化器（高新技术创业服务中心）认定和管理办法》等；在共性技术研发方面，有《国家工程研究中心管理办法》《教育部工程研究中心建设与管理暂行办法》等。

各地对中介机构和公共服务平台的建设普遍给与重视，纷纷出台支持措施，整体性规范如《广东省关于大力发展科技中介机构的意见》，技术市场方面多数省市均出台有本地的技术市场条例；新型服务机构方面，如《北京市战略性新兴产业科技成果转化基地认定管理办法》《陕西省技术转移示范机构管理办法》等。

（四）激励政策方面

目前，国家和部分地方出台了一些促进科技成果入股方面的规定，如《北京市中关村国家自主创新示范区重大科技成果转化和产业化股权投资暂行办法》《北京市中关村国家自主创新示范区企业股权激励登记试行办法》《上海市知识产权投资入股登记办法》《重庆市促进科技成果转化股权和分红激励的若干规定》等。

各地方在现行政策框架下，也进行了初步的探索，出台了一些办法。如《浙江省科技成果转化奖励办法》《上海市发明创造的权利归属与职务奖酬实施办法》《重庆市促进科技成果转化股权和分红激励的若干规定》《黑龙江省科学技术奖励办法》《吉林省关于激励科研人员加速科技成果转化的暂行办法》等。

高校则采取建立技术转移服务机构，如联合研发中心、地方研究院等，对推进产学研合作和成果转化产生了积极成效。同时，进一步明确利益分配机制，如明确技术转移收入在发明人、院系、学校之间的分配比例等。优化评价考核政策，实行分类指导，对调动教师参与科技成果转化取得了积极成效。如《武汉大学科技成果转化、转让和产业化管理条例》第三十三条："对从事科技成果转化、转让和产业化的人员在从事科技成果转化、转让和产业化期间，按有关规定单独进行工作量考核，并将考核结果作为今后职称评定和聘用的依据之一。"

第三节　高校学术创业失败扶持政策工具的构建

高校学术创业失败扶持政策工具的构建，首先，建立高校学术创业扶持政策工具的分析框架。其次，对国家部委、省市、高校的相关政策工具进行分析，揭示存在的相关问题。最后，构建“心理—财务—能力”创业失败扶持政策体系。

一　高校学术创业扶持政策工具案例分析

（一）高校学术创业扶持政策工具分析框架

根据 Rothwell 和 Zegveld 的政策工具分析框架，高校学术创业失败扶持政策可以分为供给面扶持政策、需求面扶持政策和环境面扶持政策①，但三者需要协同合作，形成政策工具组合使用，才能有效帮扶学术创业失败者（见图 9-4）。具体到学术创业而言，其中供给型扶持政策工具表现为政府通过对创业者及其合作者，如大学、企业、研究机构、金融机构、科技中介机构等，提供人才、信息、技术、资金等支持和帮扶，扩大创业者的资源和空间，推动技术转移转化，加快创业进程。需求型扶持政策工具表现为政策对创业的拉动力，是指政府通过对学术创业者创业过程中所需的相关要素的扶持、关注，通过减少市场的不确定性和刺激市场的繁荣和降低市场风险，增强创业要素在市场中存活的能力，从而拉动技术创新和新产品开发，增加市场需求。环境型扶持政策工具是在外部环境上塑造创业的氛围提高政策对创新创业的影响力，例如，通过金融、税收制度、法规管制等政策影响创业环境和营商环境，为高校学术创业提供有利的政策环境，间接推动学术创新创业②。

对学术创业失败扶持政策工具分析的具体维度如表 9-6 所示。其中，供给型政策包括离岗创业支持、科研条件支持、教学科研工作量换算、创业团队建设支持、人才支持政策、提供众创空间与孵化器等。需求型政策

---

① Rothwell, R., Zegveld, W., *Innovation and Public Policy: Preparing for the 1980s and 1990s*, London: Frances Printer, 1981.

② 李桃、徐刚：《政策工具理论视角下基于创新创业政策内容的文本分析》，《沈阳工程学院学报》（社会科学版）2018 年第 2 期。

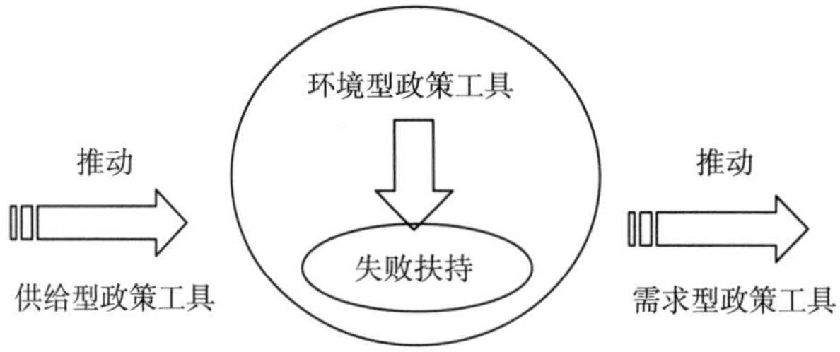

图 9-4 政策工具对“高校学术创业失败”扶持作用

工具包括公共采购、外包服务、市场信息提供、建设对接市场需求的公共服务平台等。环境型政策包括融资担保、股权融资、众筹担保、税收优惠、成果转化实验条件支持、加强创业型大学建设、开设校友创业大讲堂等。

表 9-6 学术创业失败扶持政策工具分析维度

	供给型政策	需求型政策	环境型政策
创业扶持	离岗创业支持 科研条件支持 教学科研工作量换算 创业团队建设支持 人才支持政策 提供众创空间与孵化器 ……	公共采购 外包服务 市场信息提供 建设对接市场需求的公共服务平台 ……	融资担保 股权融资 众筹担保 税收优惠 成果转化实验条件支持 加强创业型大学建设 开设校友创业大讲堂 ……

（二）高校学术创业扶持政策工具案例分析

为进一步剖析高校学术创业扶持政策工具，本研究从国家、省市和具体高校三个不同层面，选取代表性的政策文件，剖析其政策工具。

1. 国家（部委）层面的高校学术创业相关政策案例

案例 1：《教育部 科技部关于加强高等学校科技成果转移转化工作的若干意见》，颁布日期为 2016 年 8 月 17 日，教技〔2016〕3 号。主要内容如下（有节选）。

一、全面认识高校科技成果转移转化工作。二、简政放权鼓励科技成果转移转化。三、建立健全科技成果转移转化工作机制。四、加强科技成果转移转化能力建设。五、健全以增加知识价值为导向的收益分配政策。六、完善有利于科技成果转移转化的人事管理制度。七、支持学生创新创业。八、推进科研设施和仪器设备开放共享。九、建立科技成果转移转化年度报告制度和绩效评价机制。

案例分析：《教育部科技部关于加强高等学校科技成果转移转化工作的若干意见》的政策文本分析如表 9-7 所示，主要以供给型政策为主，包括“简政放权鼓励科技成果转移转化、建立健全科技成果转移转化工作机制、加强科技成果转移转化能力建设、完善有利于科技成果转移转化的人事管理制度和推进科研设施和仪器设备开放共享”等，环境型政策主要营造高校教师创业的环境，例如推动全校教职工和领导“全面认识高校科技成果转移转化工作”，引导、激励科研人员注重知识扩散和转移等。高校科技成果转移转化绩效纳入世界一流大学和一流学科建设考核评价体系等内容。但是，需求型政策不足，主要是健全以增加知识价值为导向的收益分配政策，但是基于市场需求的政策不足。

表 9-7　《教育部科技部关于加强高等学校科技成果转移转化工作的若干意见》政策内容文本分析

	供给型政策	需求型政策	环境型政策
	简政放权鼓励科技成果转移转化	健全以增加知识价值为导向的收益分配政策	全面认识高校科技成果转移转化工作
政策内容	高校对其持有的科技成果，可以自主决定转让、许可或者作价投资。高校有权依法以持有的科技成果作价入股确认股权和出资比例，…… 高校科技成果转移转化收益全部留归学校，纳入单位预算，不上缴国库……	科技成果转移转化的奖励和报酬的支出，计入单位当年工资总额，不受单位当年工资总额限制，不纳入单位工资总额基数	引导、激励科研人员教书育人，注重知识扩散和转移
政策工具名称	建立健全科技成果转移转化工作机制		建立科技成果转移转化年度报告制度和绩效评价机制
政策内容	高校要成立科技成果转移转化工作领导小组；建立成果转移转化管理平台；明确科技成果转移转化管理机构和职能		奖励业绩突出的机构和人员 高校科技成果转移转化绩效纳入世界一流大学和一流学科建设考核评价体系
政策工具名称	加强科技成果转移转化能力建设		监督，指导

（续表）

	供给型政策	需求型政策	环境型政策
政策内容	建立负责科技成果转移转化工作的专业化机构，……建立成果转化职业经理人队伍。发挥大学科技园、区域（专业）研究院、行业组织在成果转移转化中的集聚辐射和带动作用		加强对科技成果转移转化工作的监督检查，对不作为、乱作为的行为严肃问责，对借机谋取私利、搞利益输送的违纪违法问题依法依规严肃查处
政策工具名称	完善有利于科技成果转移转化的人事管理制度		
政策内容	高校科技人员可以到企业兼职或离岗创业。鼓励高校设立专门的科技成果转化岗位并建立相应的评聘制度		

案例 2：《人社部关于支持和鼓励事业单位专业技术人员创新创业的指导意见》（人社部规〔2017〕4 号），2017 年 3 月 22 日颁发。内容摘要如下。

一、支持和鼓励事业单位选派专业技术人员到企业挂职或者参与项目合作。二、支持和鼓励事业单位专业技术人员兼职创新或者在职创办企业。三、支持和鼓励事业单位专业技术人员离岗创新创业。四、支持和鼓励事业单位设置创新型岗位。事业单位可根据创新工作需要设置开展科技项目开发、科技成果推广和转化、科研社会服务等工作的岗位（简称“创新岗位”），并按规定调整岗位设置方案。

案例分析：《人社部关于支持和鼓励事业单位专业技术人员创新创业的指导意见》具有很强的扶持性特点，政策工具更加具体明确。例如，支持和鼓励事业单位选派专业技术人员到企业挂职或者参与项目合作，并且“与原单位在岗人员同等享有参加职称评审、项目申报、岗位竞聘、培训、考核、奖励等方面权利”，“事业单位专业技术人员在兼职单位的工作业绩或者在职创办企业取得的成绩可以作为其职称评审、岗位竞聘、考核等的重要依据”，对支持高校教师开展学术创业具有重要的保障作用。

2. 省市层面的高校学术创业相关政策案例

案例3：《杭州市人民政府办公厅关于印发鼓励和扶持高校教师（专家）团队式创业（青蓝计划）实施办法的通知》（杭政办函〔2011〕149号），该文件由杭州市人民政府办公厅于2011年6月3日颁发。

高校教师、科研院所专家团队式创业所创办的科技型企业（以下简称青蓝计划企业），在优先入选杭州市科技型初创企业培育工程（雏鹰计划）并享受相关政策的基础上，享受以下扶持政策（节选）。

（一）开办注册。1. 开通工商注册绿色通道。2. 免收工商注册费用。3. 放宽经营场所限制。4. 放宽市场准入条件。

（二）创业资助。1. 启动资金资助。经市科技局等部门审核，在企业注册登记后给予20万—100万元的财政资助，资助金额不超过企业实际到位的货币资本金。2. 种子资金资助。对符合市科技创业种子资金资助政策的青蓝计划企业，经企业申请、市科技局等部门审核，给予20万—100万元的种子资金资助。3. 投融资资助。青蓝计划企业获得银行贷款，可按照银行基准利率的50%给予贴息补助（享受补助的最高贷款金额不超过2000万元）。4. 房租补贴。5. 申请专利资助。6. 会展补贴。对单家企业每年最多补贴3万元。7. 评优奖励。8. 其他支持。

（三）税费优惠。1. 开通税务办事绿色通道。2. 享受税收优惠政策。3. 落实企业研发费用加计扣除税收优惠。

（四）创业辅导、投资融资、公共技术、人力资源服务。

案例分析：该政策是国内市级政府层面较早明确扶持高校教师创业的文件，而且政策工具比较明确，操作性较强。政策工具涉及开办注册、创业资助、税费优惠、创业服务等多个方面，具体的政策工具参见表9-8。尤其是创业资助政策在启动资金和种子资金方面的支持，对帮扶高校学术创业者具有很强的针对性。开展创业辅导服务恰好能弥补高校学术创业者擅长于学术研究而缺乏创业经验的不足。类似的政策，如2016年1月，江苏省人社厅、教育厅和科技厅联合发布了《关于鼓励高校、科研院所专业技术人员创新创业有关人事管理的意见》。

表 9-8　杭州市鼓励和扶持高校教师（专家）团队式创业的扶持政策工具

维度	扶持政策工具名称	政策工具类型
开办注册	开通工商注册绿色通道	供给型
	免收工商注册费用	供给型
	放宽经营场所限制	需求型
	放宽市场准入条件	需求型
创业资助	启动资金资助	供给型
	种子资金资助	供给型
	投融资资助	供给型
	房租补贴	供给型
	申请专利资助	供给型
	会展补贴	供给型
	评优奖励	供给型
	其他支持（科技计划项目申报优先）	环境型
税费优惠	开通税务办事绿色通道	环境型
	享受税收优惠政策	环境型
	落实企业研发费用加计扣除税收优惠	环境型
创业服务	创业辅导服务	供给型
	投资融资服务	环境型
	公共技术服务	环境型
	人力资源服务	供给型

3. 高校层面的高校学术创业相关政策案例

案例 4：《A 大学促进科技成果转移转化实施方案》于 2017 年对外颁发，具体内容节选如下。

一、建立健全科技成果转移转化工作机制

1. 加强学校科技成果转移转化的统一领导和统筹协调，成立学校科技成果转移转化工作领导小组成员，由校长担任组长，分管校领导担任副组长，成员由科学研究、资产经营、人事、财务、设备、人才培养、学生工作等部门和资产经营公司、大学科技园等单位负责人组成。

2. 调整 A 大学科技成果转移转化职能机构，整合科研院应用技术院和资产经营管理处部分职能，以及国家技术转移中心及其分中心、国家大学科技园及其分园，在学校科技成果转移转化领导小组的领导下，统筹负责学校的科技成果转移转化服务和与创新创业的衔接，包括应用型科技成果的立项及考核、重点项目的知识产权维护，成果孵化和商业推介、产学研合作、投融资对接、知识产权价格评估，以及授权许可、直接转让或作价投资的合同签订等，形成行政管理服务和企业市场运营职能有机融合的学校科技成果转移转化服务体系。

3. 健全科技成果转移转化的高效工作机制和明晰的管理服务流程。在向企业或者其他组织转移转化科技成果时，将采用技术交易市场挂牌、拍卖、协议定价等方式确定价格。对作价投资、有利益关联的科技成果转让、许可等则需要进行国有资产评估，该评估值作为科技成果转移转化定价的重要参考依据。

5. 加强技术转移转化专业人才队伍的建设，通过聘用专业技术转移转化人员，以及对技术转移中心分中心工作人员、技术转移特派员、校内院系部门科技成果转移转化相关人员的专业化培训，培养一支科技成果转移转化的专业人才和技术经纪人队伍。

6. 建设A大学科技成果转移转化线上线下服务平台，平台内容包含科技成果供需方数据库、成果路演和推介、创新创业载体、孵化基金、创业培训、科技金融、中介服务、人力资源服务、仪器装备开放等要素的数据信息等，该平台与省级或国家级的科技成果转移转化及创新创业信息平台对接，为学校内外提供全面融合科技成果转移转化和创新创业诸多要素的线上线下的交流、展示、推广、服务的综合性服务平台。

三、健全以增加知识价值为导向的收益分配政策

7. 积极鼓励以增加知识价值为导向的收益分配政策。以技术转让或者许可方式转移转化职务科技成果的，学校从技术转让或者许可所取得的净收益中提取70%的比例用于奖励技术团队和发明人，学校、学院（系）分别按20%、10%的比例对净收益进行分配。以科技成果作价投资实施转移转化的，学校从作价投资取得的收益中提取70%的比例用于奖励技术团队和发明人，学校、学院（系）分别获得20%、10%的收益权奖励。

8. 此外，有关于科技成果转化的人事管理制度、绩效评价机制、设立科技与成果转移转化基金等内容。

案例分析：在政策目标上，强调建设具有 A 大学特色的科技成果转移转化服务体系。在政策工具上，建立健全科技成果转移转化工作机制，调整 A 大学科技成果转移转化职能机构。加强科技成果转移转化能力建设，建设科技成果转移转化线上线下服务平台，平台内容包含科技成果供需方数据库、成果路演和推介、创新创业载体、孵化基金、创业培训、科技金融、中介服务、人力资源服务、仪器装备开放等要素的数据信息，为学校内外提供全面融合科技成果转移转化和创新创业诸多要素的线上线下的交流、展示、推广、服务的综合性服务平台。积极鼓励以增加知识价值为导向的收益分配政策。以技术转让或者许可方式转移转化职务科技成果的，学校从技术转让或者许可所取得的净收益中提取 70%的比例用于奖励技术团队和发明人，学校、学院（系）分别按 20%、10%的比例对净收益进行分配。以科技成果作价投资实施转移转化的，学校从作价投资取得的收益中提取 70%的比例用于奖励技术团队和发明人，学校、学院（系）分别获得 20%、10%的收益权奖励；完善有利于科技成果转移转化的人事管理制度；设立科技成果转移转化基金等。

二　高校学术创业政策工具存在的问题

（一）缺乏针对创业失败的扶持性政策

目前，我国针对创业失败的帮扶政策明显不足，相关的帮扶措施散见于各种创业政策文件中。一方面，对高校创业者创业过程的帮扶性政策工具缺乏。学术创业具有一定的特殊性，例如在创业初期，高校教师如何了解市场信息，开展有商业化前景的研发，成为创业的重要起点，需要出台相关的政策工具，提供大学与市场信息之间的联结。另外，政府出台相关的政策工具，激发高校教师的创业动机，例如可以通过放宽准入限制、提供税收优惠、实行税费减免等政策工具，降低创业成本，激发更多的教师投身学术创业活动。另一方面，针对高校学术创业失败的情况，缺乏专门性的政策工具给予帮扶。失败率高是创业的重要特点，政府可以制定针对创业失败的评估制度，在对创业失败项目进行评估之后，进行相应的帮扶，例如提供“启动资金、创业辅导、孵化场地、贷款还款优惠、失败保险”等专门的针对性政策工具，鼓励高校学术创业失败者进行再研发再创业。

（二）缺乏创业政策工具的多样性和协同性

我国高校学术创业的政策重复性较多，因为多部门发布创新创业、科技成果转移转化等相关政策文件，因而出现重复的政策和政策工具，但是政策工具的本身比较单一，缺乏多样性。主要表现为供给型政策较多，如上文的4个案例所示，提供离岗创业支持、科研条件支持、创业团队建设支持、人才支持政策和众创空间与孵化器的供给类创业政策较多，发挥了一定的推动作用，但是需求型政策少，因而政策的拉力不够，同时环境型政策也不够丰富，整体上政策对学术创业者的作用力减少。其主要原因是高校学术创业相关的政策工具中，市场维度的政策工具没有引起足够的重视，对市场需求信息的对接、融资担保、众筹等政策工具运用还不够。此外，高校学术创业政策来源于多个部门，多种文件，例如涉及不同部委，涵盖教育、科技、人事、财务、金融等多个部门；包括了“创新、创业、科技成果转移转化”等多种文件，因此，政策工具的协同性问题日益凸显，尤其是地方政府和高校在制定相关政策文件时更加需要统筹考虑。

（三）缺乏创业政策工具的配套政策

落实国家、省市有关支持和帮扶高校教师开展学术创业、促进科技成果转移转化的政策，关键在于实施单位出台相应的配套政策。从目前调研的情况来看，大部分高校出台了教师创业、科技成果转移转化的相关政策，但是政策的补给性和操作性不足。例如，高校的创业教育由于缺乏政策配套，创业教育以理论教育为主，没有配套的孵化场地，难以开展实践性创业教育。再如，由于没有出台“教师离岗创业”“创业教授”等类似的岗位和政策工具，教师离岗创业存在诸多“职称评审、原工作岗位待遇”等诸多顾虑，从而导致教师学术创业的积极性不高，一批高科技研发成果难以转化为现实生产力。

（四）缺乏创业政策工具的绩效评估

政策工具的绩效评估还未有效落实。相关的量化评估政策所涉及的评估机制过于笼统，如“教育部门要把创新创业教育质量作为衡量办学水平、考核领导班子的重要指标，纳入高校教育教学评估指标体系和学科评估指标体系，引入第三方评估”①。这里提到了引入第三方评估，却没有说明第三方是哪类机构，评估的标准是什么，如何收集并继续反映评估等

① 《国务院办公厅关于深化高等学校创新创业教育改革的实施意见》。

问题。目前相关创业政策实施后的影响并无有效的绩效评估考核机制，导致了政策发布实施后便基本没有了后续的绩效评价，这导致了政策作用效果不明显。对政策工具实施情况，缺乏从政策实施整体成效出发，分析创业政策工具之间的连续性，创业政策工具的针对性，以及不同政策工具之间的协调性。同时，缺乏将创业政策绩效评价结果反馈到政府制定新的创业政策中。

三　高校学术创业失败的扶持政策工具构建

20 世纪 90 年代以来，创业政策成为公共政策研究的重要内容，但倾向于初次创业，忽略了创业失败群体。国外学者认为“创业政策本质是刺激创业”和“减少初创企业面临的不确定性”。我国学者进一步认为创业扶持政策是政府运用政策工具对创业行为采取重点倾斜、优先发展和帮扶的系列措施，可以构建心理、财务和信息外部援助模型帮助创业失败者[①]。本研究根据实际情况，建议构建“心理—财务—能力”创业失败扶持政策体系。

（一）构建“心理—财务—能力”创业失败扶持政策体系

创业政策的重点在于构建完善的助创体系，尤其是建立健全高校学术创业失败的扶持政策。为此，要围绕三个重点进行高校学术创业失败扶持政策的设计，构建“心理—财务—能力”创业失败扶持政策体系。

一是要围绕“人”的要素设计，强化对“失败者的心理帮扶”。创业的主体是人，创业失败后首先面临的是心理问题，必须处理创业失败产生的失败情绪成本。创业失败的情绪成本是指创业失败给创业者带来的负面情绪，如悲伤、绝望、愤怒等。创业项目对创业者越重要，创业失败的情绪成本就越高。创业者如果能够更快地从悲痛情绪中恢复，那么可以获取更多创业知识。因此，政府和高校要出台创业失败的心理扶持政策，构建心理援助机制，在心理压力释放、信心树立、引导鼓励，甚至悲伤情绪修复等方面出台政策工具，进行干预、激励和帮助。

二是要围绕“物”的要素设计，强化对“失败者的创业资金帮扶”。创业失败后会面临财务成本，政府和高校出台相关的政策，提供明确的政

① 毛盾、刘凤、何诣寒等：《大学生创业失败援助机制的构建》，《创新创业理论研究与实践》2018 年第 13 期。

策工具，如财政支持、创业保险、市场融资、信用保护方面的政策工具。例如，支持创业失败者以较低的市场门槛，退出所创项目，进行及时止损。更重要的是，提供相关的政策工具，鼓励再次创业。例如，高校提供创业学习机会，提出再次创业启动金，政府提供再次创业的孵化场地，商品中试条件等，以及政府提供创业融资，小额贷款优惠和创业失败保险。通过多种创业政策工具激励和帮助高校学术创业失败者在应对学术创业失败带来的财务成本，重新点燃再次创业的希望。

三是要围绕“能力”的要素设计，强化对“失败者的能力帮扶”。导致创业失败的关键问题是创业能力，出台政策工具有针对性地提高创业失败者的创业能力是政策的着力点。政策工具要提供供给型政策，强化对学术创业者的教育培训，提供创业失败学习机会，提供创业者创业项目孵化锻炼的机会；提供环境型政策，强化高校教师与社会创业者的经验交流，接触市场信息，了解市场需求，明确创业能力提升的着力点。

（二）构建多样化协同化的高校学术创业失败扶持政策

创业政策工具决定创业帮扶的实效，创业政策工具需要多样化和协同性，才能有效扶持学术创业失败者。

一是增强高校学术创业失败扶持政策的多样性。供给型政策方面，政府和高校应推进创业实训基地的建设，培养学术创业者的创业思维和创业技能。高校联合政府创建创业园区和创业载体，提供创业平台和机会，强化提供创业资金补贴、创业融资服务等政策支持，助推初创企业的成长。需求型政策方面，政策工具设计的关键在于：一方面，激活市场需求，构筑创新创业的资金、信息、技术等要素的流通渠道，加快与学术创业者的研发对接，吸引学术创业者的投入。同时，建立健全政府采购、服务外包等工具，为学术创业企业或创业项目开拓市场、降低市场不确定性提供政策支持。另一方面，要进一步降低学术创业门槛。要针对学术创业的特点，破除阻碍学术创业的体制机制障碍。要基于高校科研人员创新创业过程中的绿色通道和政策特区。通过简政放权，减少对学术创业活动的多级许可和审批，助力科技成果转移转化，连接创新创业环节，加快学术创业的进程；环境型政策方面，政策工具的着力点在于建立公平合理的市场竞争环境，营造尊重知识成果价值的氛围，构筑容忍宽容创业失败的文化氛围，降低其由于创业风险或创业失败引发的挫败感。高校要善于树立典型，给予成功创业榜样以物质奖励和荣誉称号，提升其创业意愿和创业热情，影响学术创业失败者，激励其再创业。

二是增强创业政策工具的协同性。创业政策要发挥出实效，必须多项政策之间的有序协同，共同发力才行。我国现行的学术创业政策要强化顶层设计，打破各政策工具之间相互掣肘的制度壁垒。要通过构建协同创新、相互衔接、融合高效的学术创业失败扶持政策体系，扶持学术创业失败者，尤其在创业失败后的“心理帮扶、资金帮扶、创业能力帮扶”方面发挥重要作用。中央与地方政策协同契合，政府、高校、企业也要契合。中央制定创业帮扶政策的角色在于“管总”“管宏观”，并保持长期性、稳定性与战略性；地方政府要围绕中央出台的创业帮扶政策，依据本地区实际，细化政策工具，统筹考虑“供给型、需求型和环境型”政策工具的各自特点和作用效力。高校要与政府、企业协同，保持正常的一致性和提供更加具体和可操作的政策工具，避免与上级政策、同级机构之间的矛盾与不稳定。政策制定应注意协调政府、高校、企业、技术转移中介和学术创业者等主要利益相关者的利益冲突，平衡学术创业活动内部关系，以实现政策工具之间的协同、互动、高效配合。

（三）强化高校学术创业失败扶持政策的绩效评价

在加大高校学术创业失败扶持政策制定与实施的同时，要强化对高校学术创业失败扶持政策的绩效评价，对出台后政策实施效果评估，以进一步完善学术创业失败扶持政策体系的反馈机制，实现学术创业失败扶持政策的动态调整。高校学术创业失败扶持政策绩效评价的重点：一是学术创业失败扶持政策工具的实施效果，主要从三个维度进行评价。第一，高校学术创业失败者的心理恢复状态，是否从负面情绪中恢复过来。第二，高校学术创业失败者的财务成本止损状态，是否有效帮助创业失败者止损减损。第三，高校学术创业失败者是否重新开始创业，进行创业失败学习，提升创业能力等效果。二是学术创业失败扶持政策工具的实施效果，主要依托第三方机构进行评价，保证评价的客观、公正和结果透明。三是构建学术创业失败扶持政策工具评价的反馈机制。及时将评价结果反馈给政策制定部门，不断完善学术创业失败扶持政策体系；促进相关职能部门对政策的落地和实施情况进行有效的监督。

（四）系统性制定和实施支持大学生创业教育的政策工具

大学生也是学术创业的重要力量，推动和提高大学生创业质量的关键是实施大学生创业教育。围绕大学生创业教育，需要系统性制定相应的政策工具，通过下面的案例进行说明。如该案例高校加强顶层设计，不断完善制度规范，为深化创新创业教育改革打下了良好和坚实的制度基础。出台《关于加强大学生创新创业教育工作的实施意见》，成立了创业学院、大学生创业园和大学科技园，形成“一院两园”组织管理体系。制定了《大学生创业园管理办法》《大学科技园管理办法》等文件，为大学生创业者提供创业场所、创业培训、创业指导、项目推介等创业就业孵化服务。制定了《青年教师基层锻炼与挂职服务管理办法》，分期分批委派青年教师到行业企业实践锻炼，提升其创新创业专业化水平和实践能力。

案例：创新创业教育改革，路在何方？——“三轮驱动、六位一体”的“创新创业+”教育生态系统实践①

深化高校创新创业教育改革，是国家实施创新驱动发展战略的迫切需要，是提升人才培养质量的重要途径。然而，创新创业教育面临“虚而不实”、创业孵化“最后一公里”难以打通等痛点。创新创业教育改革，路在何方？A校出台系列政策工具，探索“三轮驱动、六位一体”“创新创业+”的教育生态系统实践，有效破解创新创业教育难题，探索出一条创新创业教育改革的新路。

一、背景

A校是全国新建本科高校联盟理事长单位，其最大的二级学院商学院拥有3500多名学生，9个本科专业。商学院始终立足商科特色，以建构主义哲学思想和教育生态系统理论为指导，组织专门团队，先后承担江苏省高等教育教改研究重中之重项目《地方本科高校“六位一体”创新创业教育模式的研究与实践》，江苏省高等教育综合改革试点项目《深化“六位一体”创新创业教育改革实践》，历经20年的探索与实践，经过“初级阶段（2002—2006）、建设阶段（2006—2010）、转型阶段（2010—2015）和迈入成熟阶段（2016—）”（见图9-5），形成了独特的、“三轮驱动、六位一体”的“创新创业+”教育生态系统，重点破解了创新创业教育中“人才培养目标定位不准确，与专业教育、思想政治教育结合不紧密，与创业实践环节相脱节，以及创业训练、孵化等关键环节缺乏指导扶持”

① 案例来自笔者编写。

等难点、痛点，有效实现了“U-G-E”（大学—政府—企业）跨界合作，将创新创业教育延伸到后端，形成了独特的创新创业型人才培养范式：坚持立德树人，“U-G-E 三轮驱动”，“课程—平台—训练—竞赛—孵化—保障”六位一体，重点培养本科生“创新创业能力+职业胜任能力”。

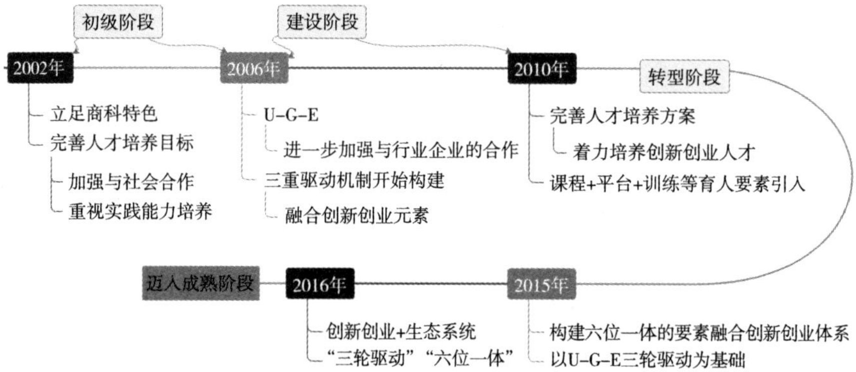

图 9-5 “三轮驱动、六位一体”的“创新创业+”教育生态系统的20年探索与实践历程

二、做法

以习近平新时代中国特色社会主义思想为指导，坚持“立德树人”，以“能力为本、重在应用”的创新创业教育理念，围绕“创新创业能力+职业胜任能力”的培养目标，依托“U-G-E”三轮驱动，构建“知识传播与转化、人员赋能与流动、平台创建与优化”的“三重驱动机制”；通过“创新创业+”的多方融合，构建“课程—平台—训练—竞赛—孵化—保障”六位一体人才培养链，整体上创建出“三轮驱动、六位一体”的“创新创业+”教育生态系统，为创新创业教育和应用型人才培养提供改革示范案例和可推广的经验（见图 9-6）。

（一）创建“U-G-E”三轮驱动、跨界融合的创新创业人才培养模式

商学院成立创新创业教育领导小组，以“U-G-E”的多元需求为驱动，构建“一个中心”“两个重点”“六个要素一体化”的创新创业人才培养模式。一个中心，构建“创新创业能力+职业胜任能

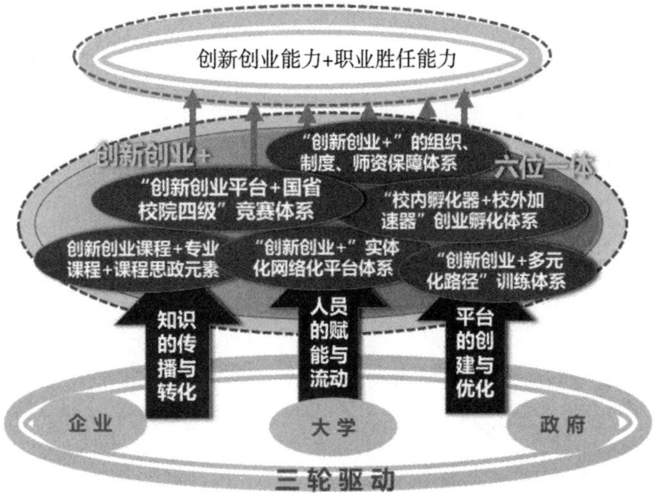

图 9-6 "三轮驱动、六位一体"的"创新创业+"教育生态系统

力"的人才培养目标。"两个重点"，一是构建多向深度的融合育人机制。"U-G-E"三方共同发起成立"专业建设与发展指导委员会"，下设"财务金融合作组""工商管理合作组"和"应用经济合作组"三个工作组，统筹人才培养。例如，先后与北京慧科集团等知名企业合作开展了嵌入式人才培养，引进了企业课程和企业实训环节，完全实现工学结合。通过互设机构固化三方关系，由单向交流变为双方"参流"。如盐城市政府分别在商学院建立盐城市商务发展研究中心、商务人才培养基地和中小企业研究基地。同时学院在骨干企业成立"专家工作站"，驻点参与企业经营管理。商学院在江苏悦达集团、江苏江动集团和中国银行盐城分行成立了"专家工作站"，提供决策咨询。二是构建全链式协同机制。把整个人才培养过程按照价值链的要求划分为七个重要环节，包括协同制定"培养方案、开发课程体系、培养创业导师、推进教学改革、建设创业资源、指导创业项目和评估创业质量"，把三方的异质的资源优势、创新优势转化成提升创新创业能力的优势。六个要素一体化即创新创业的"课程—平台—训练—竞赛—孵化—保障"的一体化。

（二）创建"创新创业能力+职业胜任能力"嵌套融合的课程体系

以"立德树人"为根本要求，以金课为引领，构建"通识类+专业类+实践类”创新创业课程体系。通识类创新创业课程，开展创新创业基本素质普及教育，培养学生的创新意识。增设创新创业思维、企业家精神、企业创建、企业管理四大类交融拓展的创新创业通识课程。专业类创新创业课程，将创新创业能力培养与职业胜任能力培养嵌套融合，在专业人才培养方案中设置专业类创新创业课程模块，自主开发开设学科前沿、案例研讨等方面的创新创业金课。实践类创新创业课程，依托校内外创新创业实验实践平台，融入政府、知名企业、科创园区等各方资源，针对性开设创新工场、项目仿真、项目实战、“三创”竞赛等实践课程，提升学生创新创业实战能力。

（三）创建“创新创业+”的实体化网络化平台体系

一是创业学院实体化。商学院建设了创业学院，并以此链接大学生创业园和大学科技园，形成“一院两园”的创新创业教育模式。继而探索“专业+创业”培养模式，通过跨界融合，校企合作，联合企业管理专家、风投公司创业指导专家，以及创业成功人士共同组织各教学环节，采取小班化、项目制、导师制、小学期制“一化三制”教学方式，面向大二年级招生，开设“工商管理+创业”“应用经济+创业”“技术类+创业”实验班，着力培养“实战型”创新创业人才。二是实践平台网络化。充分利用互联网+、虚拟仿真的资源和手段，构建融“创新与创业、孵化与投资、实训与实战”于一体的校内与校外、课内与课外、线上与线下的网络化创新创业实践平台。同时，以校内科研实验资源和校外产业研究平台资源整合为基础，建设创新创业实训平台和大数据、云计算、互联网营销等前沿科技实验室，出台大学生参与科研的激励制度，引导大学生自主开发科技类、创意类的创新创业项目及其商业模式。

（四）创建“创新创业+多元化路径”训练体系

一是以项目建设为依托。深入构建“国家—省—校”三级大学生创新创业训练项目，以及依托校企合作设立创新创业基金项目，探索协同创新创业教育形式和创新创业联动机制，为创新成果向创业项目转换提供必要条件支持。二是以第二课堂为载体。定期开展创业讲坛、创业沙龙、创业分享等活动，积极组织跨学科俱乐部、创业技能培训班、创业工作坊等社团活动，对学生的创业项目进行个性化指导。三是以大力开展贴近实战的教学方法为手段。以企业家进课堂、实验室情景模拟、沙盘推演推行直播课堂、互动社区等方式，开展基于问题、基于项目、基于案例的贴近实战的教学方法改革，开展分享式、启发式、模拟式和体验式的创新创业训练学习方式改革。完善创新创业教育训练标准与考核办法，及时对学生的创新创业教育训练状况进行跟踪评价。

（五）创建“创业苗圃+校内孵化器+校外加速器”创业孵化培育体系

一是建好创业苗圃。整合学院、企业、政府资源，坚持“创新、实践、分享”的创客理念和“精益求精”的工匠精神，建好创业苗圃，打造大学生创新创业的助跑区。设大学生创新创业项目库，形成“萌芽—选拔—挖掘—培育”工作链条，推动创业项目由创业苗圃向创业园区转移和创办企业转化。为在校大学生创新创业项目的启动、运营、保障提供全方位的服务，积极为优质大学生创业项目争取政府扶持资金，加速创新创业成果孵化进程。二是做强校内孵化器。进一步发挥校内孵化器大学生科技园和创业园的功能，每年遴选有科技含量和专业结合度高的项目进入园区，开展创业模拟和孵化。加强与知名孵化器的联系，帮助创业企业做大做强，为培育高层次创新创业人才和战略性新兴产业企业提供支持。三是联合校外加速器。深度对接社会孵化器、整合众创空间、联合孵化基金等，打造校外加速器。引进政府和企业资源，共建一批创业孵化基地和小微企业创业基地，为大学生创业项目的孵化提供平台和基地。加强与风投公司的对接，吸引风险资本的注入，积极为大学生创业提供政策扶持、创业贷款、租金补贴、风险投资等服务。打通从科研成果到产业孵化的“最后一公里”，实现对初创项目进行重点孵化和牵引。

三、成效

“三轮驱动、六位一体”的“创新创业+”教育生态系统实践，尤其在近年来取得了明显的成效。

一是创新创业成果突出。A校学生参赛的项目连续四次蝉联“挑战杯”中国大学生创业计划竞赛金奖，教师的专著《中国高校学术创业》荣获江苏省第十五届哲学社会科学优秀成果一等奖。教材《当代大学生创新创业理论与实践》获批“十三五”江苏省高等学校重点教材。同时商学院承担了省高教综合改革项目、省重中之重、省重点教改3个项目，分别以“六位一体”创新创业教育、工商管理学科“U-G-E”协同育人、大学生创客培养体系建设为主题。

二是建成了一批支撑“创新创业+”教育的合作平台。利用三方合作机制先后建成了国家级大学生校外实践基地、市商务人才培养基地、市商务发展研究中心、市中小企业管理研修基地。与北京B集团合作开展跨境电商和嵌入式电子商务专业人才培养，嵌入企业课程、引进创新创业课程、开发互联网课程，实践教学环节全部在企业完成，完全实现工学结合。

三是形成了可以推广的经验。商学院“三轮驱动、六位一体”的“创新创业+”教育生态系统，整合生态要素，多方融合，构建了“创新创业类课程+专业类课程+课程思政元素”的嵌套融合课程体系；“创新创业能力+职业胜任能力”相互促进的能力培养体系；“创新创业平台+训练—竞赛—孵化”的专业化创新创业人才培养链；“创新创业+组织、制度、师资”的三大保障体系，实现立体式、网络化的创新创业教育生态系统，打造出“实战特色突出、实践效果明显，可推广借鉴”的创新创业教育“升级版”，突破传统创新创业教育虚而不实，理论实践脱节等弊病，催生出了诸如商学院工学结合、信息工程学院嵌入式、新能源学院微工厂微学分等深度融合的范式。

第十章

结 语

本研究以修复高校学术创业失败困境，提升创业绩效为目的，是一项满足国家重要需求、引领国内外学术前沿的重大课题。本研究旨在从“顶天”高度，探索符合中国情景的高校学术创业失败修复的理论、方法与策略，提出中国高校学术创业困境破解方案，指导解决高校科技成果转化的“卡脖子”问题；本课题将以“立地”为基点，以科技创新创业重大实际问题为导向，提出高校学术创业修复的路径与策略，为我国科技创新创业政策的顶层设计和推进科技成果转化，提供实证支持和策略参考。

全书构建学术创业失败“归因—修复—后续创业”理论架构统领全书研究，前面七章围绕高校学术创业如何从失败到再成功创业的核心内容开展了系统性研究。首先，通过数据挖掘和可视化手段，揭示了国际国内创业失败研究的热点和演化趋势，为后续研究奠定基础（第一章）。其次，通过问卷调研、动态案例追踪研究，从“个体—组织”层面详细阐述了学术创业失败归因、创业失败学习、创业能力、情绪修复、扶持政策、后续创业绩效等关键变量的内涵及其相互的作用机制，并总结提炼了高校学术创业失败修复的模式和机制（第二章、第三章、第四章、第五章）。再次，通过案例研究，拓展研究了工业互联网平台赋能对破解高校学术创业困境的作用，以及数字技术、创业教育赋能高校学术创业（第六章、第七章、第八章）。最后，构建高校学术创业失败扶持政策工具（第九章）。本章对前文的研究内容作出总结，阐述本书的主要结论，并指明未来研究方向。

第一节 研究结论

按照“提出问题—分析问题—解决问题”的逻辑思路，综合集成案例追踪研究、问卷调研、数据挖掘与信息系统可视化等方法，以数理统计、结构方程模型、案例质性分析、Citespace 和 GIS 相关软件为分析工具，得出以下主要结论。

第一，创业失败研究的热点与演化趋势。国际国内的相似研究热点包括“失败归因、失败学习、后续创业”；其不同研究热点，国际上注重失败修复、后续创业绩效研究；国内偏重于科技创新失败、大学生创业失败、后续创业意愿等。国际上的创业失败研究演化历经了“什么是创业失败”的探索期、“为什么创业失败”的发展期、“创业失败管理”的深化期，国内正处于“创业失败学习”研究为主的发展期。

第二，创业失败归因稳定性与自我效能感对创业学习方式的影响机制。创业失败归因稳定性对利用式学习和探索式学习有显著的正向影响。机会识别效能感对利用式学习和探索式学习有显著的正向影响。从连续创业的角度出发，研究失败情境下创业失败学习对连续创业绩效的影响，并引入创业能力这一中介变量，实证结果表明创业失败学习对连续创业绩效具有显著的正向影响，创业能力在创业失败学习和连续创业绩效之间具有中介效用。单环学习对于生存绩效和成长绩效的正向影响要大于双环学习；双环学习对于机会识别能力和资源整合能力的正向影响要大于单环学习；机会识别能力对生存绩效的影响要大于资源整合能力、资源整合能力对成长绩效的影响要大于机会识别能力。因此，创业者在创业失败后需要进行失败学习，从而提高再创业的绩效；创业者需根据自身情况正确选择学习方式；创业者在企业创业之初要更加注重提升自身的机会识别能力，从而比竞争对手更早地发现商机，进而更快占领市场，取得创业绩效；随着企业的逐步成长，需提高对资源整合能力的重视，以使已获得的资源发挥更大的效益。

第三，从个体层面看，高校学术创业失败修复模式。以四位学术创业失败者为研究对象，基于释意的理论框架，研究发现：一是学术创业失败修复过程发展出各有侧重的修复模式，包括“多重角色平衡”为主的创业失败修复模式，“失败学习”为主的创业失败修复模式，“情绪修复”为主的创业失败修复模式，“资源整合”为主的创业失败修复模式。二是形成了失败修复的基本路径，即“角色认同与失败归因”的修复开始阶段、“角色平衡与归因平衡”的失败管理阶段、“情绪修复、失败学习、再创业行动”的修复深化阶段、“角色期望与再创业目的”的承诺阶段，与之相应地形成了“识别机制—平衡机制—行动机制—承诺机制”。三是本研究归纳出几个重要命题，发现学术创业失败修复的共同特点，尽管多重角色动态变化，而技术创新或学术研究角色贯穿始终；企业管理完善、商业模式创新是须解决的共性问题；机会识别和团队建设是普遍采取的创业行动；成为学术型企业家和实现个人价值是共同的追求。

第四，从个体层面看，高校学术创业失败修复关键事件作用机制。基于事件系统理论，以高校连续学术创业者的十二年创业经历为纵向研究案例，揭示学术创业者在“失败—修复—再创业”的历程中，创业能力提升的过程机理。研究结果表明失败情绪修复、再创业动机形成是触发后续创业能力提升的重要前置变量，连续创业事件中积极和消极的关键事件的强度和空间属性的交互作用，不断促进学术创业机会识别能力、资源整合能力和商业模式创新能力的提升。在连续创业事件中，创业学习对创业能力提升起到重要的直接作用，创业政策发挥了调节作用。研究结论对高校加强创业管理，以及学术创业者加强创业学习和运用创业事件提升创业能力具有重要的现实意义。

第五，从组织层面看，高校学术创业能力的时空演进特征。运用核密度估计法、因子分析法和地理探测器等方法，探究长江经济带上三大城市群高校学术创业能力的时空演进特征及其影响因素。结果表明：（1）1997—2018 年，大部分地级市的高校学术创业能力不断增强，其高值区在成渝城市群中较为集中，中游城市群以武汉、长沙为代表，长江三角洲城市群的高值区已成连片之势。2008—2018 年，苏州、绵阳、无锡等市的高校学术创业能力综合水平增幅更为明显，城市群之间的高校学术创业能力不均衡问题日益突出。（2）高校学术创业能力综合水平存在显著的空间正相关特性，其热点与冷点区域交错分布，热点区域稳定集中于长江三角洲城市群。（3）科技企业孵化、企业研发经费支出、经济规模等因子影响突出。

第六，从组织层面看，基于数字经济背景和海尔 COSMO 平台等案例，探讨工业互联网平台赋能破解高校学术创业困境的应用场景和实现策略，研究发现工业互联网平台赋能高校学术创业的六大应用场景包括“研发决策、技术协同攻关、生产制造、经营管理、服务延伸、创业与金融结合”。赋能方式有“大数据决策支持、网络化协同研发、大数据模型优化生产流程、智能化协同管理、平台智能化链接、大数据风险评估与融资”等。实现的策略为高校教师学术创业要向数据驱动决策、网络协同研发，以及智能化生产与管理转型，高校学术创业管理和政府政策支持应向智能化转型。

第七，构建“心理—财务—能力”创业失败扶持政策体系：一是要围绕“人”的要素设计，强化对“失败者的心理帮扶”。政府和高校要出台创业失败的心理扶持政策，构建心理援助机制，在心理压力释放、信心树立、引导鼓励，甚至悲伤情绪修复等方面出台政策工具，进行干预、激励和帮助。二是要围绕“物”的要素设计，强化对“失败者的创业资金帮扶”。创业失败后会面临财务成本，政府和高校出台相关的政策，通过多种创业政策工具激励和帮助高校学术创业失败者在应对学术创业失败带来的财务成本，重新点燃再创业的希望。三是要围绕“能力”的要素设计，强化对“失败者的能力帮扶”。出台政策工具有针对性地提高创业失败者的创业能力是政策的着力点。构建多样化协同化的高校学术创业失败扶持政策；强化高校学术创业失败扶持政策的绩效评价。

第二节　研究展望

创业失败研究在国内方兴未艾，是新兴的议题，还有诸多需要深入研究的问题。

一是进一步加强高校学术创业失败归因的研究。未来可以开展大样本的定量研究，或者深度的个案研究。研究内容上，加强对平衡归因的研究和多维度的归因研究，克服内部、外部简单化归因倾向带来的缺陷。尤其是注重中国情境的失败归因研究，如基于中国创业文化的学术创业失败归因研究。

二是进一步加强高校学术创业失败修复的研究。创业失败修复正在成为创业失败领域的研究前沿。要进一步揭示创业失败到学习之间可能存在的一些重要变量及路径，以及失败后具体的学习内容和学习方式的研究。加强对情绪管理及其修复策略的研究。

三是进一步加强高校创业失败扶持政策与创业失败补偿方式的研究。研究扶持政策与失败补偿方式之间的动态耦合，寻求二者之间的高效率匹配。加强扶持政策对再创业绩效作用效果研究，优化创业失败扶持政策工具。

附录

调查问卷*

创业失败修复研究的调查问卷

尊敬的女士/先生：

您好！受国家社会科学基金支持（19BGL035），本问卷针对有过学术创业失败经历的对象进行问卷调研，内容涉及创业失败原因、情绪处理与学习、创业能力、再次创业和政府创业扶持政策等内容。本问卷的所有题目无对错之分，恳请您据实作答。

学术创业是指科研人员运用创新创业资源，将学术研究成果转化为创业活动中的产品、服务或商业模式，如开展商业咨询、组建新创企业等。学术创业失败指创业绩效持续走低而陷入发展困境，同时创业者目标受挫感明显。

我们承诺：调研数据仅用于科学研究，不会有任何商业用途！非常感谢您！

第一部分　基本信息

（一）个人基本信息

1. 性别［单选题］*

○男

---

* 说明：调查阅卷设计主要参考了以下文献资料：

1. 郝喜玲、张玉利、刘依冉、杨俊：《庆幸还是后悔：失败后的反事实思维与创业学习关系研究》，《南开管理评论》2018 年第 2 期。

2. 谢雅萍、梁素蓉、陈睿君：《失败学习、创业行动学习与创业能力——悲痛恢复取向的调节作用》，《管理评论》2017 年第 4 期。

3. 陈阳阳：《创业失败经历、创业能力与后续创业企业成长绩效关系研究》，博士学位论文，吉林大学，2018 年。

○女

2. 年龄［单选题］*

○25 岁及以下

○25—30 岁

○30—35 岁

○35—40 岁

○40 岁及以上

3. 受教育程度［单选题］*

○大专

○本科

○硕士

○博士及以上

4. 您的专业为［单选题］*

○工科

○理科

○文科

5. 父母及家人是否有创业经历［单选题］*

○是

○否

6. 创业之前工作时间［单选题］*

○0 年

○1—3 年

○3 年以上

（二）最近一次创业失败的信息

7. 您是否创业失败过［单选题］*

○是

○否

8. 您的企业位于［单选题］*

○长三角城市群

○珠三角城市群

○京津冀城市群

○川渝城市群

○其他（请填写城市名）__________

9. 您创业失败过几次［单选题］*

○1 次

○2 次

○3 次

○4 次

○5 次及以上

10. 您最近这次创业失败的企业经营时间［单选题］*

○低于 1 年

○1—3 年

○3—5 年

○5 年以上

11. 您最近这次失败创办的企业员工最多时数量［单选题］*

○10 人及以下

○11—50 人

○51—100 人

○101 人及以上

12. 失败的类型［单选题］*

○创业项目未达到预期目标

○资不抵债而关闭

○非经济原因关闭

13. 最近一次创业失败后，您是否有再次创业的意愿［单选题］*

○是

○否

14. 第二部分 创业失败归因［矩阵量表题］*

	非常不赞同	比较不赞同	不确定	比较赞同	非常赞同
导致创业失败的重要原因是财务困难					
导致创业失败的重要原因是缺乏先进技术					
导致创业失败的重要原因是缺乏优秀人才					

（续表）

	非常不赞同	比较不赞同	不确定	比较赞同	非常赞同
导致创业失败的重要原因是缺乏管理技能					
导致创业失败的重要原因是经济、政策、法律、技术以及自然环境的冲击					
导致创业失败的重要原因是顾客需求变化					
导致创业失败的重要原因是商业习惯变迁					
导致创业失败的重要原因是业内竞争激烈					
导致创业失败的重要原因是产品开发与营销技能的缺失					

15. 第三部分　失败学习［矩阵量表题］*

	非常不赞同	比较不赞同	不确定	比较赞同	非常赞同
我会第一时间按照先前制定的目标，找到正确的做事方式					
我会持续不断的寻求新的有助于未来发展的行动策略					
我主要收集和关注那些带来不良绩效的信息					
我主要搜集和关注那些有助于未来成长的信息					
我的主要工作是如何按照先前制定的目标完成任务					
我会积极识别和分析失败问题的根源					
我会在已有的目标和行为规范框架下寻找合适的管理方法					
我通过评估现状后采取合适的管理方法					
我会根据先前制定的目标，修正已有行动方式和行动策略					

（续表）

	非常不赞同	比较不赞同	不确定	比较赞同	非常赞同
我会根据客户需求变化（而不是先前目标）更新和修正行动策略					

16. 第四部分　创业失败情绪与修复［矩阵量表题］*

	非常不赞同	比较不赞同	不确定	比较赞同	非常赞同
我经常会跟别人交流因失败产生的情绪					
在我脑袋里，我经常重复思考导致失败的原因					
我会面对由失败引发的思考					
我特意不去思考跟失败有关的事件					
我尝试找人交谈与失败无关的事情					
失败引发的一些问题后，我努力使自己的生活回到正常的轨迹上					
当自己的情绪缓解下来后，我会去面对由失败引发的消极情绪					
思考失败一段时间后，我会让自己的心态放松下来					

17. 第五部分　再次创业意愿［矩阵量表题］*

	非常不赞同	比较不赞同	不确定	比较赞同	非常赞同
创业失败后，我对创业还抱有很大的兴趣					
虽然创业失败了，但是如果有合适的机会我还是会选择去创业的					
创业失败后，我会为以后的再次创业进行学习和做好准备					
如果我想继续进行创业，我会开始行动起来					

18. 第六部分 创业能力—机会识别能力［矩阵量表题］*

	非常不赞同	比较不赞同	不确定	比较赞同	非常赞同
我可以找到具有发展潜力的市场领域					
我能够与潜在投资者建立并维持良好的关系					
我能与拥有重要资源的关键人物建立关系					
我可以忍受工作中的各种压力和意想不到的变动					
即使面临逆境，我也会坚持下来					

19. 创业能力—资源整合能力［矩阵量表题］*

	非常不赞同	比较不赞同	不确定	比较赞同	非常赞同
能通过对同类资源的合理配置和有机融合获得竞争优势					
创业流程考虑了各类创业资源的有机融合					
经常进行信息梳理和筛选，以激活和发挥各类信息资源的综合作用					
能将筹集到的资金统筹安排，以发挥资金的最大效益					
能充分挖掘创业团队各成员的人脉资源，以发挥团队人脉资源的作用					

20. 第七部分 再次创业绩效—生存绩效［矩阵量表题］*

	很低	较低	一般	较高	很高
与同行业同类企业（创业项目）相比，您的企业（或创业项目）净收益率					
与同行业同类企业（创业项目）相比，您的企业（或创业项目）投资收益率					
与同行业同类企业（创业项目）相比，您的企业（或创业项目）市场占有率					

21. 再次创业绩效—成长绩效［矩阵量表题］*

	很低	较低	一般	较高	很高
与同行业同类企业（创业项目）相比，您的企业（或创业项目）的新业务（新产品、市场等）的增长速度					
与同行业同类企业（创业项目）相比，您的企业（或创业项目）的新员工数量增长速度					
与同行业同类企业（创业项目）相比，您的企业（或创业项目）的市场份额增长速度					

22. 第八部分　扶持政策［矩阵量表题］*

	非常不赞同	比较不赞同	不确定	比较赞同	非常赞同
创业扶持政策有利于您再次创业					
创业扶持政策减轻了创业中的税收负担					
创业扶持政策能有效解决创业融资困境					
创业扶持政策提供了创业能力培训机会					

失败情境下创业自我效能感与创业学习的关系研究调查问卷

尊敬的女士/先生：

您好！非常感谢您抽出宝贵的时间来参加这项研究！本问卷旨在了解创业失败归因对再创业意愿的影响机制，调查结果仅供学术研究。恳请您客观真实的填写下面的问卷。谢谢合作！

第一部分 基本信息

1. 性别：男____ 女____

2. 年龄（包含成人大学）：25 岁及以下____ 26—35 岁____ 36—45 岁____ 46 岁及以上____

3. 教育程度：大专____ 本科____ 硕士____ 博士____

4. 父母家人是否有创业经历：是____ 否____

5. 有多少次创业经历：1 次____ 2 次____ 3 次____ 4 次及以上____

第二部分 最近一次创业失败的企业信息

1. 企业经营时长：1 年及以下____ 2—5 年____ 6—10 年____ 11 年及以上____

2. 企业员工最多时数量：10 人及以下____ 11—50 人____ 51—100 人____ 101 人及以上____

3. 行业：信息____ 餐饮____ 制造____ 批发____ 其他____

第三部分 创业失败归因问卷

测量题项	选择项				
	非常不赞同	比较不赞同	不确定	比较赞同	非常赞同
1. 导致创业失败的重要原因是财务困难	1	2	3	4	5
2. 导致创业失败的重要原因是缺乏先进技术	1	2	3	4	5
3. 导致创业失败的重要原因是缺乏优秀人才	1	2	3	4	5
4. 导致创业失败的重要原因是缺乏管理技能	1	2	3	4	5

（续表）

测量题项	选择项				
	非常不赞同	比较不赞同	不确定	比较赞同	非常赞同
5. 导致创业失败的重要原因是经济、政策、法律、技术以及自然环境的冲击	1	2	3	4	5
6. 导致创业失败的重要原因是顾客需求变化	1	2	3	4	5
7. 导致创业失败的重要原因是商业习惯变迁	1	2	3	4	5
8. 导致创业失败的重要原因是业内竞争激烈	1	2	3	4	5
9. 导致创业失败的重要原因是产品开发与营销技能的缺失	1	2	3	4	5

第四部分 失败学习问卷

测量题项	选择项				
	非常不赞同	比较不赞同	不确定	比较赞同	非常赞同
1. 创业失败让我重视积累解决目前市场产品问题的方法	1	2	3	4	5
2. 我搜寻能够确保持续提高现有产出效率与服务的信息	1	2	3	4	5
3. 我寻找成熟的方法来开发产品以保证创业成功	1	2	3	4	5
4. 我调查竞争对手来帮助理解失败项目并积累经验	1	2	3	4	5
5. 我重视搜寻超出现有市场和技术范围的新知识与新思想	1	2	3	4	5

第五部分 创业自我效能感问卷

测量题项	选择项				
	非常不赞同	比较不赞同	不确定	比较赞同	非常赞同
1. 我认为凭借我的能力能够进行创业	1	2	3	4	5
2. 我总能说服团队成员接受我的观点	1	2	3	4	5
3. 我能够容忍不确定性	1	2	3	4	5
4. 我喜欢用已有的方式解决问题	1	2	3	4	5
5. 我确信自己能有效对付任何突发状况	1	2	3	4	5
6. 我经常主动与别人交流	1	2	3	4	5

（续表）

测量题项	选择项				
	非常不赞同	比较不赞同	不确定	比较赞同	非常赞同
7. 我有信心解决与人交往中遇到的障碍	1	2	3	4	5
8. 我可以识别一个创意的潜在价值	1	2	3	4	5
9. 我擅长分析外部环境，发现机会与潜在问题	1	2	3	4	5

第六部分　再创业意愿问卷

测量题项	选择项				
	非常不赞同	比较不赞同	不确定	比较赞同	非常赞同
1. 在经历创业失败后，我依旧对创业感兴趣	1	2	3	4	5
2. 虽然已有创业失败的经历，我依旧会考虑再创业	1	2	3	4	5
3. 即使曾经创业失败，我依旧会为再创业做许多准备	1	2	3	4	5
4. 如果我有再创业的想法，我会采取行动	1	2	3	4	5

主要参考文献

陈悦、陈超、胡志刚等：《引文空间分析原理与应用——CITESPACE实用指南》，科学出版社2016年版。

易高峰：《中国高校学术创业：影响因素·实现机制·政策设计》，人民出版社2017年版。

中华人民共和国教育部科学技术司编：《2018年高等学校科技统计资料汇编》，高等教育出版社2019年版。

中华人民共和国教育部科学技术司编：《2019年高等学校科技统计资料汇编》，高等教育出版社2019年版。

蔡莉、单标安、汤淑琴等：《创业学习研究回顾与整合框架构建》，《外国经济与管理》2012年第5期。

曹之然、曹娜娜：《创业绩效结构模型：基于创业绩效测量理论的修正》，《商业研究》2011年第2期。

陈超美、陈悦、侯剑华：《CiteSpaceII：科学文献中新趋势与新动态的识别与可视化》，《情报学报》2009年第3期。

陈涛、李颖：《大学科技成果转化障碍研究综述》，《中国高校科技》2018年第1期。

陈万明、安宁、朱广华：《创业失败研究的演化路径与热点领域——基于科学知识图谱》，《技术经济》2017年第5期。

陈万明、钱梦烨、安宁：《大学生创业失败归因、失败学习方式与后续创业意愿的关系》，《数学的实践与认知》2019年第11期。

陈霞玲：《高校创新创业教育模式与实践研究——以美国四所高校为例》，《国家教育行政学院学报》2019年第7期。

陈阳阳、葛晶、彭建娟、许楠：《创业失败复原过程研究——基于中国情境的多案例探索》，《研究与发展管理》2019年第4期。

陈阳阳、姚梅芳：《创业失败与后续绩效：一个研究综述》，《税务与经济》2018 年第 2 期。

陈耀、李远煦：《大学教师的学术创业意向及其影响因素——基于浙江省高校的实证研究》，《浙江工业大学学报》（社会科学版）2019 年第 2 期。

船舶工程期刊编者：《“互联网+”制造四大模式：智能化生产下的模式创新》，《船舶工程》2017 年第 11 期。

崔军：《创新创业驱动下英国大学发展的动向与借鉴》，《高校教育管理》2021 年第 2 期。

丁桂凤、候亮、张露：《创业失败与再创业意向的作用机制》，《心理科学进展》2016 年第 7 期。

董晓东、李天柱、宋丹荣：《生物制药创新失败药物挽救路径研究及其管理启示》，《科技管理研究》2019 年第 6 期。

董志霞：《大力推动创业教育 培养高素质创新型人才——以北京航空航天大学为例》，《创新与创业教育》2012 年第 3 期。

杜天宝、于纯浩、温卓：《大学生创新创业政策扶持体系优化研究》，《经济纵横》2019 年第 9 期。

高伟凯、王荣：《企业家能力与企业绩效》，《现代经济探讨》2005 年第 10 期。

高秀娟、彭春燕：《国家创业政策演化和发展的计量分析：特征与前瞻》，《重庆大学学报》（社会科学版）2021 年第 1 期。

工业互联网产业联盟：《2019 工业互联网平台白皮书》，2019 年 5 月 9 日。

郭政、姚士谋、陈爽、吴威、刘玮辰：《长三角城市群城市宜居水平时空演化及影响因素》，《经济地理》2020 年第 2 期。

国务院办公厅：《关于深化高等学校创新创业教育改革的实施意见》（国办发〔2015〕36 号），政策文件，2015 年 5 月 13 日。

郝喜玲、张玉利、刘依冉：《创业失败学习对新企业绩效的作用机制研究》，《科研管理》2017 年第 10 期。

郝喜玲、张玉利：《认知视角下创业失败研究述评和未来展望》，《外国经济与管理》2016 年第 8 期。

郝喜玲、朱兆珍、刘依冉：《失败情境下创业学习、创业知识与再创业绩效关系研究》，《科技进步与对策》2019 年第 16 期。

侯士兵、冯霞、玄雪梅：《双创视角下优化研究生创业教育的路径研究——基于上海交通大学创业教育的实践》，《学位与研究生教育》2018年第2期。

胡保亮、田萌、闫帅：《高管团队异质性、网络能力与商业模式调适》，《科研管理》2020年第1期。

胡曙虹、杜德斌、游小珺、范斐：《中国“成长三角”区域高校知识创新绩效的时空演化分析》，《经济地理》2014年第10期。

胡曙虹、黄丽、范蓓蕾、肖刚：《中国高校创新产出的空间溢出效应与区域经济增长——基于省域数据的空间计量经济分析》，《地理科学》2016年第12期。

黄杜鹃、陈松：《探索还是利用：失败学习模式选择与创新绩效》，《科研管理》2018年第1期。

黄美娇、李中斌、谢雅萍：《国外创业者创业能力研究综述与展望》，《创新与创业教育》2018年6月。

黄劲松、邓爱军：《基于交易费用分析范式的高校技术转让问题研究》，《科技管理研究》2014年第20期。

黄扬杰、黄蕾蕾、李立国：《高校创业教育教师的创业能力：内涵、特征与提升机制》，《教育研究》2017年第2期。

黄兆信、刘丝雨、张中秋：《新加坡大学生创业教育的成功经验及启示》，《高等工程教育研究》2016年第4期。

兰海霞、赵雪雁：《中国区域创新效率的时空演变及创新环境影响因素》，《经济地理》2020年第2期。

黎青青、王珍珍：《创新创业教育综述：内涵、模式、问题与解决路径》，《创新与创业教育》2019年第1期。

李剑平：《浙江试点实施人才创业保险制度》，《中国青年报》2019年11月。

李桃、徐刚：《政策工具理论视角下基于创新创业政策内容的文本分析》，《沈阳工程学院学报》（社会科学版）2018年第2期。

李天柱、董晓东：《技术创新失败挽救的理论界定》，《自然辩证法通讯》2019年第2期。

李文英、王景坤：《澳大利亚高校创业教育模式探析》，《比较教育研究》2010年第10期。

李燕：《工业互联网平台发展的制约因素与推进策略》，《改革》2019年第10期。

厉杰、吴粮牡：《歹马害群：高声望职业污名形成机制研究》，《中国人力资源开发》2019年第7期。

林龙飞、陈传波：《中国创业政策40年：历程回顾与趋向展望》，《经济体制改革》2019年第1期。

刘东、刘军：《事件系统理论原理及其在管理科研与实践中的应用分析》，《管理学季刊》2017年第2期。

刘凤、吴件、唐静：《差异性与动态性并存：大学生创业失败学习内容多案例研究》，《科技进步与对策》2018年第9期。

刘贵文、李凯健、张应珍、郭攀：《技术变革背景下在位企业资源基础与商业模式创新：二元动态能力的中介作用》，《管理评论》2019年第7期。

刘强、史丽萍、苏屹：《团队质量缺陷管理影响因素识别——基于医学类比隐喻视角的实证分析》，《现代财经（天津财经大学学报）》2015年第11期。

刘新民、宋红汝、范柳：《区域创业环境与创新平台对创业企业的吸引力研究》，《科技管理研究》2019年第7期。

刘依冉、郝喜玲：《内部动机与创业知识关系——基于失败情境的实证研究》，《软科学》2019年第10期。

卢方元、冀晴：《我国研发机构创新效率的DEA模型分析》，《商业经济研究》2015年第4期。

卢应涛：《国内关于大学生创业教育模式研究综述》，《教育现代化》2020年第3期。

吕文晶、陈劲、刘进：《工业互联网的智能制造模式与企业平台建设——基于海尔集团的案例研究》，《中国软科学》2019年第7期。

毛盾、刘凤、何诣寒、刘耀谦：《大学生创业失败援助机制的构建》，《创新创业理论研究与实践》2018年第13期。

倪宁、杨玉红、蒋勤峰：《创业失败学习研究的若干基本问题》，《现代管理科学》2009年第5期。

欧绍华、张志伟：《创业失败学习对再创业绩效的影响研究》，《河南牧业经济学院学报》2018年第1期。

欧庭宇：《英国高校创业教育模式探讨》，《当代青年研究》2017 年第 1 期。

庞金华：《风险投资鼓励创业，宽容失败》，《科学学与科学技术管理》2001 年第 3 期。

彭伟、赵栩、赵帅、郑庆龄：《基于文献计量的国内外创业失败比较研究》，《研究与发展管理》2019 年第 4 期。

任梅：《耦合视角下大学学术创业与区域经济发展关系的实证研究》，《高校教育管理》2019 年第 6 期。

苏媛媛、陈涛、王为国：《释意理论在教育政策实施研究中的运用》，《教学与管理》2018 年第 9 期。

覃雄合、杜德斌、刘树峰、范斐：《中国省际高校科研成果转化效率时空格局与影响因素——基于网络 SBM 模型的评价》，《地理研究》2017 年第 9 期。

唐朝永、陈万明、林琳：《组织衰落、失败学习和战略柔性对组织创新的影响：被中介的调节模型》，《预测》2018 年第 6 期。

唐朝永、陈万明、彭灿：《外部创新搜寻、失败学习与组织创新绩效》，《研究与发展管理》2014 年第 5 期。

唐靖、姜彦福：《创业能力的概念发展及实证检验》，《经济管理》2008 年第 9 期。

唐靖、姜彦福：《创业能力概念的理论构建及实证检验》，《科学学与科学技术管理》2008 年第 8 期。

汪凡、白永平、周亮等：《中国高校科技创新能力时空格局及影响因素》，《经济地理》2017 年第 12 期。

王春艳、袁庆宏、林润辉、陈琳：《什么样的群体离职更令人担忧？基于事件系统理论的多案例分析》，《中国人力资源开发》2018 年第 3 期。

王华锋、李生校、窦军生：《创业失败、失败学习和新创企业绩效》，《科研管理》2017 年第 4 期。

王季、耿健男、肖宇佳：《从意愿到行为：基于计划行为理论的学术创业行为整合模型》，《外国经济与管理》2020 年第 7 期。

王劲峰、徐成东：《地理探测器：原理与展望》，《地理学报》2017 年第 1 期。

王朋举：《企业科技创新失败项目政府补偿方式选择》，《科技进步与对策》2016 年第 9 期。

王朋举、叶建木、罗娟：《政府资金补偿对科技创新失败项目的作用机理研究》，《科学学与科学技术管理》2014 年第 1 期。

王晓钧、雷晓鸣、连少贤：《归因取向理论构建及实证》，《心理学报》2012 年第 4 期。

王娅莉、陈雷：《政府对企业 R&D 资助的方式及利弊分析》，《科技进步与对策》2003 年第 2 期。

王尧骏、廖中举：《海外高层次人才创业政策体系：文本分析与优化建议》，《中国人力资源开发》2019 年第 8 期。

王一晨：《运用工业互联网推动中国制造业转型升级》，《中州学刊》2019 年第 4 期。

魏江、刘洋等：《数字创新》，机械工业出版社 2021 年版。

温治、马明：《“双创”背景下大学生创业政策研究》，《教育理论与实践》2018 年第 33 期。

吴寿仁：《科技创业企业失败的主要原因》，《科技创业》2003 年第 10 期。

吴宇驹、刘丽群、罗达、迟云平、吴伟生、黄牧乾、康勇军、朱震、猛犸项目团队：《创业失败：大学生“双创”热背后的冷思考——基于创业行为问卷调查数据的分析》，《教育现代化》2019 年第 46 期。

夏仕武、毛亚庆：《美国创业教育体系化建设：历程及启示》，《江苏高教》2020 年第 8 期。

谢富胜、吴越、王生升：《平台经济全球化的政治经济学分析》，《中国社会科学》2019 年第 12 期。

谢卫红、王田绘、成明慧等：《IT 能力、二元式学习和突破式创新关系研究》，《管理学报》2014 年第 7 期。

谢雅萍、黄美娇：《创业学习、创业能力与创业绩效——社会网络研究视角》，《经济经纬》2016 年第 1 期。

谢雅萍、梁素荣：《失败学习研究回顾与未来展望》，《外国经济与管理》2016 年第 1 期。

徐恒：《海尔 COSMOPlat：壮大生态系统，赋能产业未来》，《中国电子报》2018 年 4 月 27 日。

徐悦、段锦云、王国轩：《大学生创业失败归因分析：基于案例的扎根研究》，《珞珈管理评论》2018 年第 4 期。

许长青、金梦、周丽萍：《基于三螺旋模型的高校产学研协同创新对区域经济增长贡献的实证研究——以广东为中心的比较》，《教育学术月刊》2019 年第 5 期。

许敏、王慧敏：《基于社会网络分析的校企专利合作网络结构研究——长三角城市群高校的省际比较》，《科技管理研究》2018 年第 24 期。

杨特、赵文红、吕斯尧：《创业失败经历对失败学习行为的影响：失败归因的作用》，《研究与发展管理》2019 年第 4 期。

姚飞：《学者向创业者转型过程释意的多案例研究》，《南开管理评论》2013 年第 1 期。

易高峰、蔡柏良：《基于事件系统理论的高校教师学术创业能力提升研究——从失败到成功的连续创业者案例》，《大学教育科学》2021 年第 3 期。

易高峰：《创业失败研究的热点领域、演化路径与启示》，《中国科技论坛》2021 年第 1 期。

易高峰：《高校学术创业的困境突破与智能化转型——基于工业互联网平台赋能的思考》，《教育发展研究》2021 年第 1 期。

易高峰：《我国高校学术创业政策演化的过程、问题与对策——基于 1985—2016 年高校学术创业政策文本分析》，《教育发展研究》2017 年第 5 期。

于晓宇、蔡莉：《失败学习行为、战略决策与创业企业创新绩效》，《管理科学学报》2013 年第 12 期。

于晓宇：《创业失败研究评介与未来展望》，《外国经济与管理》2011 年第 9 期。

于晓宇、李厚锐、杨隽萍：《创业失败归因、创业失败学习与随后创业意向》，《管理学报》2013 年第 8 期。

于晓宇、蒲馨莲、李宁等：《内因？外因？别急着对创业失败归因》，《清华管理评论》2017 年第 5 期。

于晓宇、蒲馨莲：《中国式创业失败：归因、学习和后续决策》，《管理科学》2018 年第 4 期。

余新丽、赵文华、杨颉：《中国研究型大学创业能力研究——基于多元统计分析》，《复旦教育论坛》2011 年第 3 期。

袁丰、魏也华、陈雯等：《苏州市区信息通讯企业空间集聚与新企业选址》，《地理学报》2010 年第 2 期。

曾尔雷、赵国靖：《高校服务区域经济发展的战略选择研究：创业型大学的视角》，《高等工程教育研究》2015 年第 5 期。

张东东：《新中国成立 70 周年：我国创业政策的历史变迁与展望》，《中国市场》2019 年第 34 期。

张帆、叶建木：《企业技术创新失败项目再创新补偿及风险分担机制探究》，《财会月刊》2018 年第 20 期。

张默、任声策：《创业者如何从事件中塑造创业能力？——基于事件系统理论的连续创业案例研究》，《管理世界》2018 年第 11 期。

张英杰：《高校创业教育教师的学术创业能力评价及提升路径》，《高校教育管理》2018 年第 2 期。

赵冬娥：《新工科背景下创新创业教育模式研究》，《黑龙江教育（高教研究与评估）》2021 年第 1 期。

赵延昇、周静静：《90 后大学生人格特质与创业意向关系研究——以自我认同感为调节变量》，《华南理工大学学报》（社会科学版）2014 年第 1 期。

周文辉、王鹏程、杨苗：《数字化赋能促进大规模定制技术创新》，《科学学研究》2018 年第 8 期。

周雪、李翔龙、孟晓娜：《失败学习与商业模式创新——创业动态能力的中介作用》，《科技进步与对策》2019 年第 24 期。

周阳、周冬梅、丁奕文：《基于政策文本量化分析的我国创业政策演化研究》，《电子科技大学学报》（社科版）2019 年第 2 期。

易高峰：《后疫情时代催生大学生“数智创业”》，《中国教育报》2020 年 4 月 27 日。

湖南省教育厅发布：《湖南工业大学创新模式着力高素质创新人才培养》，http：//xsc. gov. hnedu. cn/c/2019 - 05 - 13/956296. shtml，2019 年 5 月 13 日。

教育部高教司：《推进高等学校创新创业教育有关情况》，http：//www. moe. gov. cn/jyb_xwfb/xw_fbh/moe_2606/s3644/s3907/s3916/201006/t20100621_91535. html，2014 年 4 月 23 日。

Heider, F., "The psychology of interpersonal relations", New York: John Wiley & Sons Publishing House, 1958.

Roberts, E. B., Entrepreneurs in high technology: Lessons from MIT and beyond, New York, Oxford University Press, 1991, p. 323.

Timmons, J. A., Spinelli, S., Tan, Y., "New venture creation: Entrepreneurship for the 21st century", New York: McGraw-Hill/Irwin, 2004.

Weick, K. E., Sensemaking in organizations, Thousand Oaks, London, New Delhi: Sage Publications, 1995.

Abreu, M., Grinevich, V., "The nature of academic entrepreneurship in the UK: Widening the focus on entrepreneurial activities", Research Policy, Vol. 42, No. 2, 2013, pp. 408-422.

Ankrah, S., AL-Tabbaa, O., "Universities-industry collaboration: A systematic review", Scandinavian Journal of Management, Vol. 31, No. 3, 2015, pp. 387-408.

Argyris, C., Schön, D. A., "Organizational learning: A theory of action perspective", MA: Addision-Wesley, 1997, pp. 345-348.

Argyris, C., "Theories of action that inhibit individual learning", American Psychologist, Vol. 31, No. 9, 1976, pp. 638-654.

Arthurs, J. D., Busenitz, L. W., "Dynamic capabilities and venture performance: the effects of venture capitalists", Journal of Business Venturing, No. 21, 2006, pp. 195-215.

Atsan, N., "Failure Experiences of Entrepreneurs: Causes and Learning Outcomes", Procedia-Social and Behavioral Sciences, No. 235, 2016, pp. 435-442.

Backs, S., Markus, G., Stummer, C., "Stimulating academic patenting in a university ecosystem: an agent-based simulation approach", Journal of Technology Transfer, No. 44, 2019, pp. 434-461.

Barnes, T., Pashby, I., Gibbons, A., "Effective university-industry interaction: A multi-case evaluation of collaborative R&D projects", European Management Journal, Vol. 20, No. 3, 2002, pp. 272-285.

Baumard, P., Starbuck, W. H., "Learning from failures: Why it may not happen", Long Range Planning, Vol. 38, No. 3, 2005, pp. 281-298.

Beeler, L., Zablah, A., Johnston, W. J., "How critical events shape the evolution of sales organizations: A case study of a business-to-business services firm", Journal of Business Research, No. 74, 2017, pp. 66-76.

Bernd, W., Susan, H., Niall, M. K., "The Dynamics of academic entrepreneurship: Connecting universities and the ecosystem", Technology Transfer Society Conference, 2015.

Bierly, P. E., Daly, P. S., "Alternative knowledge strategies, competitive environment and organizational performance in small manufacturing firms", Entrepreneurship Theory and Practice, Vol. 31, No. 4, 2007, pp. 493-516.

Boh, W. F., De-Haan, U., Strom, R., "University technology transfer through entrepreneurship: Faculty and students in spinoffs", Journal of Technology Transfer, Vol. 41, No. 4, 2016, pp. 661-669.

Boso, N., Adeleye, I., Donbesuur, F., et al., "Do entrepreneurs always benefit from business failure experience?", Journal of Business Research, No. 98, 2019, pp. 370-379.

Branscomb, R., "Rhinosporidiosis update", Laboratory Medicine, Vol. 3, No. 8, 2002, pp. 631-633.

Brown, S. L., Eisenhardt, K. M., "The art of continuous change: Lingking complexity theory and time-spaced evolution in relentlessly shifting organizations", Administrative science quarterly, Vol. 42, No. 2, 1997, pp. 1-34.

Calzonetti, F. J., Miller, D. M., Reid, N., "Building both technology-intensive and technology-limited clusters by emerging research universities: The Toledo example", Applied Geography, No. 34, 2012, pp. 265-273.

Cannon, M. D., Edmondson, A. C., "Confronting failure: Antecedents and consequences of shared beliefs about failure in organizational work groups", Journal of Organizational Behavior, Vol. 22, No. 2, 2001, pp. 161-177.

Cardon, M. S., McGrath, R. G., "When the going gets tough… Toward a psychology of entrepreneurial failure and re-motivation", Frontiers of entrepreneurship research, Vol. 29, No. 4, 1999, pp. 58-72.

Cardon, M. S., Stevens, C. E., Potter, D. R., "Misfortunes or mistakes? Cultural sensemaking of entrepreneurial Failure", Journal of Business Venturing, Vol. 26, No. 1, 2011, pp. 79-92.

Chandler, G. N., Hanks, S. H., "Market attractiveness, resource-based capabilities, venture strategies and venture performance", Journal of Business Venturing, Vol. 9, No. 4, 1994, pp. 331-349.

Cha, M., "A model of academic community entrepreneurship (ACE): Initiation, innovation, and impacts of PICMET," 2016 Portland International Conference on Management of Engineering and Technology (PICMET), 2016, pp. 1328-1338.

Chandler, G. N., Jansen, E., "The founder's self-assessed competence and venture performance", Journal of Business Venturing, Vol. 7, No. 3, 1992, pp. 223-236.

Chedid, M. F., Teixeira, L., "The University-Industry Collaboration", In Advanced Methodologies and Technologies in Modern Education Delivery, edited by Mehdi Khosrow-Pour, D. B. A., Hershey, Pennsylvia, USA: IGI Global, 2018, pp. 701-715.

Chen, C. C., Greene, p. G., Crick, A., "Does entrepreneurial self-efficacy distinguish entrepreneurs from managers?", Journal of business venturing, Vol. 13, No. 4, 1998, pp. 295-316.

Chrisman, J. J., Bauerschmidt, A., Hofer, C. W., "The determinants of new venture performance: An extended model", Entrepreneurship theory and practice, Vol. 23, No. 1, 1998, pp. 5-29.

Clarysse, B., Tartari, V., Salter, A., "The impact of entrepreneurial capacity, experience and organizational support on academic entrepreneurship", Research Policy, 2011, Vol. 40, No. 8, pp. 1084-1093.

Cope, J., "Entrepreneurial learning from failure: An interpretative phenomenological analysis", Journal of Business Venturing, Vol. 26, No. 6, 2011, pp. 604-623.

Cope, J., "Toward a dynamic learning perspective of entrepreneurship", Entrepreneurship: Theory and Practice, Vol. 29, No. 4, 2005, pp. 373-397.

Covin, J. G., Slevin, D. P., "A conceptual model of entrepreneurship as firm behavior", Entrepreneurship theory and practice, Vol. 16, No. 1, 1991, pp. 7-26.

David, M., Hart., The emergence of entrepreneurship policy: governance, start-ups, and growth in the US knowledge economy, Cambridge: Cambridge University Press, 2003.

Eggers, J. P., Song, L., "Dealing with failure: serial entrepreneurs and the costs of changing industries between ventures", Academy of Management Journal, Vol. 58, No. 6, 2015, pp. 1785-1803.

Eisenhardt, K. M., "Building theories from case study research", Academy of Management Review, Vol. 14, No4., 1989, pp. 532-550.

Elsbach, K. D., Cable, D. M., Sherman, J. W., "How passive ' face time' affects perceptions of employees: Evidence of spontaneous trait inference", Human Relations, Vol. 63, No. 6, 2010, pp. 35-760.

Erevelles, S., Fukawa N., Swayne L., "Big Data consumer analytics and the transformation of marketing", Journal of Business Research, Vol. 69, No. 2, 2015, pp. 897-904.

Etzkowitz, H., Leydesdorff, L., "The dynamics of innovation: From national systems and "mode 2" to a triple helix of university-industry-government relations", Research Policy, No. 29, 2000, pp. 109-123.

Franco, M., Haase, H., "Failure factors in small and medium-sized enterprises: Qualitative study from an attributional perspective", International Entrepreneurship and Management Journal, No. 4, 2010, pp. 503-521.

Gioia, D. A., Thomas, J. B., "Identity, Image and Issue Interpretation: sensemaking during strategic Change in Academia", Administrative Science Quarterly, Vol. 41, No. 5, 1996, pp. 370-403.

Guerrero, M., Urbano, D., Herrera, F., "Innovation practices in emerging economies: Do university partnerships matter?", The Journal of Technology Transfer, Vol. 44, No. 2, 2019, pp. 615-646.

Guo, F., Zou, B., Guo, J., et al., "What determines academic entrepreneurship success? A social identity perspective", International entrepreneurship and management journal, Vol. 15, No. 3, 2019, pp. 929-952.

Hayter, C. S., Nelson, A. J., Zayed, S., et al., "Conceptualizing academic entrepreneurship ecosystems: a review, analysis and extension of the literature", Journal of Technology Transfer, No. 43, 2018, pp. 1039-1082.

Headd, B., "Redefining business success: Distinguishing between closure and failure", Small Business Economics, Vol. 21, No. 1, 2003, pp. 51-61.

Isenberg, D., "Entrepreneurs and the Cult of Failure", Harvard Business Review, Vol. 89, No. 4, 2011, p. 36.

Jenkins, A. S., Wiklund, J., Brundin, E., "Individual responses to firm failure: Appraisals, grief, and the influence of prior failure experience", Journal of Business Venturing, Vol. 29, No. 1, 2014, pp. 17-33.

Jenkins, A., "After firm failure: emotions, learning and re - entry", Jönköping International Business School, 2012.

Jenkins, A., "Attributions, learning and the motivation to reenter after firm failure(summary) ", Frontiers of Entrepreneurship Research, Vol. 31, No. 4, 2011, pp. 1-12.

Kang, W., Zhao, S., Song, W., et al., "Triple helix in the science and technology innovation centers of China from the perspective of mutual information: a comparative study between Beijing and Shanghai", Scientometrics, Vol. 118, No. 3, 2019, pp. 921-940.

Karra, N., Phillips, N., Tracey, P., "Building the born global firm: developing entrepreneurial capabilities for international new venture success", Long Range Planning, Vol. 41, No. 4, 2008, pp. 440-458.

Klofsten, M., Jones-Evans, D., "Comparing academic entrepreneurship in europe-the case of Sweden and Ireland", Small Business Economics, Vol. 14, No. 4, 2000, pp. 299-309.

Koopmann, J., Lanaj, K., Bono, J., et al., "Daily shifts in regulatory focus: The influence of work events and implications for employee well-being", Journal of Organizational Behavior, Vol. 37, No. 8, 2016, pp. 1293-1316.

Kruss, G., McGrath, S., Petersen, I., et al., "Higher education and economic development: The importance of building technological capabilities", International Journal of Educational Development, No. 43, 2015, pp. 22-31.

Laursen, K., Salter, A., "Searching high and low: What types of firms use universities as a source of innovation?", Research Policy, Vol. 33, No. 8, 2004, pp. 1201-1215.

Liao, J. W., Kickul, J. R., Ma, H., "Organizational dynamic capability and innovation: an empirical examination of internet firms", Journal of Small

Business Management, Vol. 47, No. 3, 2009, pp. 263-286.

Lin, X., "Multiple - case Research on University: Enterprise Innovation Chain 'Fractures Repair' in China", Science, Technology and Society, First Published online, December 21, 2020.

Liu, D., Fisher, G., Chen, G., "CEO attributes and firm performance: A sequential mediation process model", Academy of Management Annals, Vol. 12, No. 2, 2018, pp. 789-816.

Lomax, K. S., "Business Failures: Another Example of the Analysis of Failure Data", Publications of the American Statistical Association, Vol. 49, No. 268, 1954, pp. 847-852.

Lumpkin, G. T., Dess, G. G., "Clarifying the entrepreneurial orientation construct and linking it to performance", Academy of management Review, Vol. 21, No. 1, 1996, pp. 135-172.

Luthans, F., Lbrayeva, E., "Environmental and psychological challenges facing entrepreneurial development in transitional economies", Psychological Bulletin, No. 1, 2006, pp. 362-365.

Madsen, p. M., Desai, V., "Failing to learn? The effects of failure and success on organizational learning in the global orbital launch vehicle industry", Academy of Management Journal, Vol. 53, No. 3, 2010, pp. 451-476.

Mahmood, I. P., Zhu, H., Zajac, E. J., "Where can capabilities come from? Network ties and capability acquisition in business groups", Strategic Management Journal, Vol. 32, No. 8, 2011, pp. 820-848.

Man, T. W. Y., Lau, T., Chan, K. F., "The competitiveness of small and medium enterprises: A conceptualization with focus on entrepreneurial competencies", Journal of business venturing, Vol. 17, No. 2, 2002, pp. 123-142.

March, J. G., "Exploration and exploitation in organizational learning", Organization science, Vol. 2, No. 1, 1991, pp. 71-87.

Maria, A., Vadim, G., "The nature of academic entrepreneurship in the UK: Widening the focus on entrepreneurial activities", Research Policy, Vol. 42, No. 2, 2013, pp. 408-422.

Marshall, J. J., Vredenburg, H., "An empirical study of factors influencing innovation implementation in industrial sales organizations", Journal of the Academy of Marketing Science, Vol. 20, No. 3, 1992, pp. 205–215.

Martinko, M. J., Douglas, S. C., Harvey, P., Attribution theory in industrial and organizational psychology: A review, HODGKINSON, G. P., FORD, J. K., International Review of Industrial and Organizational Psychology, England: John Wiley & Sons, Ltd, 2006, pp. 127–187.

Mascarenhas, C., Ferreira, J. J., Marques, C., "University–industry cooperation: A systematic literature review and research agenda", Science and Public Policy, Vol. 1, No. 1, 2018, pp. 1–11.

Mc, Kenzie. B., Sud, M., "A hermeneutical approach to understanding entrepreneurial failure", Academy of Entrepreneurship Journal, Vol. 14, No. 2, 2008, pp. 123–148.

McGrath, R. G., "Falling forward: Real options reasoning and entrepreneurial failure", Academy of Management review, Vol. 24, No. 1, 1999, pp. 13–30.

Minniti, M., Bygrave, W., "A dynamic model of entrepreneurial learning", Entrepreneurship Theory and Practice, Vol. 25, No. 3, 2001, pp. 5–16.

Morgeson, F., Mitchell, T., Liu, D., "Event system theory: An event–oriented approach to the organizational sciences", Academy of Management Review, Vol. 40, No. 4, 2015, pp. 515–537.

Mueller, B. A., Shepherd, D. A., "Making the most of failure experiences: Exploring the relationship between business failure and the identification of business opportunities", Entrepreneurship Theory and Practice, Vol. 40, No. 3, 2016, pp. 457–487.

Mulder, M., Lans, T., Verstegen, J., "Competence development of entrepreneurs in innovative horticulture", Journal of Workplace Learning, Vol. 19, No. 1, 2007, pp. 32–44.

Muzychenko, O., "Cross–cultural entrepreneurial competence in identifying international business opportunities", European Management Journal, Vol. 26, No. 6, 2008, pp. 366–377.

Olson, P. D., Bosserman, D. A., "Attributes of the entrepreneurial type", Business Horizons, Vol. 27, No. 3, 1984, pp. 53–56.

Orla, B., "Different Strokes for Different folks: Entrepreneurial narratives of emotion, cognition, and making sense of business failure", Entrepreneurship Theory and Practice, Vol. 39, No. 2, 2015, pp. 375-405.

Perkmann, M., Tartari, V., McKelvey, M., et al., "Academic engagement and commercialisation: A review of the literature on university - industry relations", Research policy, Vol. 42, No. 2, 2013, pp. 423-442.

Politis, D., "The Process of Entrepreneurial Learning: A Conceptual Framework", Entrepreneurship Theory and Practice, Vol. 29, No. 4, 2005, pp. 399-424.

Poppen, F., Decker, R., "The intermediary as an institutional entrepreneur: Institutional change and stability in triple-helix cooperation", Triple Helix, Vol. 5, No. 1, 2018, pp. 9-31.

Priyanto, S. H., "Relationship between entrepreneurial learning, entrepreneurial competencies and venture success: Empirical study on SMEs", International Journal of Entrepreneurship & Innovation Management, Vol. 6, No. 5, 2005, pp. 454-468.

Rae, D., Carswell, M., "Towards a conceptual understand-ing of entrepreneurial learning", Journal of Small Business and Enterprise Development, Vol. 8, No. 3, 2006, pp. 50-158.

Rasmussen, E., Mosey, S., Wright, M., "The Evolution of entrepreneurial competencies: A longitudinal study of university spin-off venture emergence", Journal of Management Studies, Vol. 48, No. 6, 2011, pp. 1314-1345.

Reuber, A. R., Dyke, L. S., Fischer, E. M., "Experientially acquired knowledge and entrepreneurial venture success", Academy of Management Annual Meeting Proceedings, Vol. 90, No. 1, 1990, pp. 69-73.

Russell, D., "The causal dimension scale: A measure of how individuals perceive causes", Journal of Personality and Social Psychology, Vol. 46, No. 2, 1982, pp. 1137-1145.

Scherer, F. M., Ross, D., "Industrial market structure and economic performance", University of Illinois at Urbana-Champaign's Academy for entrepreneurial leadership historical research reference in entrepreneurship, 1990.

Schutjens, V., Stam, E., "Starting a new: Entrepreneurial intentions and realizations subsequent to business closure", ERIM Report Series Reference No, ERS-2006-015-ORG, 2006.

Shane, S., Venkataraman, S., "The promise of entrepreneurship as afield of research", Academy of Management Review, Vol. 25, No. 1, 2000, pp. 217-226.

Shane, S., "Academic entrepreneurship: University spinoffs and wealth creation", Social Science Electronic Publishing, Vol. 30, No. 4, 2004, pp. 494-496.

Shepherd, D. A., Cardon, M. S., "Negative emotional reactions to project failure and the self - compassion to learn from the experience", Journal of Management Studies, Vol. 46, No. 6, 2009, pp. 923-949.

Shepherd, D. A., Haynie, J. M., "Venture failure, stigma, and impression management: A self- verification, self-determination view", Strategic Entrepreneurship Journal, Vol. 5, No. 2, 2011, pp. 178-197.

Shepherd, D. A., "Learning from business failure: Propositions of grief recovery for the self-employed", The Academy of Management Review, Vol. 28, No. 2, 2003, pp. 318-328.

Shepherd, D., "Party On! A call for entrepreneurship research that is more interactive, activity based, cognitively hot, compassionate, and prosocial", Journal of Business Venturing, Vol. 30, No. 4, 2015, pp. 489-507.

Sitkin, S. B., Pablo, A. L., "Reconceptualizing the determinants of risk behavior", Academy of Management Review, Vol. 17, No. 1, 1992, pp. 9-38.

Skute, I., "Opening the black box of academic entrepreneurship: A bibliometric analysis", Scientometrics, Vol. 120, No. 1, 2019, pp. 237-265.

Spice, D. P., Sadler-Smith, E., "Organizational learning in smaller manufacturing firms", Small Business Journal, Vol. 24, No. 2, 2006, pp. 133-158.

Stokes, D., Blackburn, R., "Learning the hard way: the lessons of owner-managers who have closed their businesses", Journal of Small Business & Enterprise Development, Vol. 9, No. 1, 2002, pp. 17-27.

Tang, M., Li, C., Baskaran, A., et al., "Reshaping the business incubator model: The case of the value chain model of innovation works in China", Science, Technology and Society, Vol. 24, No. 3, 2019, pp. 401-422.

Tommaso, A., Cristian, B., Roberto, Z., "Research, knowledge transfer, and innovation: The effect of Italian universities' efficiency on local economic development 2006-2012", Journal of Regional Science, Vol. 59, No. 5, 2019, pp. 819-849.

Ucbasaran, D., Shepherd, D. A., Lockett, A., et al., "Life after business failure: the process and consequences of business failure for entrepreneurs", Journal of Management, Vol. 39, No. 1, 2013, pp. 163-202.

Venkataraman, S., "The distinctive domain of entrepreneurship research", Advances in Entrepreneurship, Firm Emergence and Growth, Vol. 3, No. 1, 1997, pp. 119-138.

Venkatraman, N., Ramanujam, V., "Measurement of business performance in strategy research: A comparison of approaches", Academy of Management Review, Vol. 11, No. 4, 1986, pp. 801-814.

Visvanathan, S., "From laboratory to industry: A case study of the transfer of technology", Contributions to Indian Sociology, Vol. 11, No. 1, 1977, pp. 117-136.

Weick, K. E., Sutcliffe, K. M., Obstfeld D., "Organizing and the process of sensemaking", Organization Science, Vol. 16, No. 4, 2005, pp. 409-421.

Weiner, B., "An attributional theory of achievement motivation and emotion", Psychology Review, No. 92, 1985, pp. 548-573.

Wong, C. Y., Hsieh, Y. C., Wu, C. Y., et al., "Academic entrepreneurship for social innovation in Taiwan: The cases of the OurCityLove platform and the forest App", Science Technology & Society, Vol. 24, No. 3, 2019, pp. 446-464.

Xie, W., White, S., "A strategic framework for determining technological learning performance in chinese firms", International Journal of Business and Emerging Markets, Vol. 3, No. 1, 2011, pp. 21-35.

Xu, H., Hsu, W. L., Meen, T. H., et al., "Can higher education, economic growth and innovation ability improve each other?", Sustainability, Vol. 12, No. 6, 2020, pp. 1-18.

Yamakawa, Y., Peng, M. W., Deeds, D. L., "Rising from the ashes: Cognitive determinants of venture growth after entrepreneurial failure", Entrepreneurship Theory and Practice, Vol. 39, No. 2, 2015, pp. 209-236.

Yang, C., Tang, M., "Affecting mechanism of team faultlines on team innovation performance", Science and Management of S. &. T, Vol. 38, No. 3, 2017, pp. 172–180.

Yi, G., "Cross-border collaboration strategies in academic entrepreneurship of new r&d institutions: Insights from explorative case studies in China", Science Technology & Society, Vol. 24, No. 2, 2019, pp. 288–315.

Yi, G., Uyarra, E., "Process mechanisms for academic entrepreneurial ecosystems: insights from a case study in China", Science, Technology and Society, Vol. 23, No. 1, 2018, pp. 85–106.

Yoshioka-Kobayashi, T., "Institutional factors for academic entrepreneurship in publicly owned universities in japan: Transition from a conservative anti-industry university collaboration culture to a leading entrepreneurial university", Science, Technology and Society, Vol. 24, No. 3, 2019, pp. 423–445.

Zacharakis, A. L., Meyer, G. D., Decastro, J., "Differing perceptions of new venture failure: a matched exploratory study of venture capitalists and entrepreneurs", Journal of Small Business Management, Vol. 37, No. 3, 1999, pp. 1–14.

Zhao, B., "Learning from errors: The role of context, emotion, and personality", Journal of Organizational Behavior, Vol. 32, No. 3, 2011, pp. 435–463.

后　记

十年来，我追寻大学变革的时代印记，探寻高等教育与创新创业管理交叉研究领域的知识宝库，“反思、创新、感恩”是心路历程上的“一盏盏明灯”，始终指引我前行的方向。适逢盛世，中国正由高等教育大国向强国跨越，崛起的伟大壮举为学者的理论探索奠定了深厚的实践土壤。应运而生，我有幸先后出版《崛起中的创业型大学：基于研究型大学模式变革的视角》《中国高校学术创业：影响因素·实现机制·政策设计》，而本专著《中国高校学术创业成功的机理与路径：基于失败修复的视角》的付梓印刷，完成了我对“学术创业”主题研究的“三部曲”。

本书与上一部专著《中国高校学术创业》的研究视角完全不同：上一部专著是从成功的视角研究学术创业，本专著则是从学术创业失败的视角切入，探寻失败修复的机理与路径。失败是成功之母，然而，大量研究聚焦创业成功经验而忽视创业失败研究，但失败能为创业者提供经验学习机会。本专著则为我国学术创业失败研究尽绵薄之力。

本书是我主持国家社科基金项目“学术创业失败修复机制及扶持政策的动态追踪研究”（19BGL035）研究的成果，书稿撰写的过程，也是研究与升华的过程，其中第二章、第五章得到周恬慧、邢文笑、刘成三位同志在数据研究上的帮助；课题组成员林小兰同志和我指导的硕士生王洋同学参与了第七章个案研究。编辑任明同志为本书的出版付出辛勤劳动，我的家人给予了全力支持，在此一并表示衷心感谢！

由于才疏学浅，本书还有颇多缺陷，有待于专家们、朋友们指正。中国高校学术创业研究，任重道远，期待更多的同行加入该研究领域，结出丰硕的研究果实，助力科教强国战略。

易高峰

于江苏盐城

2021 年 3 月